船 体 识 图

金仲达 编

哈尔滨工程大学出版社

内 容 简 介

这是一本以提高专业识图能力为主要任务的教材,内容包括:投影与视图,船体图样的一般规定,结构图示与节点视图,型线图,总布置图,中横剖面图,基本结构图,肋骨型线图与外板展开图,分段划分图与余量布置图及分段结构图。书中较详细地介绍了船体图样表达的内容,图示方法以及识读船体图样的方法和步骤。

本书主要供船厂船体类工种进行岗位培训时使用,也适合作为技工学校船体装配专业的专业基础课教材。编写时充分考虑了船厂职工自学船图的需要。

图书在版编目(CIP)数据

船体识图/金仲达编.—哈尔滨:哈尔滨工程大学
出版社,2004(2019.1 重印)
ISBN 978 – 7 – 81073 – 540 – 7

Ⅰ.船… Ⅱ.金… Ⅲ.船体 – 制图 – 识图法
Ⅳ.U663.2

中国版本图书馆 CIP 数据核字(2004)第 002073 号

出版发行	哈尔滨工程大学出版社	
社 址	哈尔滨市南岗区南通大街 145 号	
邮政编码	150001	
发行电话	0451 – 82519328	
传 真	0451 – 82519699	
经 销	新华书店	
印 刷	哈尔滨石桥印务有限公司	
开 本	787mm×1 092mm 1/16	
印 张	14.5	
字 数	352 千字	
版 次	2008 年 8 月第 2 版	
印 次	2019 年 1 月第 10 次印刷	
定 价	34.50 元(含图册)	

http://www.hrbeupress.com
E-mail:heupress@ hrbeu.edu.cn

编 者 的 话

——关于本书的使用和识图能力的培养

1.我国已成为当代世界的造船大国,年造船总量居世界第三位。近年来大量建造各种先进的船舶出口国外。进一步提高造船工人的技术水平以适应造船工业迅速发展的需要,已成当务之急,而提高技工的识图能力历来也是提高制造业工人技术水平的重要内容。本书编写即以有效提高船体专业各级工人的识图能力为直接目的。这里所指的识读船体专业图样的能力,具体来说包括以下几个方面。

(1)掌握正投影原理,具备较强的空间想像能力和一定的三视图表达能力。

(2)了解主要船体图样的性质和用途,熟悉其所表达的内容和采用的图示方法,分段结构图是其中的重点。

(3)了解船体图相关的标准和规定。

(4)掌握正确识读船体图样的方法和步骤,并达到一定的熟练程度。

上述识图要求也是编写本书时所追求的目标。

编者认为,培训和自学都是提高识图能力的有效途径。由于船体图样的复杂和教学课时的限制,即使接受过某种形式的岗前或岗位培训,青年工人仍须在平时结合本职工作继续学习图样知识并独立完成一定数量的各类练习,才能不断提高自己的识图能力,做到立足岗位,自学成才。为此,本书在编写时力求由浅入深,逐步提高难度。为便于自学,书中叙述比较详细,并附有相当数量的练习。教材除按职业技能鉴定规范(考核大纲)的要求,首先满足中级船体工在识图方面的要求外,为兼顾工厂中岗前培训和初级工培训的需要,还适当加强了对正投影基础知识的介绍和提高空间想像能力的训练。由于书中部分图样和练习具有较大的难度,即使高级工学习本书,也可从中获益。故此次编写的教材使用对象比较宽泛。教师在教学中应该根据不同对象对内容有不同的取舍和侧重,也可按不同技术等级分阶段使用本书。并非各类培训都必须学完本书的全部内容。本书也适合用作技工学校船体装配专业的识图教材。

2.船体图是工程图样的一种,也是采用正投影方法绘制的。提高空间想像能力是识读各类工程图样的基础。本书第一章介绍正投影方法和投影规律,并附有不同难度的多组练习,反复进行"从空间到平面"和"从平面到空间"的看和画的训练,以达到一定的熟练程度,为识读复杂的专业图样打下牢固的基础。在单独开设《机械制图》课程的职业学校,该章可只供学生练习,不予讲授。

3.本书加强了对识图方法的介绍和船体图样的识读练习。从第五章至第十章书中只布置识图练习。但画图和识图是相辅相成的,作为学习本课程最有效的方法,这种"从空间到平面、再由平面到空间"的思维和训练也是通过"画"和"看"的手段进行的。所以本书在"投影与视图"、"结构图示与节点视图"和"型线图"中都安排了一定数量的画图练习,主要目的仍是为促进识图能力的提高。

4.作为专业基础课的《船体识图》是一门实践性很强的课程,在整个教学或自学的过程中都必须坚持"练为主线"的原则,认真完成各章的练习。书中的识图练习采取用关键性词语填空的形式。提问的顺序在一定程度上反映出正确的识图步骤,要求回答的问题就是图样中所应掌握的主要内容。所以,在未有配套习题册的情况下,本书同时也起到替代的作用,以使教学中具有较好的可操作性。

5.借本书第五次印刷的机会,我对原书作了简单的修订:修订了书中多处出现的错字、漏字、重复的符号和有误的线条;按投影关系调整了图册中几个分排在两页上面上下错位的插图;使部分图线的粗细区分更为清晰以符合船体图样的要求。此次修订未对书的内容进行删减或补充,篇幅与原书相同。

本书编写时采用了国家颁布的有关造船图样的相关标准。并注意结合新近建造的船舶和新设绘的图样。近年来由于建造出口船舶和推行船舶生产设计,图样上出现了一些新的表达方法和符号,这些目前尚未制订统一标准。船厂常针对不同产品单独制订如"船体结构典型节点图册"等企业标准。教学中教师可根据实际情况加以介绍,更好地体现学以致用的原则。

由于水平有限,书中难免存在缺点和疏漏,诚恳欢迎使用本书的师生和读者批评指正,以便改进。

编　者

目　　录

概　　述

一、船体图样的特点

工程图样作为工程语言,是一切产品进行设计、制造和检验的依据。直接从事产品制造的技术工人,必须很好地了解图样的相关知识并具备较强的识图能力。船体图样是工程图样的一种,也是根据正投影原理绘制的。绘制和识读船体图样的基本方法也和其他工程图样大体一致。为满足初级培训的需要,本书首先对正投影和三视图作了必要的介绍。但同时也应看到,船舶又不同于其他工程产品,现代船舶尺寸庞大、形状结构复杂、安装设备繁多,金属船体又是由板和型材组合而成的薄壳结构,绘图时通常又采用较小的比例。因此,船体图样又不同于一般工程图样,它在表达方法上有自身的许多特点,主要表现在以下几个方面。

1.船体形状的表达

船体是一个具有复杂曲面的金属薄壳结构,为完整、准确地表达船体的形状和大小,设计了一张专门的图样——船体型线图。这是由能反映船体曲面变化情况的型线组成的特殊的三视图。并以主尺度栏、型值表和标注首尾端尺寸的方法反映其实际大小。这和其他工程图是不同的,并不是把全部尺寸都标注在船体结构图和布置图的视图中。

2.各种简化画法

船体外形尺度较大,而船体构件和船舶设备的尺度相对较小。为了便于现场使用,图纸幅面不宜过大,因此多数船图都用小比例绘制,船体构件和船舶设备在图样中的图形就很小。而且,船体构件和船舶设备的数量又较多,按一般投影方法绘制,必然造成结构图、总布置图和其他设备布置图的图面繁杂,不易识读,也增加了绘图的工作量。为此船图中采用了多种简化画法以解决这一矛盾,在结构图中用指定的图线表示特定的构件以代替构件的实际投影图。在总布置图和各类设备布置图中用简单的形象化图形表示各种设备、器具的投影。在结构图中用特定的字符表示细部结构,如肘板连接、型钢端部形状和贯穿形式等。

3.尺寸的标注

船体图样中的尺寸包括定形尺寸和定位尺寸。定形尺寸反映构件的形状和大小。由于型线图、型值表和肋骨型线图已全面,完整地表示了船体曲面的形状和大小,所以,其他图样中凡是涉及船体形状(型线)的尺寸,一般都不予标注而由型线图或船体放样确定。在结构图样中,需要标注的构件定形尺寸多采用集中标注的形式。总布置图中各类设备的定形尺寸一般不加标注。构件的定位尺寸根据"金属船体构件理论线"的规定以基线、中线和肋位线为基准进行标注。总布置图中设备的定位尺寸也不标注,其粗略位置可用比例尺在图中直接量取。

船舶的长度、型宽等主要尺度在全船性图样中通常单独列表说明。

4.船体的剖切和断裂画法

由于船体是一个连续、封闭的薄壳结构,为了清晰地在图面上表达结构形式和构件形状,较多地采用了剖切表达的方法。大多数船体视图实际上都是将船体在某一特定位置剖切后画出的。这种剖切表达,和机械图相比,既不同于剖视图,也不同于剖面图。船体剖面图中,除了画出被剖切到的构件,同时画出剖切平面附近需要表达的构件,而不是画出剖切平面后方可以看到的全部构件。

由于船体结构的连续性,结构相对于中线面的对称性以及船体材料的单一性(钢板和型材),船体图中的构件常常采用断裂画法,即型钢在长度方向,钢板在长度和宽度方向予以断裂。

5.图面上包含较多的工艺符号

目前,由船舶生产设计提供的分段组立图,除表示分段结构外,还包含了较多的工艺信息,图面上出现了各种以图形和字母、数字形式表示的符号,这也成为船体图样的一个特点。通过专业知识的学习了解这些符号的含义是正确识读分段组立图不可缺少的条件。

二、船体图样的分类

船体图样是船舶图样的一部分,按图样性质划分,主要有以下四类。

1.总体图样

总体图样是表示船舶形状和全船设备布置情况的图样,包括船体型线图和船舶总布置图。

2.船体结构图样

船体结构图样数量较多,它表示船体结构形式和组成、构件的形状和大小,以及构件间的连接形式。其中中横剖面图、基本结构图、肋骨型线图和外板展开图属于全船性结构图样。分段结构图和基座结构图属于局部性结构图。分段结构图按不同部位可分为底部结构图、舷侧结构图、甲板结构图、舱壁结构图、首段结构图、尾段结构图、上层建筑结构图、首柱结构图和尾柱结构图等多种。随着船舶的大型化,底部和甲板结构有时还分左右两段或左、中、右三段,舷侧分段则又分上下两段。

3.船体舾装图样

船体舾装图样用于表示全部舾装布置及部分舾装件的结构。前者称为舾装布置图,后者称为舾装结构图。舾装布置图通常有:锚设备布置图、系泊和拖带设备布置图、舵设备布置图、起货设备布置图、救生设备布置图,门、窗、通道和扶梯布置图以及木作和绝缘布置图等。舾装结构图主要指钢质舾装件,通常有:舵结构图、桅结构图、烟囱结构图,各种舱口盖、门、窗以及扶梯结构图等。

4.船体工艺图样

船体工艺图样是为指导船体建造和保证施工质量所绘制的各种图样。工艺性图样内容繁杂,各厂所设绘图样的形式,表达的内容和图样的数量也不尽一致,常见的有:船体分段划分图、构件理论线图、分段装焊程序图、全船余量布置图、胎架及各种工艺加强装置结构图和船台墩木布置图等。

第一章　投影与视图

第一节　工程上采用的投影方法

工程图的基本任务是在平面(图纸)上表达空间物体,也就是用投影方法得到的图形确切地反映出空间物体的几何关系。工程上采用的投影方法有以下几种:正投影法、轴测投影法、标高投影法和透视投影法。其中应用最广泛的是正投影,其次是轴测投影。

一、正投影法

正投影法是一种多面投影,它采用相互垂直的两个或两个以上投影面,在每个投影面上分别用直角投影法获得几何形体的投影。由这些投影便能完全确定该几何形体的空间位置和形状结构。

图1-1是几何形体的正投影法。

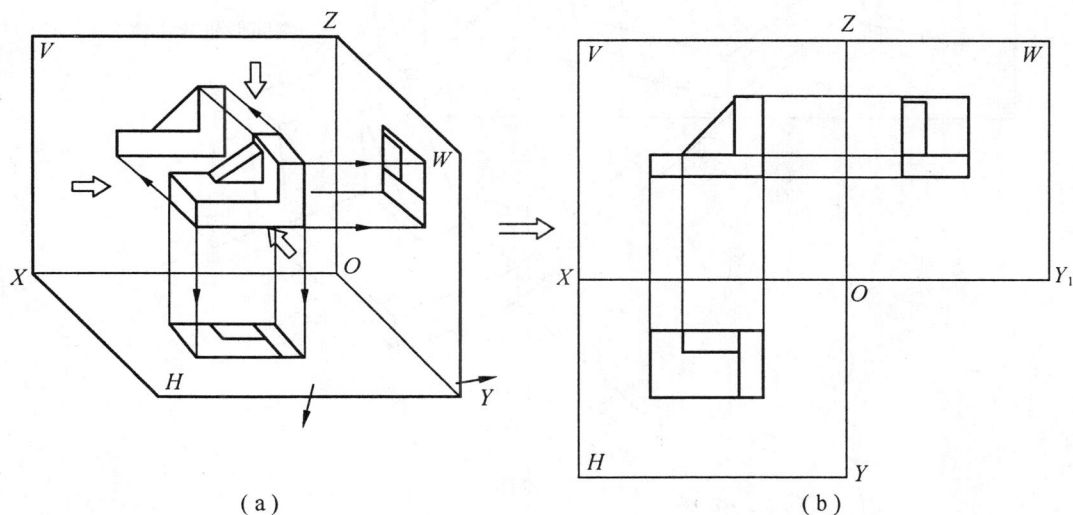

（a）　　　　　　　　　　　　　　　　　　　　（b）

图1-1　正投影法
(a)几何形体的投影;(b)几何形体的投影图

进行正投影时,常将几何形体的主要平面放成与相应的投影平面相互平行,这样画出的投影图就能反映出这些平面的实形,从图上可以直接反映出空间几何形体较多的线性尺寸。这就是说,正投影图具有很好的度量性。同时,正投影法作图比较简便,虽然正投影图直观性较差,缺乏立体感,但在工程图中仍被广泛用作主要的图示方法。

二、轴测投影法

轴测投影法是单面投影,画出的只有一个图形——轴测图。

进行轴测投影时,先在空间几何体上设定空间坐标系,再将空间几何体连同坐标轴相对于投影面倾斜一定的角度,采用平行投影方法进行投影,使得投影图同时反映出几何形体长、宽、高三个方向上的形状。这样得到的轴测投影图立体感很强,直观性很好。但和正投影图比较,轴测投影图作图较繁且量度性较差,在工程图中常作为辅助图示方法或用作书籍的插图。

图 1-2 为轴测投影法。

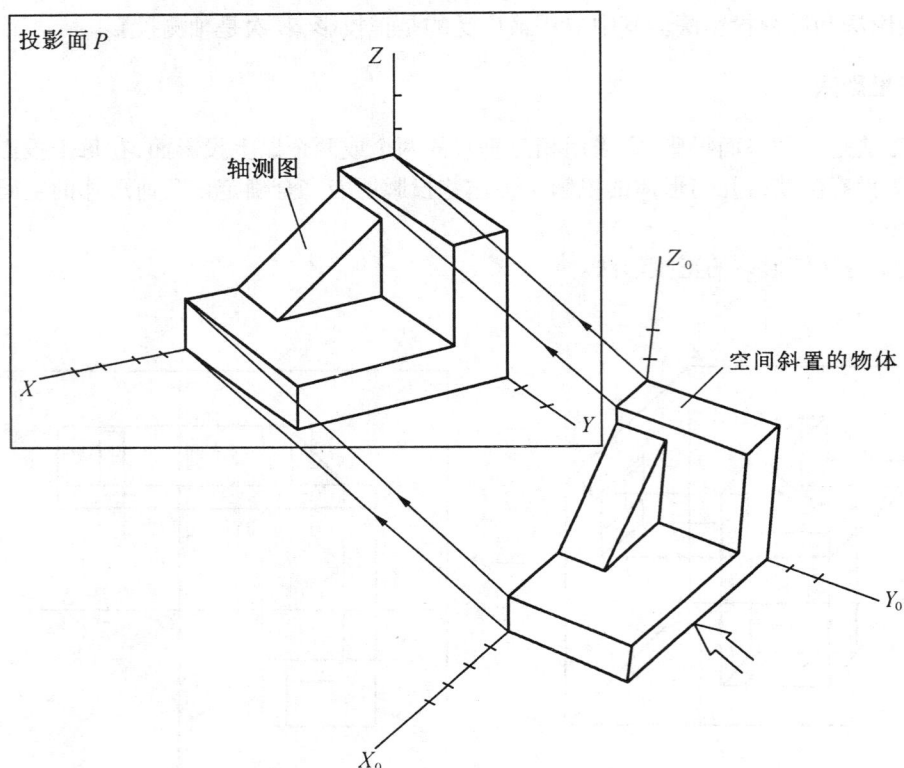

图 1-2 轴测投影法

三、标高投影法

标高投影法是用直角投影获得空间几何要素(通常为平面曲线)的投影之后,再用数字标出空间几何要素相对于投影面的距离,以在投影图上确定空间几何要素的空间位置。

图 1-3 为一不规则曲面(山丘)的标高投影。

标高投影法常被用来表示双重弯曲的表面或不规则的表面,如船舶、飞行器、汽车的曲面及山丘地形。本书第四章所介绍的船体型线图,就是运用标高投影和正投影相结合的方法画出来的。

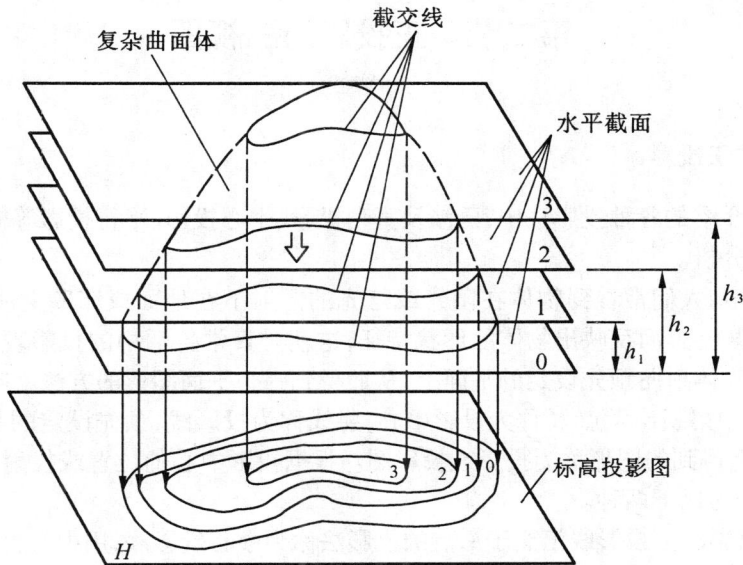

图 1-3 标高投影法

四、透视投影法

透视投影法用的是中心投影,它是按照特定的规则画出空间几何体的透视投影图。由于采用中心投影,空间平行的直线,在画成投影图后有的保持平行,有的就不平行了。透视投影图符合于近大远小的视觉映像,直观而逼真。所有的美术绘图和广告图画应用的都是透视投影法。但透视投影法由于作图复杂而且量度性差,在工程上一般只用于绘制土建工程和大型设备的辅助图样。

图 1-4 为透视投影法。

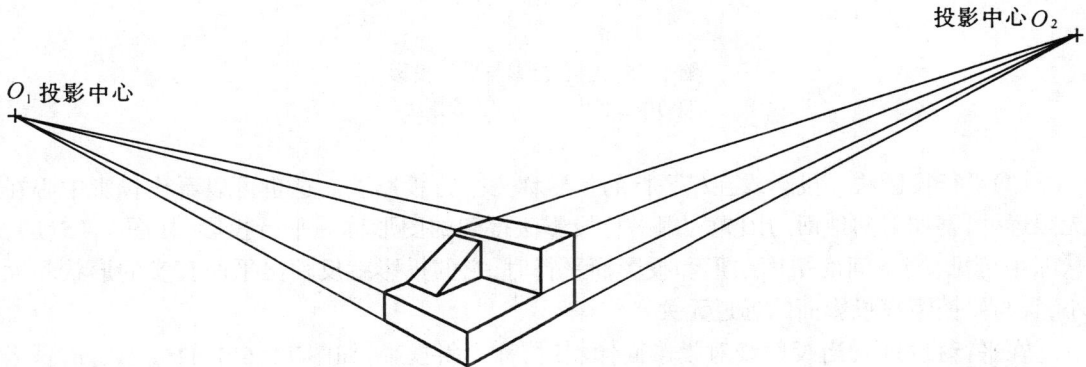

图 1-4 透视投影法

第二节　正投影与三视图

一、物体的正投影

在上节所介绍的各种投影法中,已涉及直角投影、中心投影、平行投影等概念,本节将对其作进一步的分析。

日常生活中,人们常看到物体在阳光或灯光的照射下在地面或墙壁上所产生的影子。这个影子能在某些方面反映出物体的形状特征,这就是日常生活中的投影现象。工程上让一组射线通过物体射向预先设定的平面上,从而得到一个平面图形的方法就叫投影法,如图1-5所示。图中射线出发点 S 称为投影中心,射线称为投影线,预先设定的平面 P 称为投影面,在 P 面上得到的图形称为投影或投影图。根据投影中心的位置或投射线的汇交或平行,投影法可分为以下两种。

(1)中心投影法　投影线汇交于一点的投影法称为中心投影法,用中心投影法得到的图形称为中心投影,如图1-5(a),从图中可见,投影四边形 $abcd$ 比空间四边形 $ABCD$ 大。所以中心投影法所得到的投影不能反映物体的真实大小,工程图中较少采用。

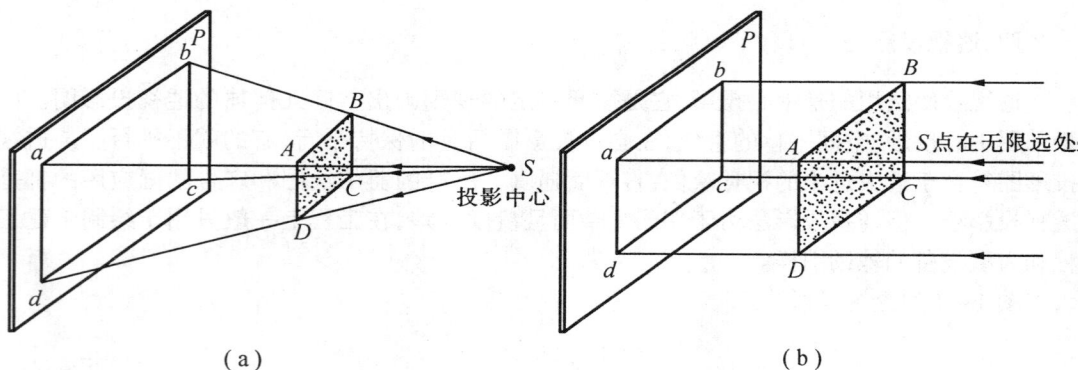

图1-5　中心投影与平行投影
(a)中心投影法;(b)平行投影法

(2)平行投影法　投影线互相平行的投影称为平行投影法。这也可以看作投影中心在无限远处,譬如射向地面的阳光。用平行投影法得到的图形称为平行投影,如图1-5(b),从图中可见,当空间的平面图形和投影面平行时,它的投影就反映出平面真实的形状和大小,且与平面距离投影面的远近无关。

在平行投影中,当投射线对投影面倾斜时,称为斜投影,如图1-6中的 $a_1b_1c_1d_1$。当投射线对投影面垂直时,称为直角投影,如图中的 $abcd$,也就是我们所称的正投影或直角投影。在实际绘图时,我们把观察物体的平行视线作为投射线,把图纸作为投影面,把画在纸面上的图形作为投影图,我们称之为视图。

当位于空间的不是一个平面图形而是一个几何形体时,如图1-7中的四面体,则应先

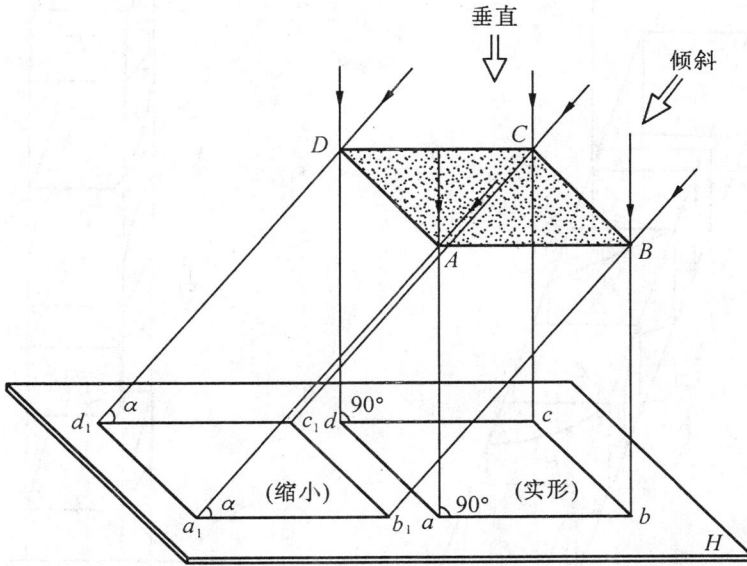

图 1-6　直角投影与斜投影

确定 A、B、C,和 D 四个顶点的投影 a、b、c 和 d,再连接相应顶点的投影得各棱边的投影,相应的三条棱边围成一个棱面,这样就画出了四面体的投影。所以,这和在光线照射下得到物体的一片黑影是不同的,它是首先画出几何体上点、线和面等几何要素的投影,然后得到几何形体的投影图。

二、三视图的形成

正投影法所得到的投影图虽然能够反映出物体某一个方面的投影形状和真实尺寸,但是只用一个投影图还是不能够确定物体的完整形状和全部尺寸的。如图 1-8 所示的几个形状不同的物体,由于某些尺寸相同,它们在某一个投影面上的投影就可能完全相同。有时甚至出

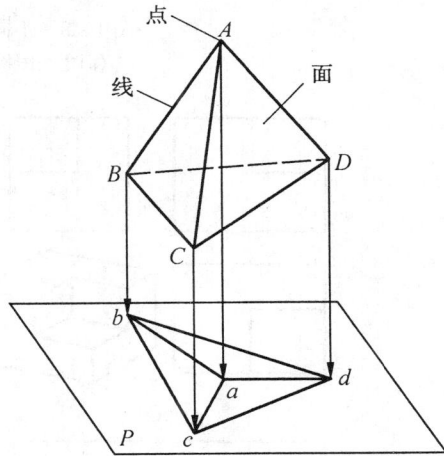

图 1-7　四面体的投影

现不同物体的两个投影图完全相同的情况,如图 1-9 所示,在所给出四个物体的视图中,它们的主视图都是相同的,其中 a、b、c 的主左视图相同,a、d 的主俯视图相同,但它们所表达的却是四个形状各不相同的物体。

工程上应用的投影图必须反映空间确定的几何关系。一组视图所表达的只能是一个唯一的几何形体。所以,为了使视图所表达的物体是惟一的,不存在多种可能性,常常需要从不同的几个方面进行投影,从而得到两个以上的投影图,其中应用最多的是三视图,所以正投影属于多面投影。只有在某些特殊的情况下,才会用两个或一个视图来表达物体或结构的形状,此

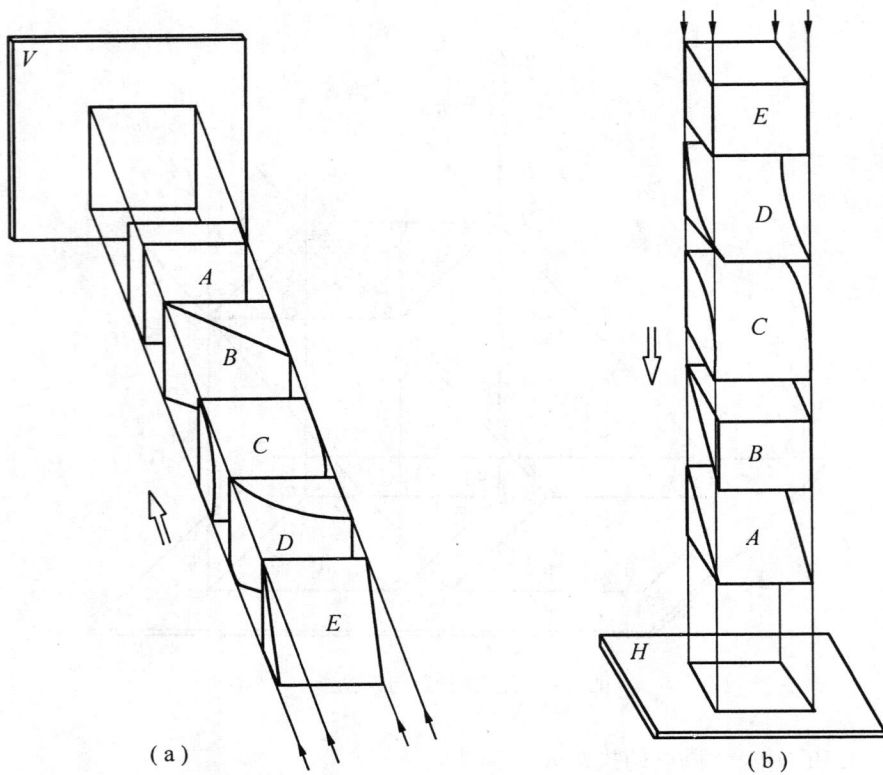

图 1-8 不同物体的相同投影图

(a)主视图相同；(b)俯视图相同

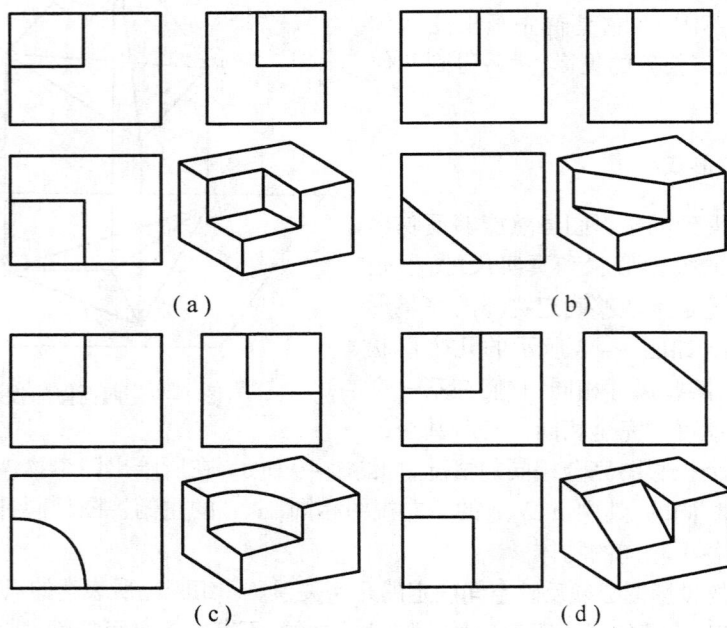

图 1-9 两个投影图相同的不同物体

时常需要在视图上加注必要的符号,如图1-10中圆柱体和圆锥体的直径符号为 ϕ。

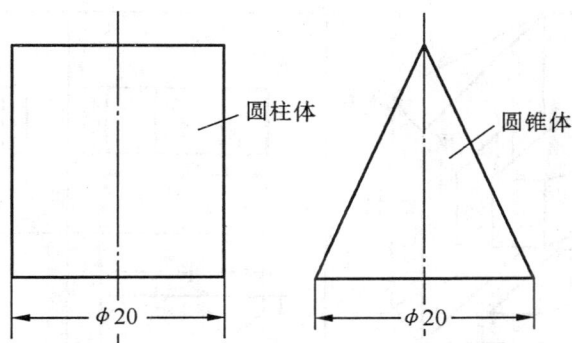

图1-10 可用单个视图表示的物体

为全面而确切地表达物体的形状,通常采用互相垂直的三个投影面,建立一个三投影面体系,如图1-11所示。正立位置的投影面称为正投影面,用 V 表示。水平位置的投影面称为水平投影面,用 H 表示。侧立位置的投影面称为侧投影面,用 W 表示。

两相邻投影面的交线为投影轴。正投影面与水平投影面的交线为 X 轴,水平投影面与侧投影面的交线为 Y 轴,正投影面与侧投影面的交线为 Z 轴。X、Y、Z 三轴的交点称为原点,用英文字母 O 表示。通常以 X、Y 和 Z 轴分别代表物体的长、宽、高三个方向。

为了获得三视图,把物体置于投影体系中,并使物体上的主要平面和投影面保持平行,然后用直角投影的方法,分别向 V、H 和 W 面进行投影,得到三个从不同方向观察的投影图。实际上物体的三视图是画在同一个平面即纸面上的,这就要把互相垂直的三个投影面展开摊平在一个平面上。展开时,V 面位置不变,H 面和 W 面按图1-11(a)箭头所示方向旋转,使之与 V 面处于同一平面。其中 Y 轴随 H 面旋转后用 Y_H(或 Y)表示,随 W 旋转后用 Y_W(或 Y_1)表示,如图1-11(b)所示。在投影图中通常不必画投影面的边界,只画出投影轴,或投影轴也省略不画,V、H、W 面也不予标注,如图1-11(c)、(d)所示。此时,空间物体就转化为相应的平面图形——三视图。

由物体(图中的轴测图)投影成三视图后,随之就发生以下几个方面的变化。

(1)单面投影(轴测图)转变为多面投影(三视图),同时失去了立体感。这是从空间物体到平面图形的转化。在 V 面上的投影称为主视图,在 H 面上的投影称为俯视图,在 W 面上的投影称为左(侧)视图。

(2)空间物体(或轴测图)是立体的、直观的,可以分辨出物体上前后、上下和左右的远近关系。投影成三视图以后,沿着投影方向的远近关系消失了。主视图中可分出物体的上下和左右,前后的关系消失了。前后不同的面在主视图中是重叠的。俯视图中可分出物体的前后和左右,上下的关系消失了。上下不同的面在俯视图中是重叠的。侧视图中可分出物体的前后和上下,左右的关系消失了。左右不同的面在侧视图中是重叠的。

(3)空间物体有长、宽、高三个方向的尺寸,投影成三视图后,每个视图都只反映两个方向的尺寸。主视图反映高和宽,俯视图反映长和宽,侧视图反映高和宽。三视图中任何两个视图相组合,就能反映出物体长、宽、高三个方向的尺寸。

(4)空间物体投影成三视图后,物体上的每一部分,每一个面,每一条线和每一个点都有

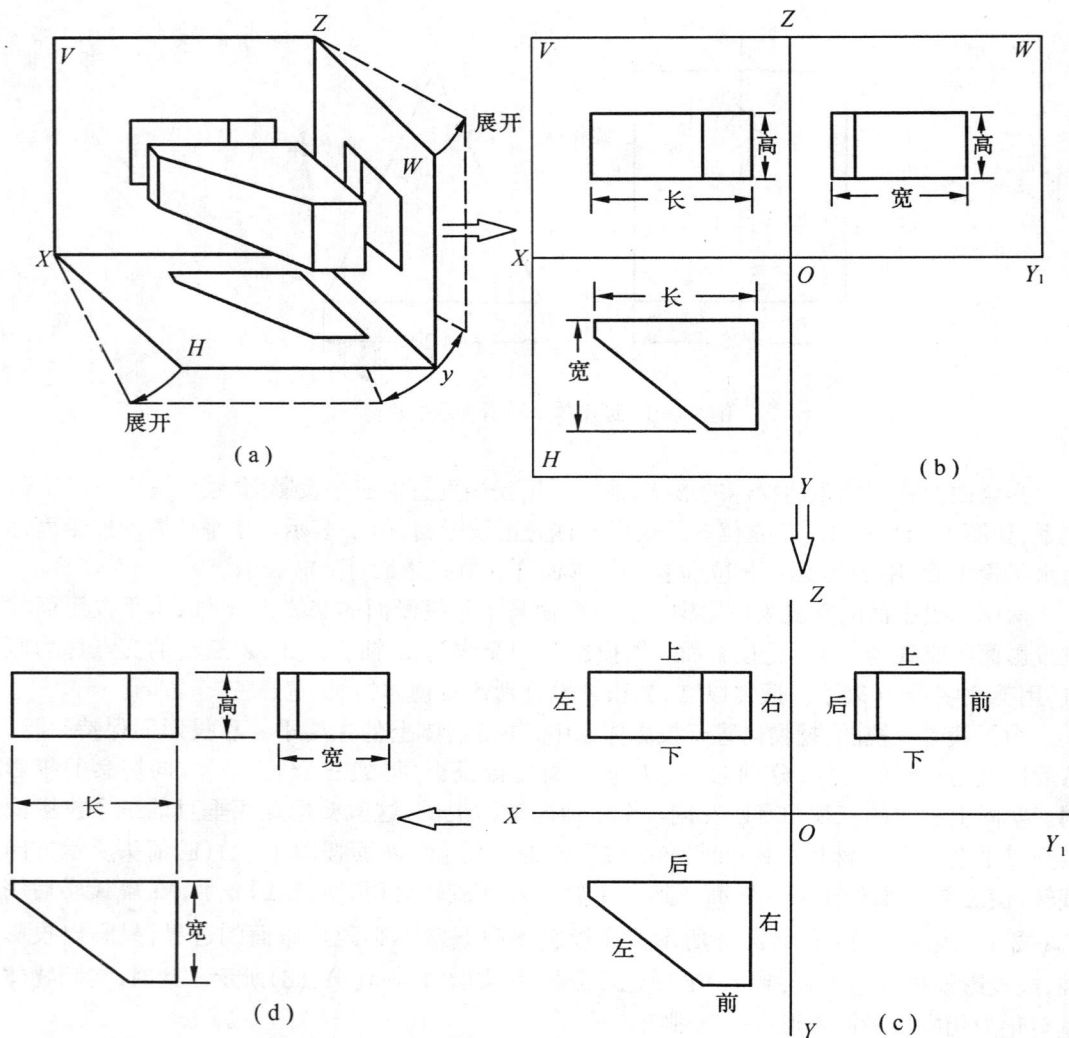

图 1-11 投影面的展开与三视图的形成

其对应的三个投影。画图和识图时都必须找出同一几何要素的对应关系。

所以,三维的空间物体经过投影转化为二维的平面图形以后,物体的形状就不是"一目了然"的了。要根据视图了解物体的形状,就必须经过由平面图形到空间物体的空间想像过程。这个相反的过程就是识图的关键。

三、三视图的投影关系

一组三视图表达的是同一个物体,它们之间的尺度是互相关联的。如图 1-11(d)所示,主视图反映了物体的长度和高度。俯视图反映了物体的长度和宽度。侧视图反映了物体的高度和宽度。换句话说,物体的长度由主视图和俯视图同时反映出来。高度由主视图和侧视图同时反映出来。宽度则由俯视图和侧视图同时反映出来。由此可以得出物体三视图之间的如下投影关系：

主视图与俯视图长度对正；

主视图与侧视图高度平齐；

俯视图与侧视图宽度相等。

上述三视图间的投影关系常被简称为视图间的"长对正,高平齐,宽相等"关系。这是对画图和识图都十分重要的投影关系。

这里应该特别指出,不仅物体在整体上符合三视图间的投影关系,物体上的每一个局部,以及物体上的点、线和面等几何要素之间也都符合"长对正,高平齐,宽相等"的投影关系。如图 1-12 中的 S、Q 面,mn 线和 a 点的投影。

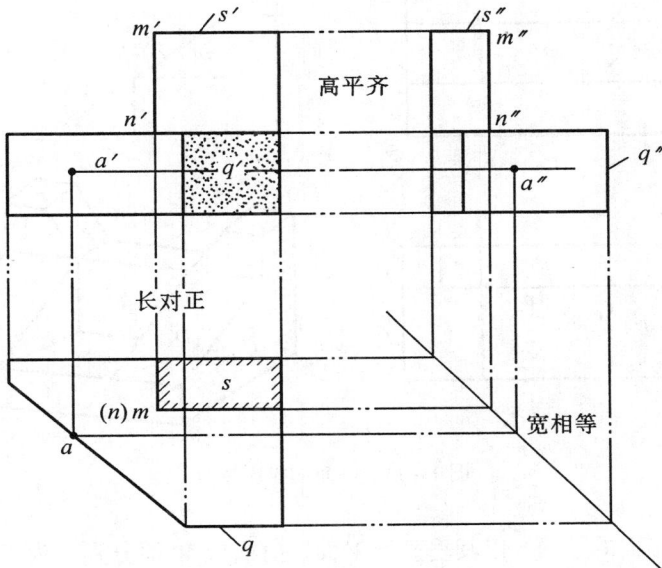

图 1-12　三视图的投影关系

S、Q—面；MN—线；A—点

识图时,也正是根据物体及其每一个组成部分,每一个几何要素之间的"长对正,高平齐,宽相等"的投影关系,逐一找出三个视图中相对应的部分,对照分析,从而想像出物体的空间形状。

第三节　物体上面、线、点的投影

一、面的投影特点

围成几何体的表面可以分为平面和曲面两种。

1.平面的投影特点

物体上常有多个不同形状不同位置的平面,以平面相对于投影面的位置区分,可分以下几种。

(1)平行于投影面的平面　以其平行于 V 面、H 面或 W 面,分别称之为正平面、水平面或侧平面。平面在与其平行的投影面上的投影反映平面的真实形状。平面的这种性质称之为真实性。在图 1-13 中,A 为正平面,B 为水平面,C 为侧平面。在三视图中,a'、b 和 c'' 反映各自的真实形状。还应当注意,平行于一个投影面的平面必然同时垂直于另外两个投影面。

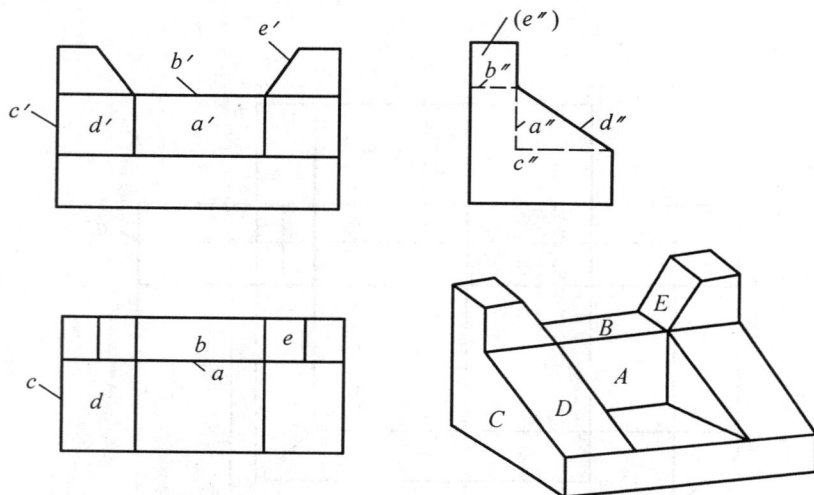

图 1-13　平面的投影特点

(2)垂直于投影面的平面　以其垂直于 V 面、H 面,或 W 面分别称为正垂面、铅垂面和侧垂面。任何形状的平面,当它垂直于投影面时,其投影都是一条直线,平面的这种性质称为积聚性。如图 1-13 中的 A 面既是铅垂面又是侧垂面,它在 H 面上的投影 a 和 W 面上的投影 a'' 都积聚为一直线。B 面既是正垂面又是侧垂面,其 V 面投影 b' 和 W 面投影 b'' 积聚为一直线。当平面积聚成直线时,在该平面内的任何图形、线和点的投影也都重合在该直线上。

(3)倾斜于投影面的平面　当平面倾斜于投影面时,其投影的形状改变,而且比原来的平面缩小,平面的这种性质称为收缩性。如图 1-13 中的 D 面在 V 面上的投影 d' 和在 H 面上的投影 d,E 面在 H 面上的投影 e 和 W 面上的投影 e'' 都比实际形状要小。

不平行又不垂直于任何一个投影面的平面,称为一般位置平面。它在任何一个投影面上的投影既不积聚也不反映实形,如图 1-14(a)中的 p 面,它的三个投影图都比实际缩小。

平面相对于投影面的位置是平行、垂直或倾斜,应对照平面的任意两个投影来确定。如图 1-13 中的平面 E,由其 V 面投影 e' 的积聚性,可知为一倾斜于 H 面和 W 面的正垂面。

运用上述规律,我们可以分析图 1-14(b)中由正三棱锥斜切后形成的各个平面的空间位置。从图中看到切断面 EFG 的三个投影都是三角形,分别是 efg、$e'f'g'$ 和 $e''f''g''$,由此可以确认 EFG 是一个与三个投影面都倾斜的一般位置平面。底面 ABC 在 V、W 面的投影积聚为水平线 $a'b'c'$ 和 $a''b''c''$,可知该面为一水平面,其 H 面的投影 abc 反映出实形。四边形

ACGE 在 *W* 面的投影积聚为一条倾斜的直线 *a″*(*c″*)*g′e″*,可以确定该平面为一侧垂面且倾斜 *V* 面和 *H* 面,因而其 *V* 面和 *H* 面的投影 *a*(*c*)*ge*,*a′*(*c′*)*g′e′* 为不反映实形的四边形。用同样的方法可以分析该物体上其余两个平面 *ABFE* 和 *BCGF* 的投影。这种根据对应投影对物体上各个平面空间位置进行分析的方法,在识读三视图时是经常运用的。

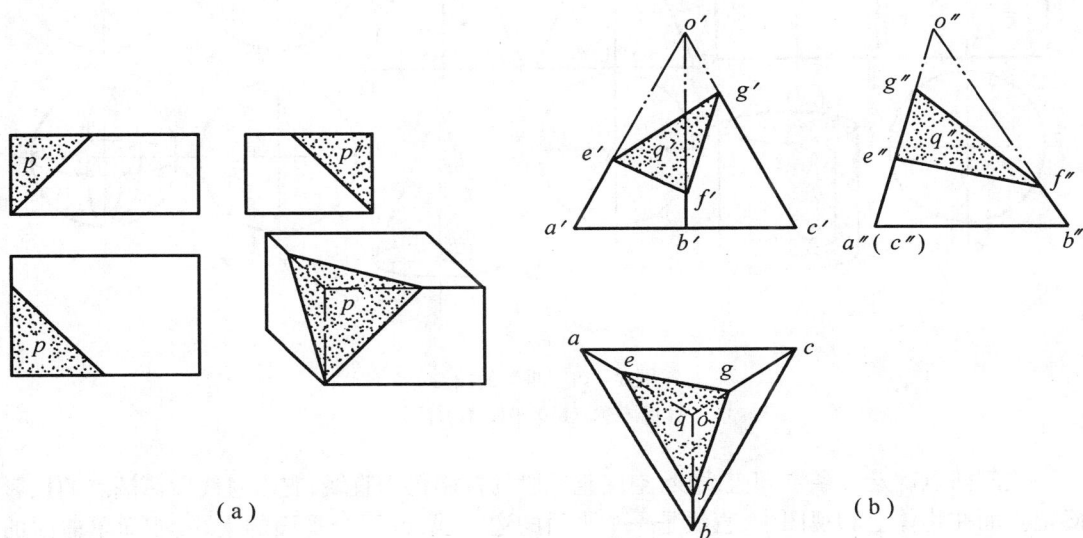

(a)　　　　　　　　　　　(b)

图 1 – 14　几何体上平面的分析
(a)斜切长方体;(b)斜切三棱锥

2.曲面的投影特点

只在一个方向弯曲的曲面称为简单曲面,如圆柱面和圆锥面。在两个方向上都弯曲的曲面称为复杂曲面,如球面。曲面的投影见图 1 – 15。

圆柱面可以看成由直线 *AB* 绕平行轴线 *OO* 旋转而形成。圆柱面上任意位置的一条直线称为圆柱面的素线,见图 1 – 15(a)。因此,圆柱面可以看作是由许多素线集合而成的。圆柱面只在与素线垂直的方向上具有曲度,而在素线方向是没有曲度的。当圆柱轴线垂直于水平投影面进行投影时,圆柱面上每一条素线在水平投影面上的投影都积聚成一个点,而圆柱面则积聚成一个圆。圆柱面在正投影面和侧投影面上的投影各为一个矩形,矩形的上下两条直线是圆柱体顶面和底面投影的积聚。矩形的两条垂直线,在主视图上是最左、最右两条素线的投影,它们也是圆柱面的前、后两部分的转向轮廓线。在左视图中则是最前、最后两条素线的投影,它们也是圆柱面的左、右两部分的转向轮廓线。曲面的投影不反映实形。

在图 1 – 15 中(b)为圆锥面的投影,(c)为球面的投影。试自行分析圆锥面和球面的形成过程。并在图中找出曲面上前后、左右和上下两部分的转向轮廓线。

曲面的三个投影都不反映实形。

二、线的投影特点

1.直线的投影特点

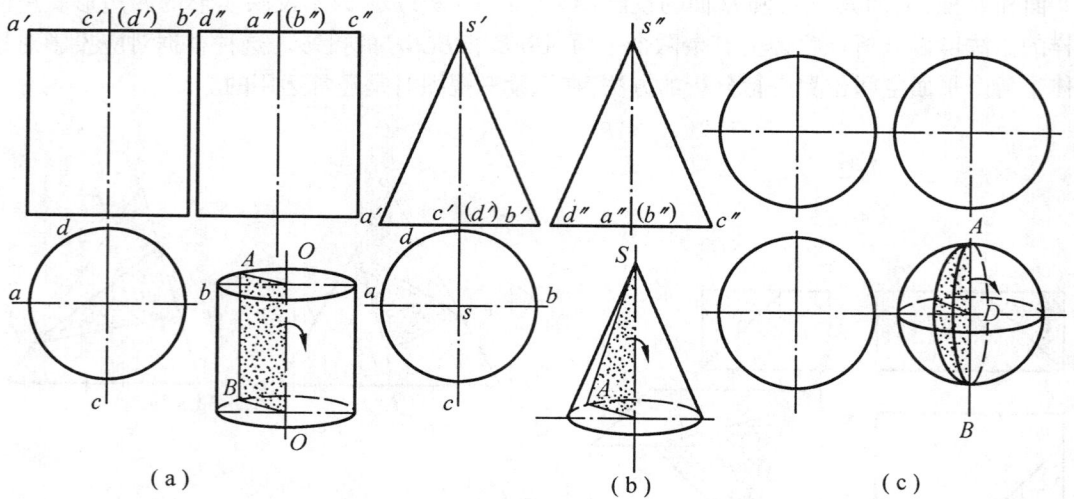

图 1-15 曲面的投影
(a)圆柱面;(b)圆锥面;(c)球面

空间两点确定一条空间直线段,空间直线段的投影仍为直线,它由直线段两端点的投影确定。而在物体上和视图中,直线是一个平面的边界线,或两个平面的交线,或简单曲面的转向轮廓线,或平面投影的积聚线。

直线按其相对于投影面所处的位置,可分为以下三种,见图 1-16。

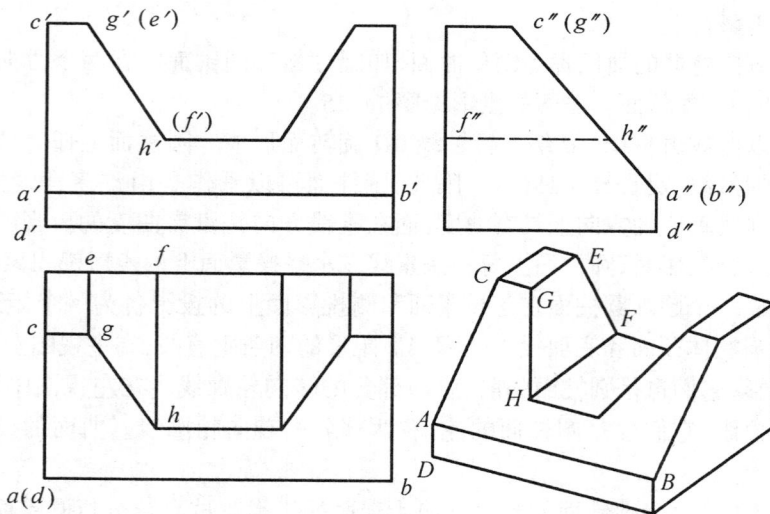

图 1-16 直线的投影特点

(1)平行于投影面的直线 按其平行于 V 面、H 面或 W 面,分别称为正平线、水平线和侧平线。直线在与之平行的投影面上的投影反映实长。图 1-16 中,直线 AB 在 V 面上的投影 $a'b'$,在 H 面上的投影 ab 都是实长。AC 在 W 面上的投影 $a''c''$ 也是实长。

(2)垂直于投影面的直线　按其垂直于 V 面、H 面或 W 面,分别称为正垂线、铅垂线和侧垂线。直线在与之垂直的投影面上的投影积聚为一个点。在图 1−16 中,侧垂线 AB 在 W 面上的投影积聚为一个点 $a''(b'')$,铅垂线 AD 在 H 面上的投影积聚为 $a(d)$ 点。

垂直于一个投影面的直线必平行于另外两个投影面。

(3)倾斜于投影面的直线　当直线倾斜于某一投影面时,它在该投影面上的投影比实际长度缩短。如直线 AC 倾斜于 V 面和 H 面,其对应投影 ac、$a'c'$ 都不反映实长。直线 GH 为倾斜于三个投影面的一般位置直线,其投影 $g'h'$、gh、$g''h''$ 都不反映实长。

直线在空间的位置,即直线和投影面成平行,垂直或倾斜,应由直线的任意两个投影来确定。判断直线的投影是否实长,以及求取线段的实长是工程上经常遇到的问题。

2.平面曲线的投影特点

平面曲线是由平面和一曲面相交产生的,因此,组成平面曲线的每一个点都处于同一个平面上。物体截切和随后学习的船体图样中都会出现各种形状的平面曲线。图 1−17 中 (a)为圆锥体用水平面截切后形成的平面曲线——圆,(b)为圆柱体用正垂面斜切后形成的平面曲线——椭圆。

图 1−17(a)中所示的平面曲线 $ABCD$(圆周)的投影可通过 A、B、C、D 四个特殊位置的点的投影来表示。从图中可见,曲线 $ABCD$ 所在的平面平行于水平投影面,它在 H 面上的投影 $abcd$ 为曲线的真实形状,而在 V 面和 W 面的投影积聚成直线 $a'b'(d')c'$ 和 $d''a''(c'')b''$。

图 1−17(b)中的平面曲线不平行于任何一个投影面,而曲线所在的平面是正垂面,所以曲线在 V 面的投影反映为一条直线 $b'c'(a')d'$,而它在 H 面和 W 面上的投影都是不反映真实形状的曲线。

具有双向弯曲的空间曲线,处于任何位置时其三个投影都是不反映真实形状的曲线。

三、点的投影

点是构成物体的最基本的几何要素。连接空间任意两点,可以得到惟一的一条直线。多面体的棱线,既是相邻两个平面的交线,也是两个棱角的连线。回转体表面上的素线,同时也是其上下端特定点的联线。许多实际应用问题,常常都要通过求点的投影来解决。譬如:求物体截切面的投影和实形,求两物体表面的相贯线,作物体表面的展开图等,都是通过求出一系列点的投影来解决的。

1.点的投影规律

点的投影仍是点。这里主要结合几何体讨论其表面上点的投影规律。

在正投影中,点向 V、H、W 面投影后形成的三视图也应符合"长对正,高平齐,宽相等"的投影规律。这个投影规律,在标有坐标轴时,是以点到投影面的距离来表示的,如图 1−18 所示,A 点到 W 面的距离为 X 坐标值,即 X_A,反映在 A 点的 V 面投影 a' 和 H 面投影 a 中。A 点到 H 面的距离即为 Z_A 坐标值,反映在 A 点的 V 面投影 a' 和 W 面投影 a'' 中。A 点到 V 面的距离即为 Y_A 坐标值,反映在 A 点的 H 面投影 a 和 W 面投影 a'' 中。点的三视图 a、a'、a'' 符合"长对正,高平齐,宽相等"的投影关系,即:$Xa = Xa'$,$Za' = Za''$,$Ya = Ya''$。

在未标示坐标轴的物体三视图中,点的空间位置常以物体上选定的三个互相垂直的主要平面作为基准,有时也可以对称轴线或中心线作为基准,确定其长、宽、高方向的位置,如图 1−18 中虚线所示,A 点在长度方向以物体的右面作基准,宽度方向以物体的后面作基准,高度方向则以物体的底面作基准。基准的选择视作图方便而定。

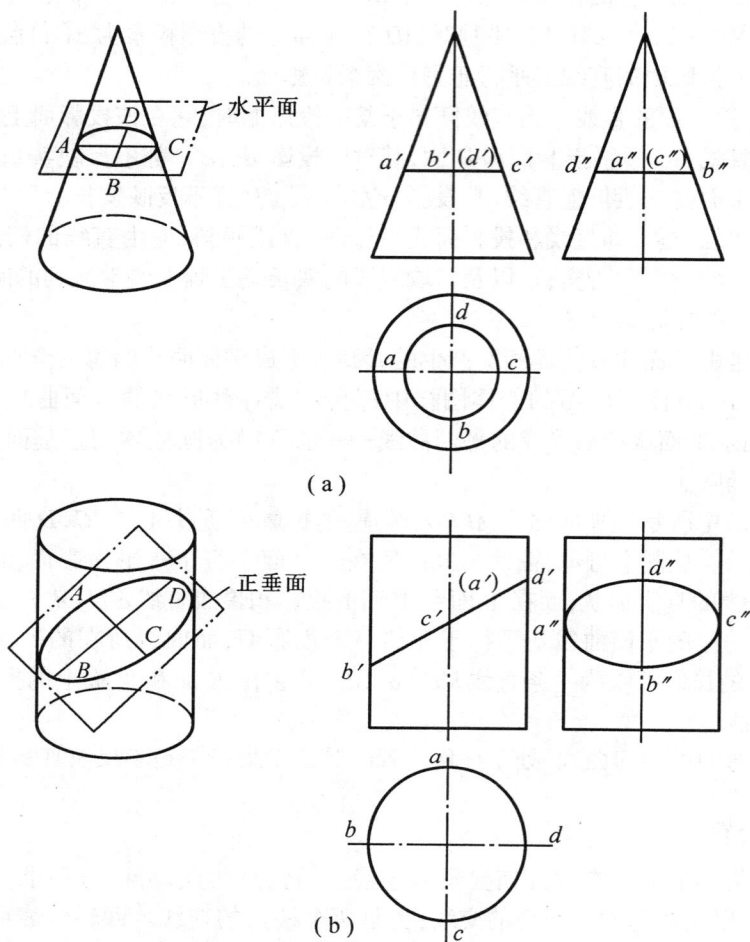

图 1 - 17 平面曲线的投影

2.两点的相对位置

两点的相对位置由点到投影面距离的远近来确定。距 W 面远者在左,近者在右,反映在 V、H 面的投影中。距 V 面远者在前,近者在后,反映在 H、W 面的投影中。距 H 面远者在上,近者在下,反映在 V、W 面的投影中。由图 1 - 18 中 A、B 两点的投影可知:B 点在 A 点的左方、后方和上方。同样可知,C 点在 A 点的下方,D 点在 A 点的右方,E 点在 A 点的后方。这种点的左右,前后和上下相对位置的比较有助于空间想像能力的提高。

3.重影点

在图 1 - 18 中,主视图中的 a'、$(e)'$ 两点是重合在一起的,a' 点在前,(e') 点在后。俯视图中的 a、(c) 两点是重合在一起的,a 点在上,(c) 点在下,左视图中,a''、(d'') 两点是重合的,a'' 点在左,(d'') 点在右。这称为重合投影,重合的点称为重影点。这时,离重合投影所在投影面的距离较大的那个点是可见的,另一点则是不可见的,不可见的点的字母用圆括号括起来,如图中的 (e')、(c) 和 (d'')。

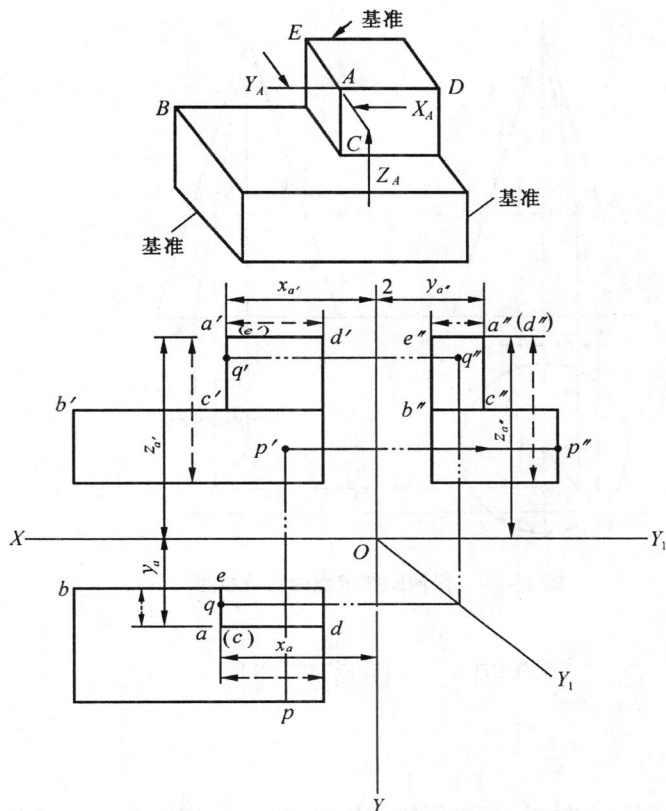

图 1-18 点的投影和三面投影规律

在三视图中,除了点的重影之外,物体上的某些线和面也常常出现部分或局部重影(重叠)。如主视图中前面和后面的重合,俯视图中顶面和底面的重合,左视图中左面和右面的重合。复杂物体还会出现多重重合。图 1-18 中棱线的重合可自行分析。识图想像物体形状时,就要对照两个视图,分清重影点,重影线和重影面的远近,区别其前后、上下和左右的相对位置。这也就是"从平面到空间"的思维过程。

4. 物体表面上点的投影

物体表面上点的投影必在该面的同名投影上,当平面积聚成直线时,该点也就包含在直线内。这样,不仅根据点的两面投影可作出点的第三面投影。有时根据表面上点的一面投影就可以作出点的另外两面投影。如图 1-19 中,由 P 点的正面投影 p' 可求出 p 和 p''。

有时需要通过作辅助线的方法求表面上点的其余投影。如图 1-19 所示,已知圆锥面上 p 点的正面投影 p',求另两面投影 p 和 p''。直接投影无法得到 H 面和 W 面上的投影。此时可通过 p 点作出圆锥表面上的一条素线 $s'm'$,m' 为底圆上的一点。按投影关系先作出素线的另两面投影 sm 和 $s''m''$。由于线上点的投影必在线的同名投影上,按"长对正,高平齐,宽相等"的投影关系即可求出 p 和 p''。这种过点所作的辅助线应该是容易作图的直线或圆。本例也可过主视图中的 p' 作一圆锥的水平切面,再求出 p 和 p'',读者可自行作图求出。

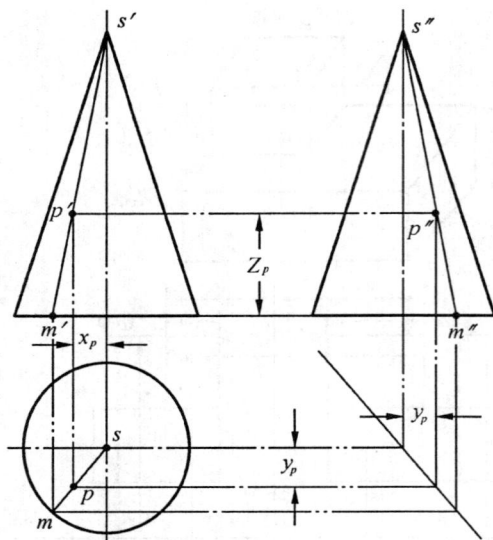

图 1 – 19 作辅助线求点的另外投影

第四节 识读三视图

一、正投影的要领

画三视图是运用正投影的方法把空间物体转换成平面图形,看三视图则是根据正投影的原理由平面图形想像出空间物体的形状。正投影所包含的一些基本要领,是画图和看图时都必须熟记于心并能加以灵活运用的。这些基本要领可归纳如下。

画三视图时,物体以及物体上的每一局部,每个面、每条线和每个点都有一一对应的三个投影。

物体的整体以及每一局部,每个面、每条线和每个点都保持"长对正,高平齐,宽相等"的投影关系。

空间物体转化为平面图形后,每一个视图都只反映长、宽、高中两个方面的尺寸。

物体上前后、上下和左右的相对位置关系在每一个视图中都只能反映其中的两个,在投影方向上的远近关系消失了。

物体上的面和线相对于投影面可能处于平行、垂直或倾斜三种状态,在投影图中相应也反映为实形(实长)、积聚或缩小(缩短)。

二、识读三视图

1.看图的步骤和方法

识读三视图的步骤和方法,可简单归纳如下:

抓主视,联左俯;

先局部,后整体;

对投影,找对应;

识面形,分远近;

相综合,想立体。

(1)抓主视,联左俯 通常主视图都能够比较明显地反映出物体的形状特征,初步和左、俯视图对照一下,可以粗略地了解物体的大致形状。

(2)先局部,后整体 复杂的物体都可以分解为相对独立的几个部分,看图应该是一部分一部分地看。这个"局部"或是某一部分立体,或是某一个封闭线框。依次看过各个局部之后,才有可能了解整体。

(3)对投影,找对应 这是看图的关键。所谓"对投影,找对应",就是根据主俯视图长对正,主左视图高平齐,俯左视图宽相等的投影关系,找出所有的每一个局部或某一个面,某一条线的三个投影,使之相互对应。

(4)识面形,分远近 找出某一个面的三个投影后,对照分析,就可以知道该面是平面,还是曲面,是投影面的平行面、垂直面或是倾斜面,这就是"识面形"。同时也就了解了各个面之间的相对位置;分清了主视图中各个面的前后,俯视图中各个面的上下,左视图中各个面的左右。这是区分在投影方向上各个面的远近。这个过程,就是在头脑中使平面图形"立体化"的过程。

(5)相综合,想立体 经过上面的分解过程,最后将各个部分加以综合,就得到物体清晰完整的立体形状,达到看图的目的。

2.线面分析法

所有几何体都是由平面或平面和曲面围成的。由几何体投影所得到的视图,则都是由线条或线条所围成的线框组成的。上面识图方法中所说的"对投影",主要也是对线条和对线框,分析线条、线框的含意及其所代表的面的形状和位置。

视图中的线条和线框可有多种不同含义,如图 1-20 所示。

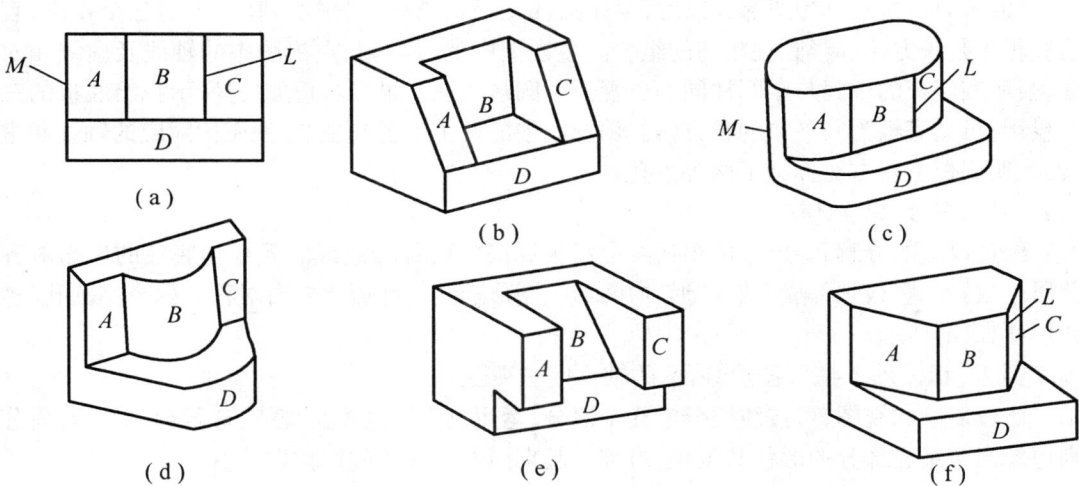

图 1-20 视图中的线条和封闭线框

(1)线条 视图中的线条有四种不同的含义。

直线是物体表面交线的投影,如图 1-20(a)中的直线 L,在(f)中,它是两个平面的交线,在(c)中它是平面与曲面的交线。

直线是垂直平面的积聚投影,如(a)中的 L 和 M 是(b)、(e)中侧平面的积聚投影。

直线是曲面外形素线的投影,如(a)中的 M 是(c)中曲面外形素线的投影。

曲线可以是圆柱面(孔、槽)积聚的投影,如(d)中的圆柱面 B,(c)中的圆柱面 A,其水平投影都为一圆弧。

(2)线框　视图上的一个封闭线框,是物体上不同位置的平面或曲面的投影。

线框是平面的投影,如(a)中的封闭线框 A 可以是(d)、(e)中正平面的投影,(b)中倾斜侧垂面的投影,或(f)中倾斜铅垂面的投影。

线框是曲面的投影,如(a)中的封闭线框 B 是(d)中圆柱面的投影。

线框是曲面连同相切平面的投影,如图(a)中的封闭线框 D 是(c)、(d)中曲面连同相切平面的投影。

视图中任何相邻的两个线框,代表物体上相交或远近错开的两个面的投影,如(a)中 B 和 C 两个相邻的封闭线框,是(c)、(d)、(f)中相交的两个面,又是(b)、(e)中前后错开的两个面。

前面看图要领中的"对投影,找对应;识面形,分远近",也主要是对封闭线框进行投影分析,从而确定其所代表的面的形状和空间位置。

3.识读三视图举例

例1　识读图 1 – 21(图册)所示托架的三视图

(1)抓主视,联左俯;先局部,后整体

由视图间的相互位置关系,可知水平排列的是主、左视图,它们之间有"高平齐"的关系。垂直排列的是主、俯视图,它们之间有"长对正"的关系。而在俯、左视图之间有"宽相等"的关系。主视图表达了托架的主要形状。联系左、俯视图,可以看出托架前后不对称,左右是对称的。从图中可以明显看出,托架是由竖板Ⅰ和底板Ⅱ两部分组成的。

(2)对投影,找对应;识面形,分远近

如图(a)将托架分为两部分以后,再如图(b)所示,第一步先找出竖板Ⅰ的三个投影,表明竖板Ⅰ是长方体和半圆柱相切的组合。主视图中的圆与俯、左视图中的轴线及虚线相对应,表明在竖板的中间与半圆柱同心位置开一圆形通孔。第二步再如(c)所示找出底板的三个投影,可见底板为一平放的长方体。俯视图中的两个小圆与主、左视图中对应的轴线和虚线,表明底板上左右对称钻了两个小孔。

(3)相综合,想立体

经过以上的分解和分析,可知托架由竖板和底板两部分组成。竖板与底板的后面对齐并居中放置。竖板顶部成半圆柱形,中间为一圆形通孔。底板上左右对称有两个小圆孔,整体形状如(d)所示。

例2　识读图 1 – 22(图册)所示的轴承座三视图

比较复杂的视图,可按线框分成几个部分,运用三视图的投影规律,进行形体分析,先分别想像出各组成部分的形状和位置,再综合起来想像出整体的结构形状。

图 1 – 22 所示的轴承座,从主视图上看有四个可见线框,可按线框把它们划分为四块。再根据视图间的投影关系,找出每一块的其余两面投影(对投影,找对应),联系起来想像出每部分的形状(识面形,分远近)。从图中可知,Ⅰ是长方体,中间切出一半圆形槽。Ⅲ也是一个长方体,其下后方切去一长方体,上面左右对称钻有两个圆孔。Ⅱ、Ⅳ是相同的两块三棱柱。按图中各个部分的相对位置,可见Ⅰ、Ⅱ、Ⅳ都在Ⅲ的上方,并且后面平齐,Ⅰ居中,

Ⅱ、Ⅳ分处两边,整个组合体左右对称,其整体形状如图1-22(e)所示。

例3 复杂物体的线面分析法看图,如图1-23(图册)所示。

对于形状比较复杂的物体,尤其是物体上的某些倾斜或一般位置的平面,在"对投影,找对应;识面形,分远近"阶段,还要对某些线条和封闭线框进行反复的线面分析,以弄清某些细节部分的形状。

例如,立体图(e)中的 A 面,在(b)中,A 面在主视图中积聚为一条倾斜的直线 a',在俯、左视图中,分别投影为两个梯形 a 和 a"。由此可见,A 面为一倾斜于 H 面和 W 面的梯形正垂面,a 和 a"的投影图都不反映 A 面的实形。(e)中 B 面的形状比较复杂,它是一长方体经多次切割后形成的。在(c)中,B 面的俯视图积聚为一倾斜直线 b,而在主、左视图中都为一七边形 b'和 b",可见 B 为一倾斜于 V 面和 W 面的铅垂面。b'和 b"都为不反映实形的七边形。由于该物体前后对称,前后两个 B 面的形状完全相同。从(d)中可知,C 面为一梯形水平面,其俯视图反映实形。D 面为一矩形正平面,其主视图反映实形。该物体的其余部分及两个不同直径的圆孔都比较容易看懂。整个形状如(e)所示。

三、培养识图能力的练习

为掌握和运用正投影的基本方法,学会投影分析,发展空间想像能力,提高识图水平,必须由易到难、循序渐进地进行多种练习。下面就是一些行之有效的练习形式。

1.识读物体三视图想像物体的形状,然后找出一一对应的立体图,填上相应的号码,这是比较容易的初步练习。

2.识读物体三视图,并按指定的面或线在三视图中标注其对应的另外两个投影。说明面、线的特点(平行、垂直或倾斜于投影面),比较点、线、面的空间位置(前后、上下和左右)。

3.根据轴测图绘制三视图。

4.补视图和补缺线,补视图和补缺线既是培养又是检验识图能力的一种重要方式。

补视图是由已知两个视图补画第三个视图,通常是补画俯视图或左视图。一般来说,两个视图组合在一起就能完整地反映出物体三个方面的形状,区别出各个部分的前后、上下和左右的相对位置关系。识读已知的两个视图,想像出物体的形状,再根据"长对正,高平齐,宽相等"的投影关系,先画出物体的大体轮廓,再逐个画出各部分结构,如图1-24(图册)所示。

当在所给出的三视图中有意缺漏少量图线时,说明物体上的某些面没有画全三个投影,补图线就是补上所缺的投影,它主要也是根据投影关系进行线面分析和形体分析,想像出物体的空间形状,然后补全视图中所缺少的图线,如图1-25所示,(见图册)。

习　　题

一、根据物体的三视图想像物体的形状,找出各自对应的轴测图,在圆括号内注写三视图的序号,见习图1-1(一),1-1(二)图册。

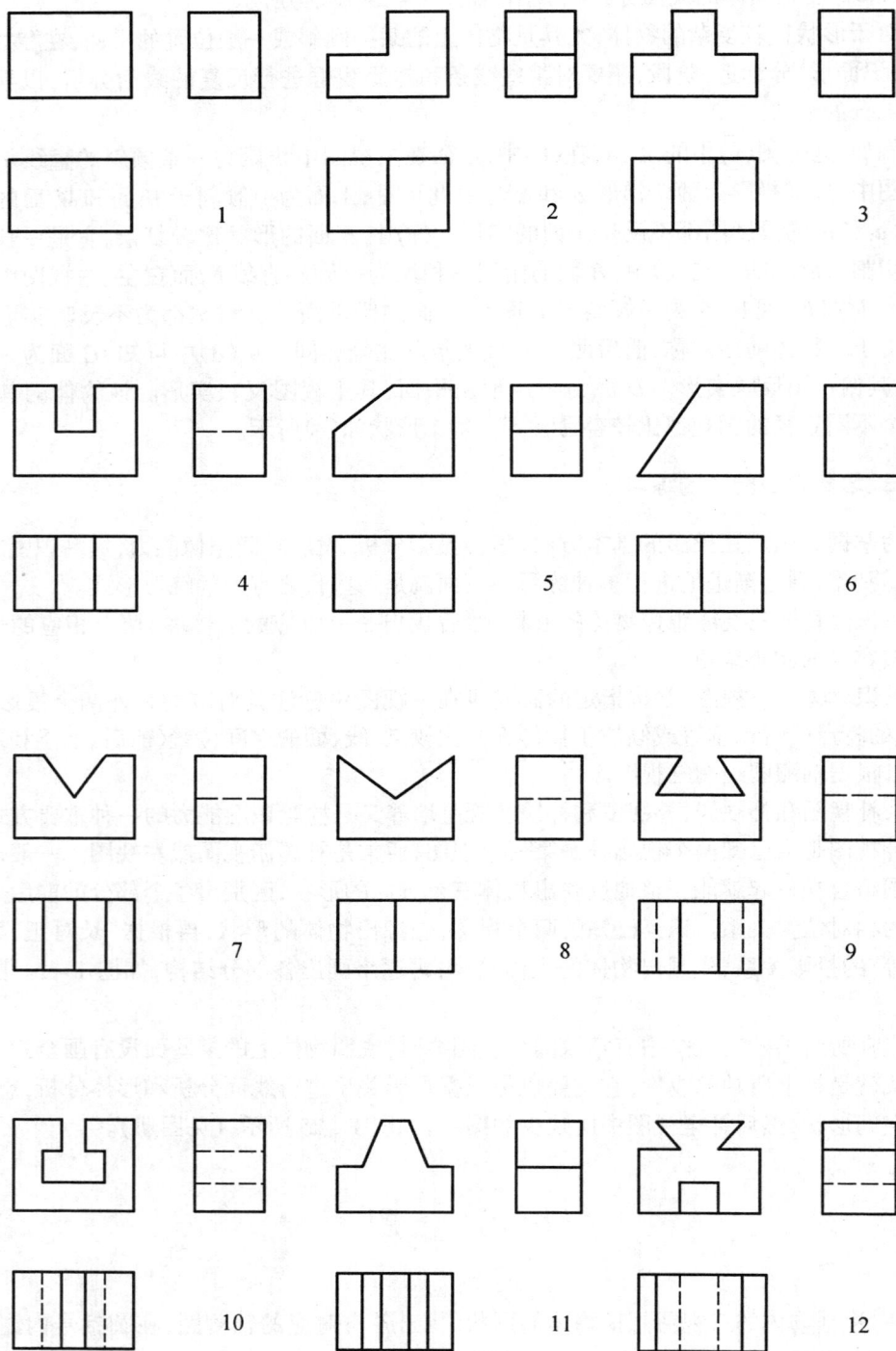

1

2

3

4

5

6

7

8

9

10

11

12

习图 1-1(一)

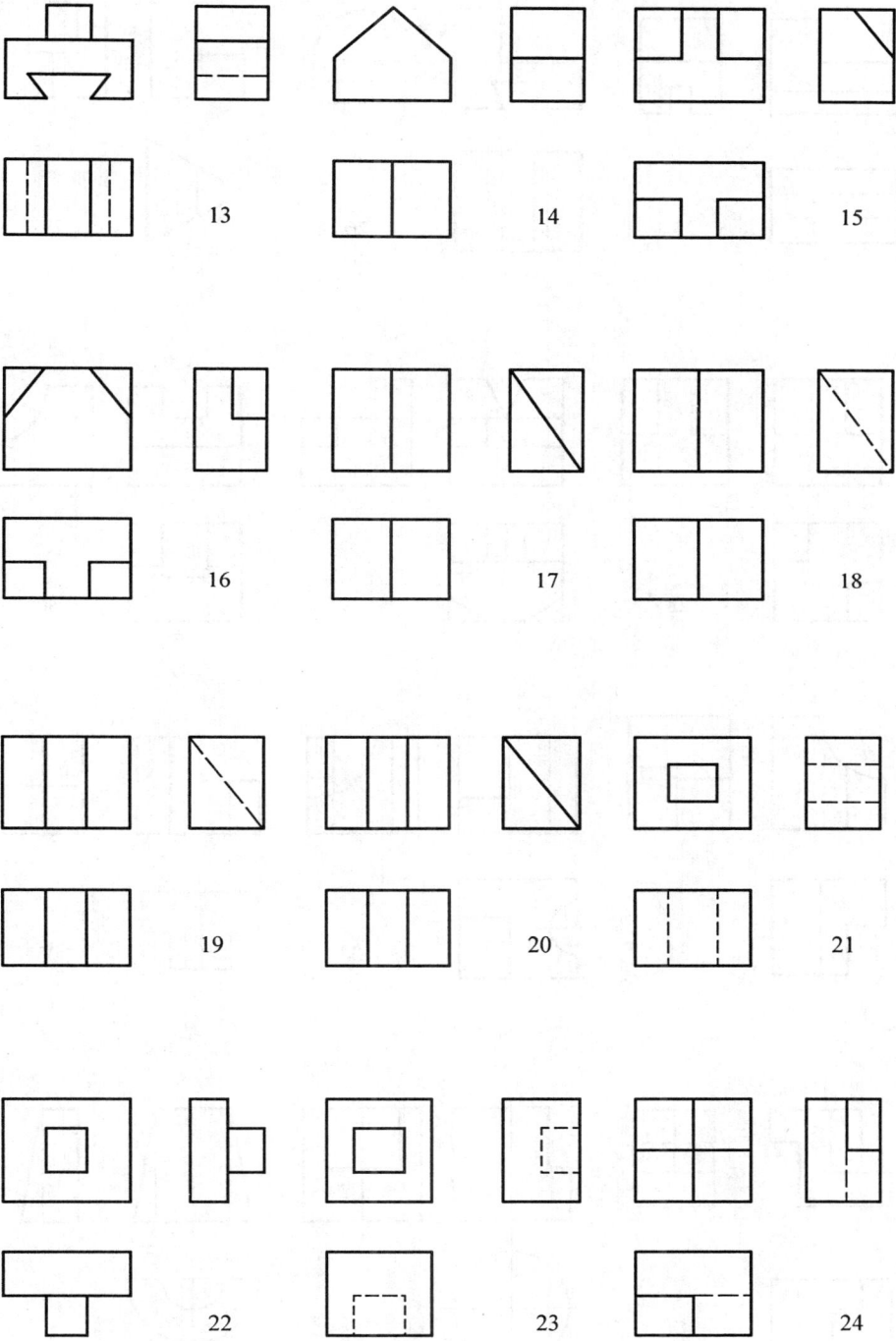

13   14   15

16   17   18

19   20   21

22   23   24

习图 1-1(一)

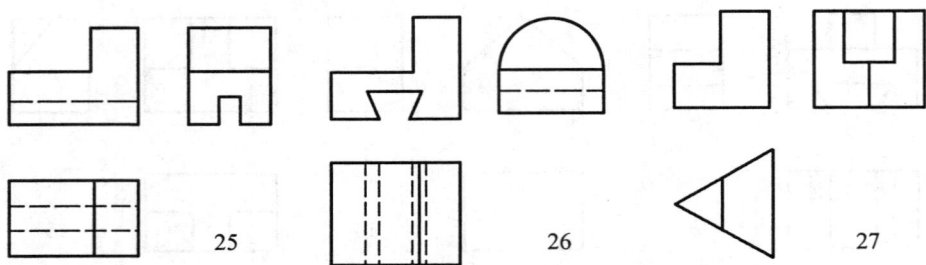

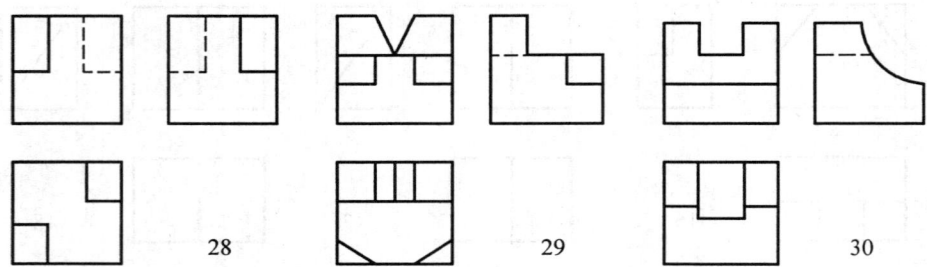

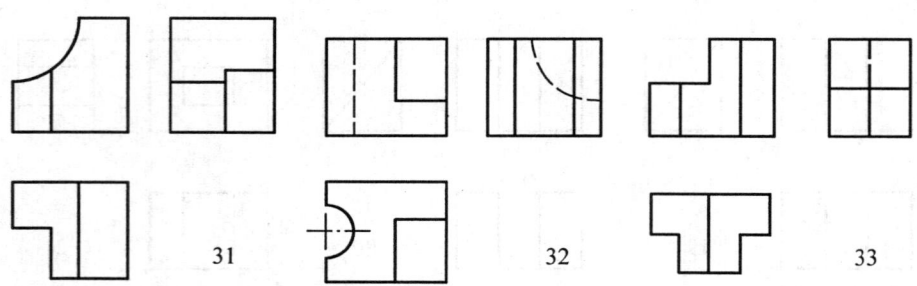

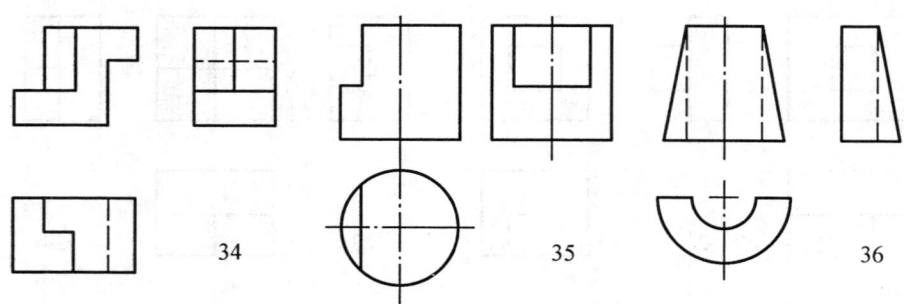

25

26

27

28

29

30

31

32

33

34

35

36

习图 1－1(一)

二、根据圆柱截割后的三视图,选择对应的立体图,把相应序号填在括号内,并标注面的另两个投影,见习图 1 – 2。

三、根据物体的立体图画出三视图(各题均取箭头所示方向为主视图,尺寸从图中量取),见习图 1 – 3(图册)。

四、根据三视图想像立体形状,补画视图中的缺线,并在三视图中标出指定的面、线和点的另两个投影,见习图 1 – 4(图册)。

五、根据所给视图想像物体的形状,并补画第三个视图,见习图 1 – 5(图册)。

六、在下列各组三视图中在有错误的一个视图上打"×",并在右下方画出正确的视图,见习图 1 – 6(图册)。

七、在习图 1 – 7 中,已知点的两个投影,求第三个投影,并填空回答问题。

(1)

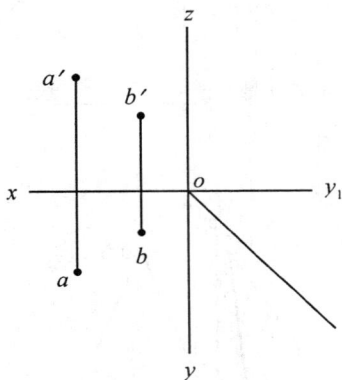

A 点在 B 点的____面、____面和____面。

(2)

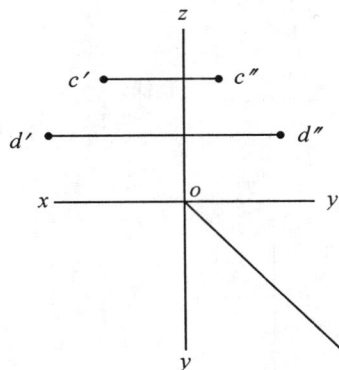

D 点在 C 点的____面、____面和____面。

(3)

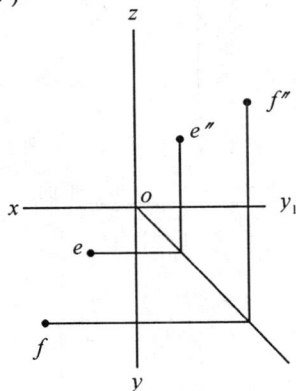

E 点在 F 点的____面、____面和____面。

(4)

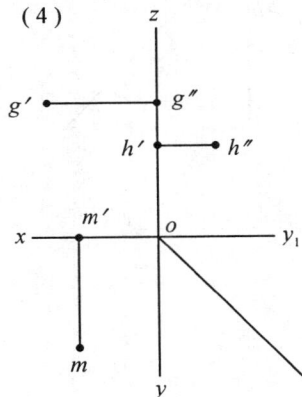

G 点在____面上, H 点在____面上, M 点在____面上。

习图 1 – 7

八、在习图1-8中,已知直线和平面的两个投影,求第三个投影,并填空回答问题。

（1）

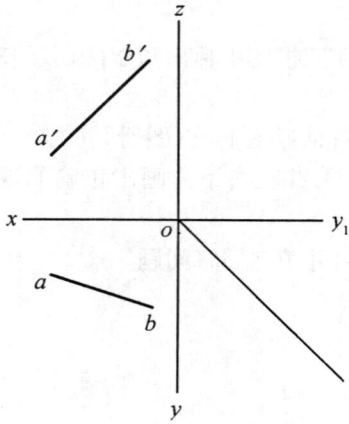

AB 是＿＿＿＿＿＿直线;

（2）

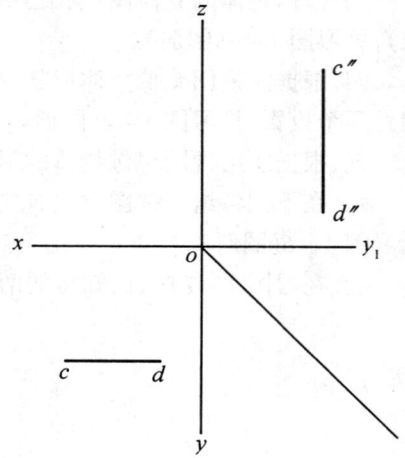

CD 是＿＿＿＿＿＿线;

（3）

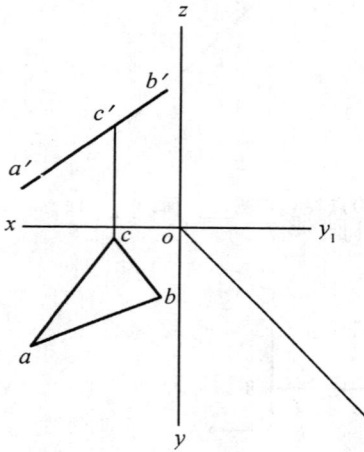

△ABC 是＿＿＿＿＿＿面;

（4）

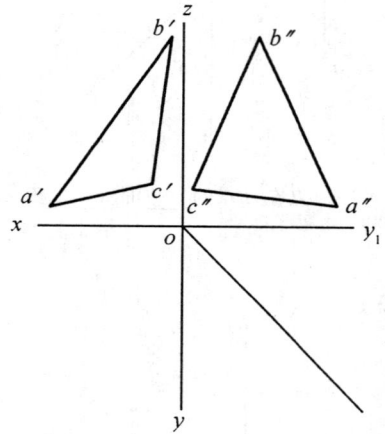

△ABC 是＿＿＿＿＿＿平面.

习图 1-8

第二章　船体图样的一般规定

图样是现代造船工业生产中的主要技术文件之一。为了便于设计、生产和进行技术交流，需要对图样的表达方法，尺寸标法以及采用的图线、符号等建立统一的规定，这就是国家以及造船主管部门所颁布的一系列标准。如国家标准局颁布的"金属船体制图"(GB4476 - 84)及"船舶布置图图形符号"(GB3894 - 83)等国家标准。更多相关标准为船舶标准化委员会颁布的标准(以 CB* 表示)和原第六机械工业部颁布的标准(以 CB 表示)。这些标准对于提高图样和技术文件的质量及促进生产协作起着重要的作用。国标(GB)和部标(CB*、CB)均为国家颁布的技术法令，所有从事造船工业的人员都必须严格遵守，认真执行。

本章及以后相关章节将择要介绍部分标准的内容，作为识读船体图样的依据。

第一节　图纸幅面和图样比例

一、图纸幅面及格式(GB4476.1 - 84)

1.基本幅面

图纸幅面的确定要考虑图样使用、装订和保管的方便以及纸张的合理利用。优先采用的幅面见表 2 - 1。其中 A_0 号幅面的面积为 $1~\text{m}^2$，$B:L = 1:\sqrt{2}$。

表 2 - 1　图纸基本幅面

幅面代号	A_0	A_1	A_2	A_3	A_4
$B \times L(\text{mm})$	841 × 1 189	594 × 841	420 × 594	297 × 420	210 × 297
图纸面积(m^2)	1.00	0.50	0.25	0.12	0.06
$c(\text{mm})$		10			5
$a(\text{mm})$			25		

2.幅面的延伸

绘制图样时，应优先采用基本幅面，如果基本幅面的尺寸不够，必要时可加长原基本幅面的长边，加长量为长边一半的整数倍，如图 2 - 1 所示。这样，加长后图纸幅面的最大宽度不会超过 A_0 幅面的宽度。由于船舶尺度的特殊，加长幅面的图样在船体图中是很常见的。

3.图纸边框格式

每张图纸都必须用粗实线画出边框线。图框的尺寸与图纸幅面大小有关，不论图纸竖放或横放，装订或不装订，图框的左边都留有装订边。图纸边框格式见图 2 - 2，其中 B、L，a、c 数值见表 2 - 1。

二、图样比例

1.船体图样的比例

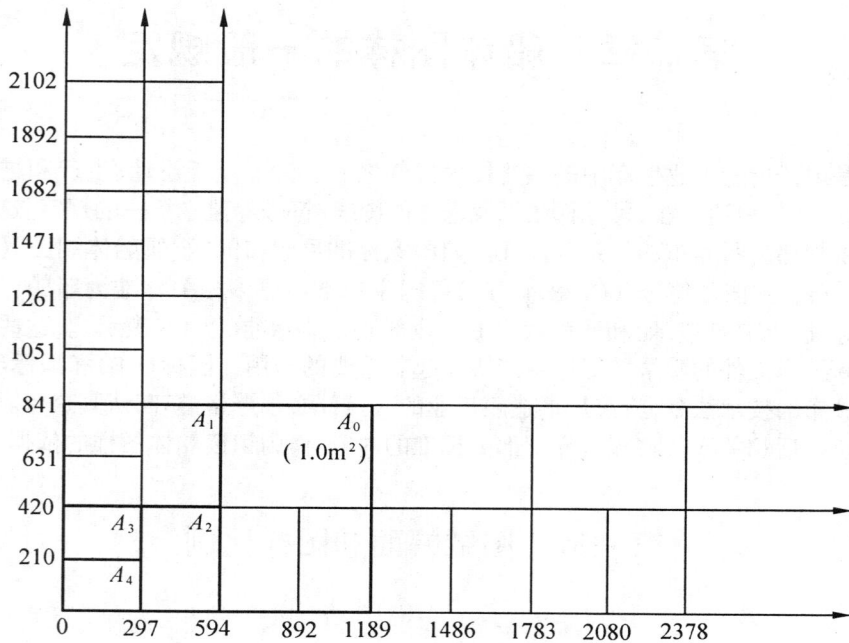

图 2-1 图纸幅面加长的规定

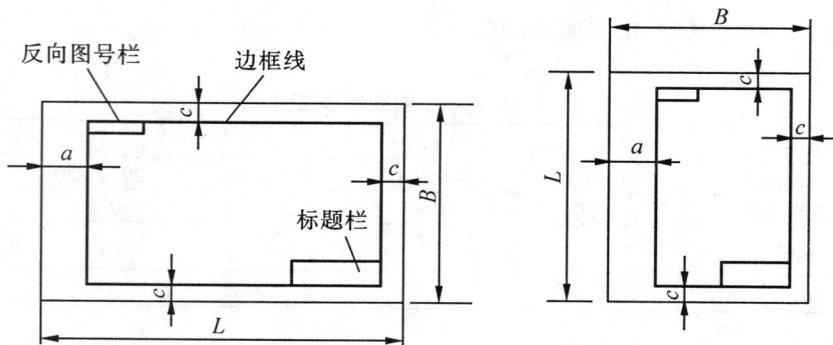

图 2-2 图纸边框格式

　　图样中构件要素的线性尺寸与实际构件相应要素的线性尺寸之比,称为图样的比例。绘图时,应根据构件尺寸的大小和结构的复杂程度,选用表 2-2 中规定的比例。括号中的 1:30,1:40 为不推荐使用的比例,通常可用相近的比例代替。

　　2.比例的标注

　　每张图样都必须标明图样的比例。同一张图样上统一采用一个比例时,将比例标注在标题栏中"比例"栏内。同一张图样中各个视图的比例不相同时,则将主要视图的比例标注在标题栏内。个别视图、剖面图和节点详图所采用的不同比例,则单独标注在该图名称线的下方。比例的标注方法见图 2-3。

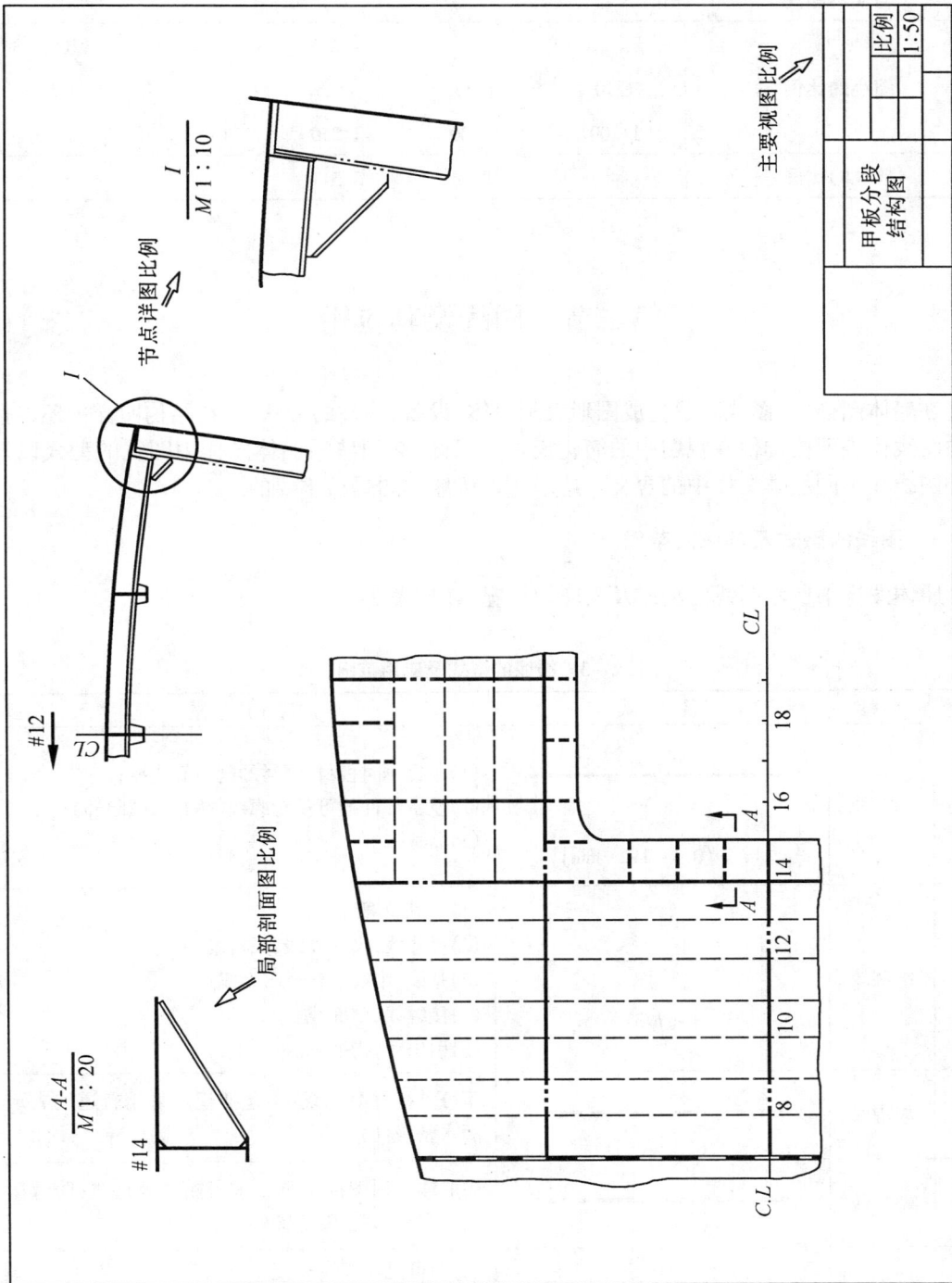

图2-3 比例的标注方法

表 2-2　船体图样的比例

比例种类	采用的比例				
与实物相同	1:1				
缩小的比例		1:2	1:2.5		1:5
	1:10	1:20	1:25		1:50
	1:100	1:200	1:250	(1:30)	(1:40)
放大的比例	2:1	2.5:1			

第二节　图线及其应用

在船体图样中,图线除了构成图形表示船体、设备、构件的形状外,在结构图样中还以指定的图线代表不同构件在视图中的简化投影。因此,必须熟悉船体图样中图线的型式以及各种图线在不同船体图样中的含义。这对于识读船体图是很重要的。

一、图线的型式及其应用范围

船体图样中所用图线的型式及其应用情况,详见表 2-3。

表 2-3　图线的型式及应用范围

序号	名称	形　式	应用范围
1	粗实线	$[b=(0.4\sim1.2)\ \text{mm}]$	(1)小比例时板材,型材的剖面简化线; (2)设备部件的可见轮廓线(总布置图除外); (3)名称线。
2	细实线	$(\leqslant b/3)$	(1)可见轮廓线; (2)尺寸线,尺寸界线,规格线; (3)基线,中线,格子线,型线; (4)接缝线,剖面线; (5)引出线,指引线。
3	粗虚线	(b)	不可见板材简化线(不包括规定采用轨道线表示的水密板件)。
4	轨道线	(b)	主船体结构图内不可见水密板材简化线(肋骨型线图、分段划分图等除外)。
5	细虚线	$(\leqslant b/3)$	(1)不可见轮廓线; (2)不可见次要构件简化线(普通肋骨、横梁、纵骨、扶强材等)。

序号	名称	形　式	应 用 范 围
6	粗点划线	（b）	(1)可见主要构件(纵桁、强肋骨、强横梁、舱壁桁材等)的简化线; (2)钢索、绳索、链索等的简化线。
7	细点划线	（≤b/3）	(1)中心线、轴线、开口对角线、转角线; (2)转圆线; (3)可见次要构件的简化线。
8	粗双点划线	（b）	不可见主要构件的简化线(纵桁、强肋骨、强横梁等)。
9	细双点划线	（≤b/3）	(1)非本图构件可见轮廓线; (2)假想构件可见轮廓线; (3)肋板、舭肘板顶线; (4)工艺开孔线。
10	波浪线折断线	（≤b/3）	构件断裂边界线。 (长距离断裂用折断线)。
11	斜栅线	（≤b/3）	分段界线。 (分段划分图除外)。

二、图线应用图例

图 2－4 是设备图样中图线应用的举例。

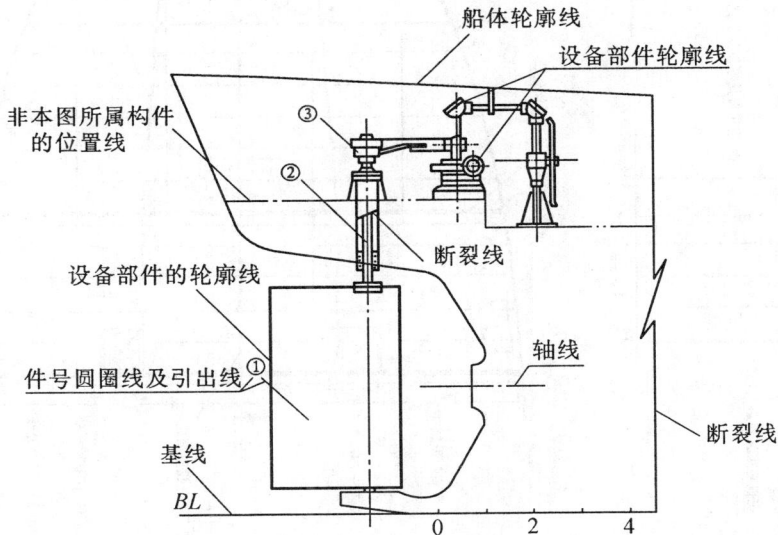

图 2－4　设备布置图中的图线应用举例

图 2－5 是船体结构图样图线应用的举例。

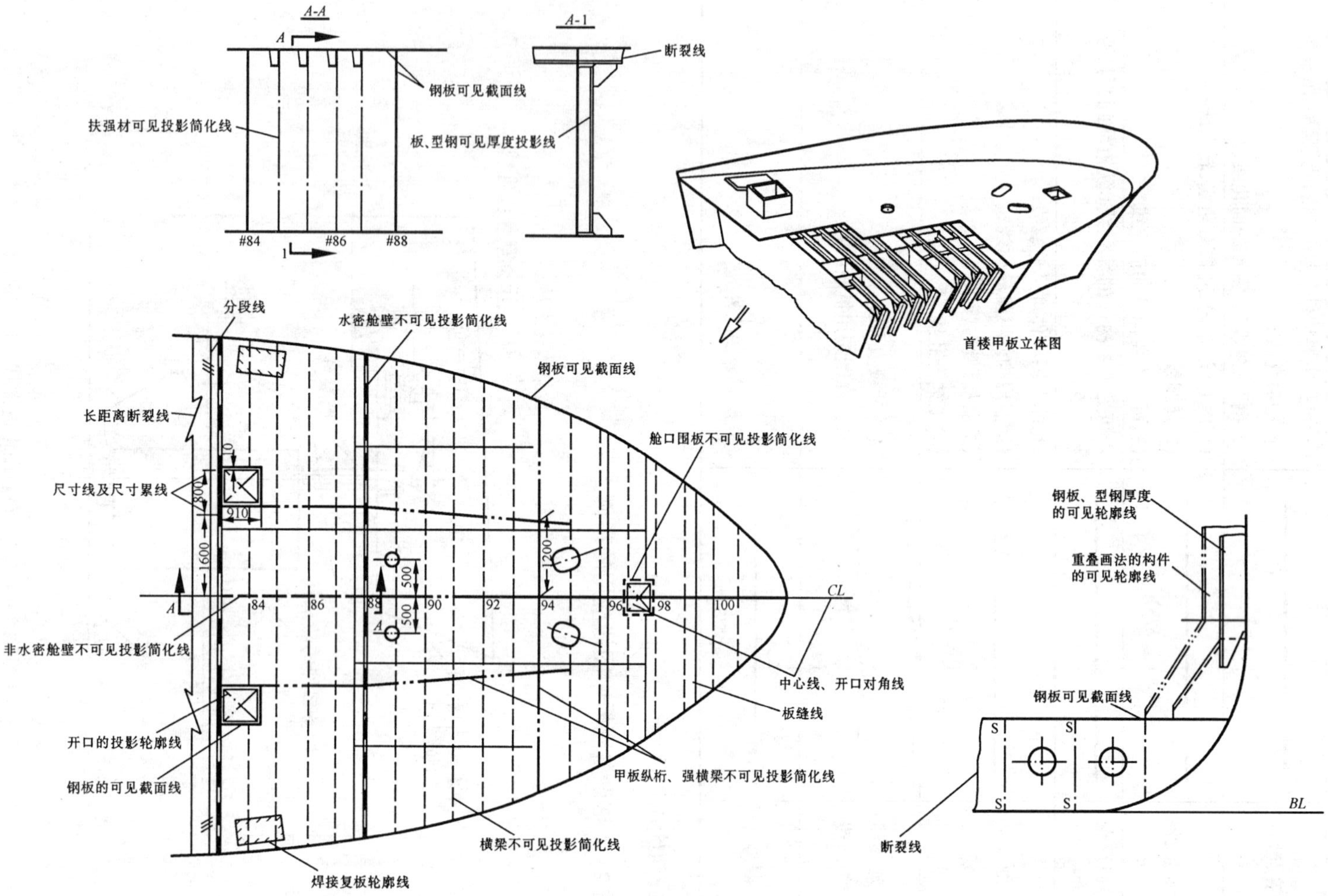

图2-5 结构图中的图线应用举例

三、图线的画法和要求

各种图线的宽度(粗细)都以粗实线为基准确定。粗实线的宽度表2-3中以 b 表示,在(0.4~1.2) mm 范围内选择。其宽度要根据图形大小、视图的复杂程度及图样的具体用途而定。粗细一经选定,就应保持同一张图样中同类图线的粗细浓淡基本一致。虚线、点划线、双点划线及轨道线的线段长短和间隔,可参考图2-6中的数据。为保证图样质量,图面上所有图线都应规范、清晰。画图中的对称中心线时,圆心应为线段的交点。船体中心线被粗实线、粗虚线和轨道线覆盖时,覆盖处不画,两端伸出来的部位仍应画出中心线。

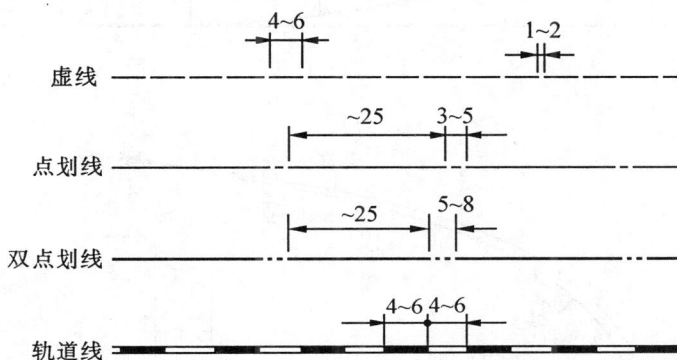

图2-6 部分图线的画法

第三节 尺寸标注

在船体图样中,视图只表达结构形式和构件形状,构件的真实大小和位置则要根据图样中所标注的尺寸数字来确定。尺寸数字是船体放样、加工、装配和检验的依据。尺寸标注必须完整清晰,正确无误。施工中也应正确读取图样上所标注的每一个尺寸。因此,应该熟悉国家标准《金属船体制图》(GB4476.4-84)中对船图尺寸标注所作的一系列规定。

一、尺寸标注的基本原则

1.构件的真实大小,以图样上所注尺寸数字为依据,与图形的比例及绘图的准确程度无关。

2.图样中尺寸单位为毫米时,不需注明计量单位的名称或代号(毫米或 mm),若采用其他单位时则必须标明。

3.船体构件的定位尺寸是指构件理论线与选定的基准线之间的距离。当不符合"金属船体结构理论线"的规定,或为避免误解时,用符号"▱▱"表明理论线的位置,见图2-7。
船体图中定位尺寸的基准:
高度方向的基准是船体基线,有时也可为某一水线或甲板;
宽度方向的基准是船体中线,有时也可为船舷;

（a）

（b）

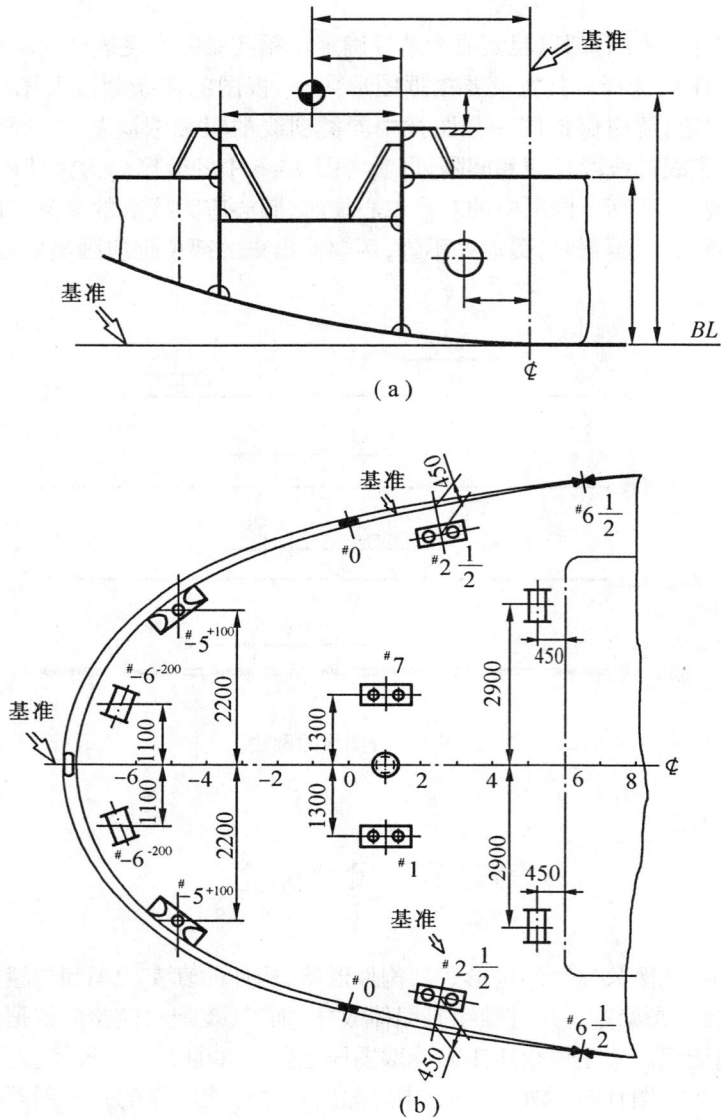

图 2-7　定位尺寸的标注

长度方向的基准是船体中站面线,有时也可为某一站线或肋骨线。

4.同一构件的尺寸,图中只需标注一次。材料规格或尺寸相同的构件只标注其中一个。通常尺寸应标注在构件投影最清晰的视图上。

5.待定尺寸是指需经放样或在现场安装时才能确定的尺寸。可以在图中用文字说明,如注明"放样时决定",若需标注尺寸,则在尺寸数字前加近似符号"～",如"～200"。

6.在全船性图样中,船长、型宽等船体主要尺度不直接标注在视图中,通常注写在图纸上方,形式如下:

主尺度

总长 L_{OA}	192.95 m	设计吃水	10.20 m
垂线间长 L_{PP}	184.00 m	结构吃水	11.40 m
型宽 B	32.20 m		
型深 H	17.20 m		

书写时上下行小数点对正,精确到小数点后两位,单位为米(m)。

二、船图尺寸标注的一般规定

1. 尺寸线的画法

(1)尺寸线为细实线,其两端用实心箭头指到尺寸界线。尺寸界线一般应与尺寸线垂直,必要时允许倾斜,见图2-8。

(2)标注直线或弧线段尺寸时,尺寸线必须与所标注的线段平行,间隔不小于4 mm。尺寸线不能用其他图线代替,一般也不应与其他图重合。轮廓线、轴线、中心线、尺寸界线及它们的延长线都不允许作尺寸线使用。

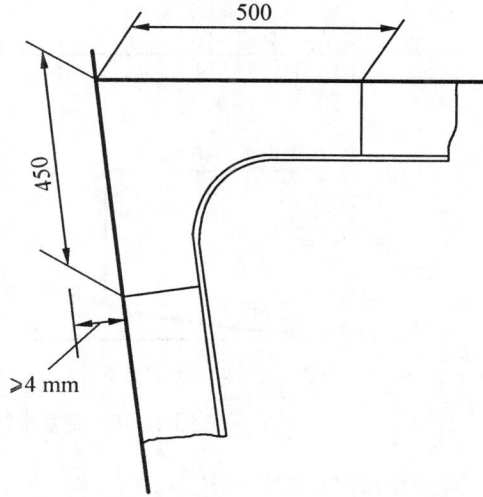

图2-8 尺寸线画法

2. 尺寸简化标注

(1)构件等距分布时,可采用图2-9所示的方法标注。

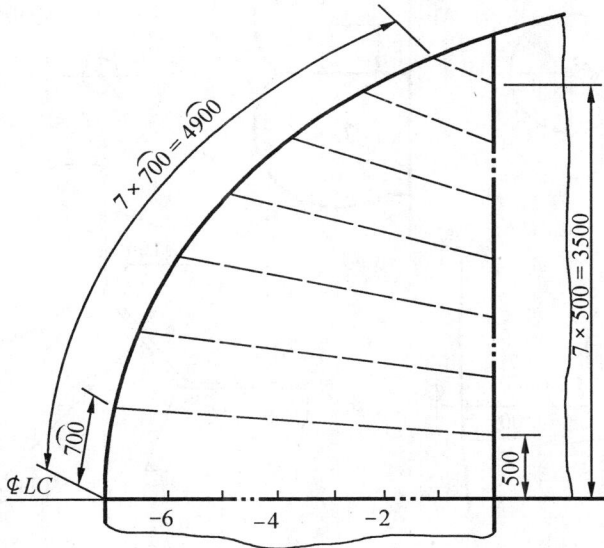

图2-9 等距分布构件的尺寸标注

(2)当尺寸线的一端指向距离较远的基准平面时,为避免尺寸线过长,基准平面处的尺寸界线可以省略,而在尺寸数字前加注文字予以说明,见图2-10。

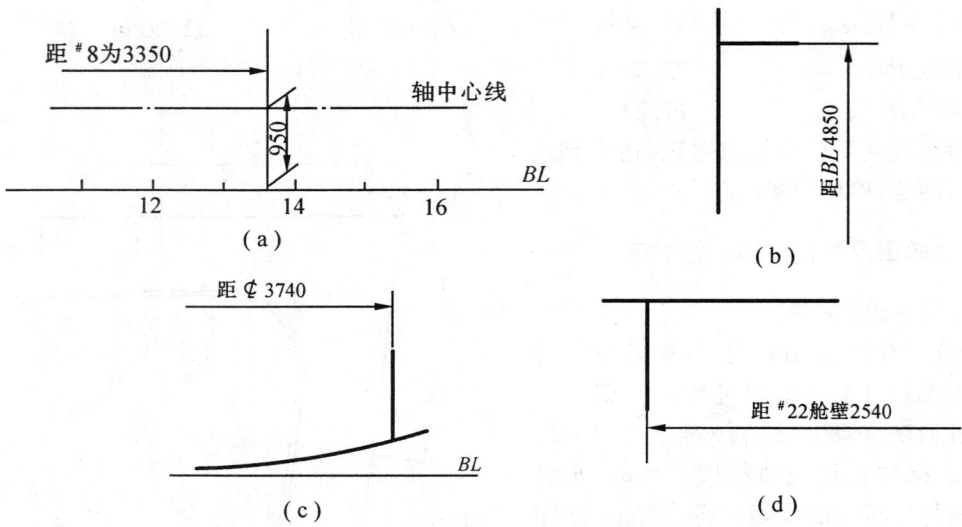

图2-10 距基准较远时的尺寸标注

3.圆及圆弧尺寸的标注法

圆及圆弧尺寸的标注见图2-11。

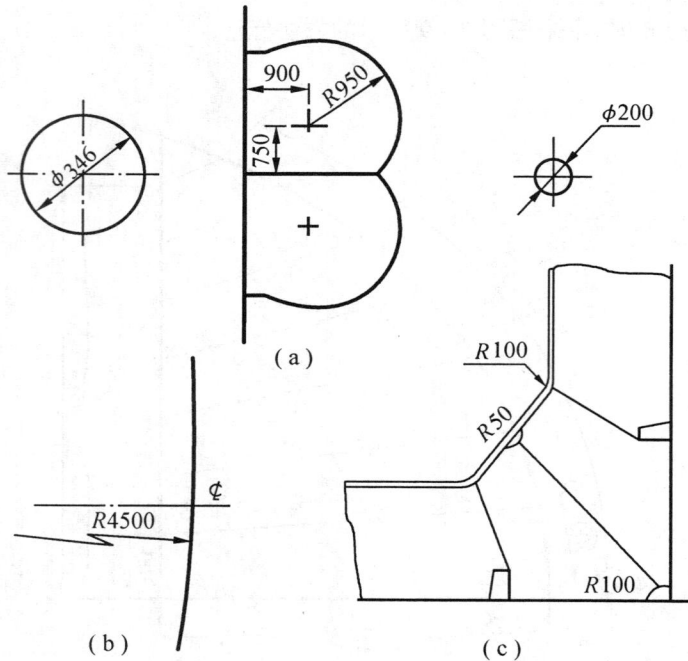

图2-11 圆及圆弧尺寸的标注

(1)标注圆的直径和圆弧的半径时,尺寸线如图中(a)所示。当圆弧的半径过大或在图形范围内无法标出圆心位置时,可按图中(b)的方式标注。

(2)在比例较小的图面上没有足够的位置画出箭头线或写尺寸数字时,可按图中(c)的方式标注。

(3)在圆弧光滑过渡处标注尺寸时,要用细实线将轮廓线延伸,再从其交点处引出尺寸界线。

4.开孔、开口的尺寸标注

船体结构中有大量不同形状和大小的开口和开孔,如舱口、门、窗、人孔、减轻孔和流水孔等。

(1)各种矩形、方形、椭圆形孔口的尺寸标注见图2-12。当开孔作为人孔时,则需在开孔中心线的下方注明"人孔"字样。矩形开口尺寸的标注为短边×长边(正方形为边长×边长),用"R"表示开口四角的圆弧半径。小图形尺寸可标注在图形之外。

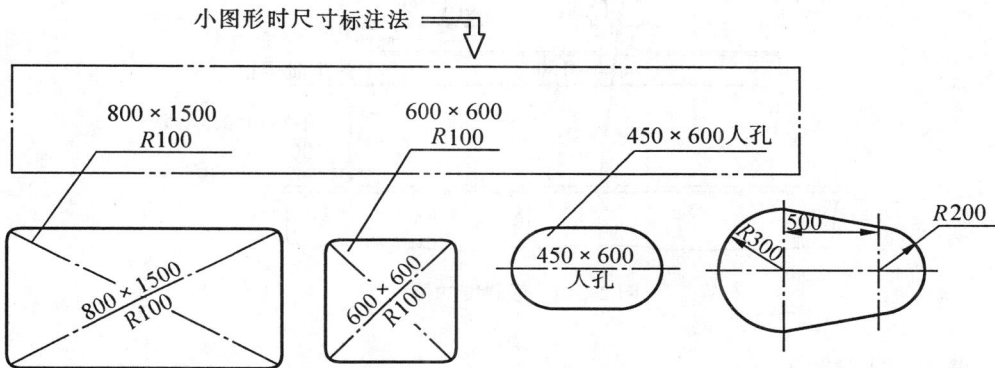

图2-12 开孔、开口尺寸的标注

(2)门、窗开口尺寸标注见图2-13。窗的开口高度为开口中心到围壁下甲板上表面的垂直距离。门则标注开口下缘距甲板上表面的最小高度。开孔位置左右居中时,尺寸不需标注。相同的开孔只需标注一个。

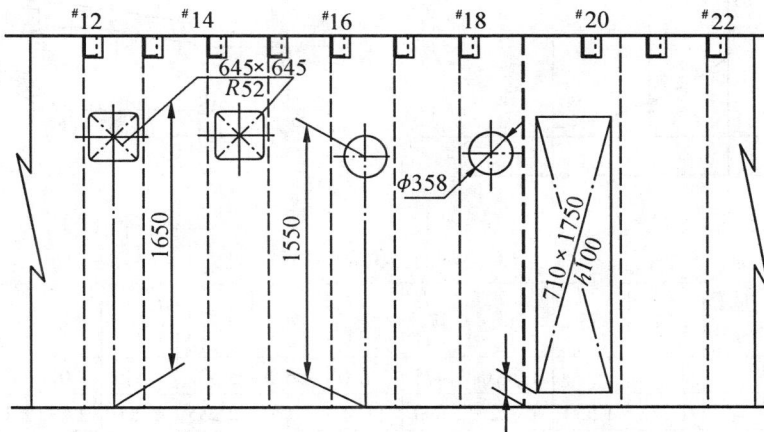

图2-13 门、窗、开口尺寸的标注

5.倾斜度的标注

船体上某些结构的倾斜度,如烟囱和甲板室前端壁的倾斜度,应采用直角坐标法标注距离而不宜标注倾斜角度,见图 2 – 14。

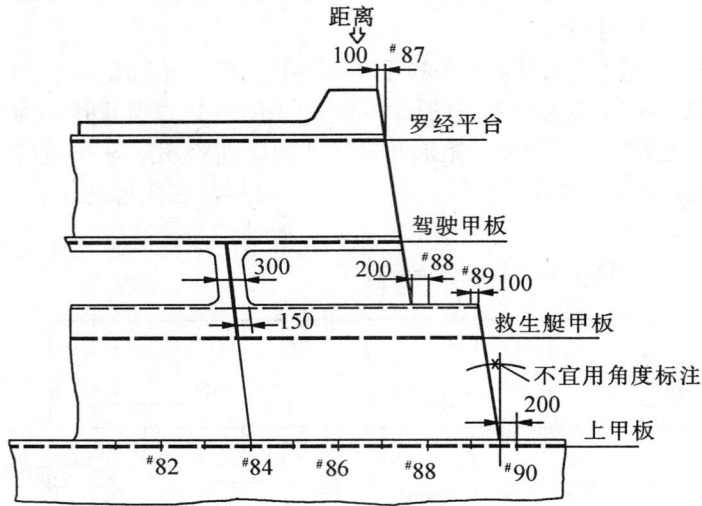

图 2 – 14　倾斜度的标注

6.曲线尺寸的标注

曲线的尺寸通常是通过标注曲线上若干点的坐标值表示的,如图 2 – 15 所示。(a)为直接标注法,此时,曲线自身可作为尺寸界线使用。(b)为型值表表示法。表中给出了烟囱顶线和底线的半宽尺寸。

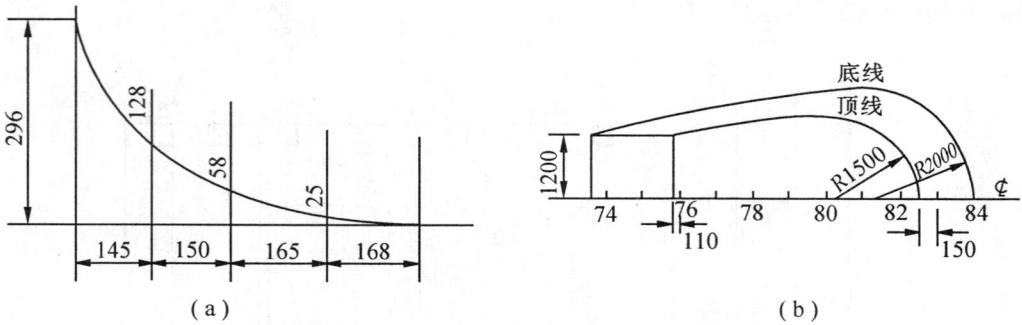

| (a) | (b) |

烟囱型值表(半宽)

肋位 名称	74	75	76	77	78	79	80	81	82	83	84
顶线	—	—	1 310	1 475	1 610	1 685	1 587	1 515	1 072	—	—
底线	1 332	1 530	1 722	1 890	2 045	2 170	2 235	2 200	2 032	1 710	1 040

图 2 – 15　曲线尺寸的标注

(a)直接标注;(b)型值表表示

7.肋位的编号及标注

肋位由船尾向船首依次进行编号,见图2-16。全船性图样每隔五档肋位标注肋位号,肋距不同时应分别标出不同区域的肋距。

分段结构图的肋位按偶数标注,不满四档肋距时每个肋位都应标注。不在船体中线和基线上的肋位号,应在肋位号前加符号"#"。

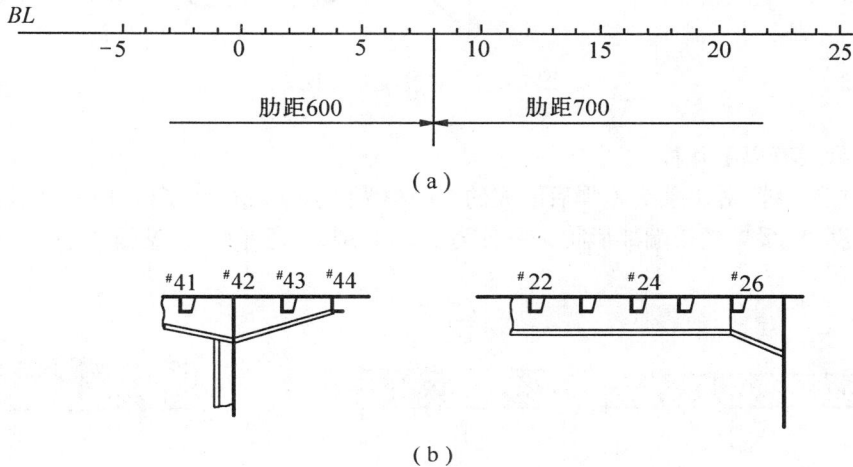

（a）

（b）

图2-16　肋位号的标注
(a)全船性图样中的肋位号编排;(b)分段结构图中的肋位标注

第四节　船舶焊缝代号

由钢板和型钢组合而成的钢质船体,其构件间的连接几乎都是采用焊接方法实现的。焊接方法、焊缝型式及焊缝尺寸则以焊缝代号的形式反映在船体图样中。熟悉焊缝代号的意义和标注方法,对于绘制和识读船体图样尤其是施工图样,是十分重要的。本节择要介绍焊缝代号的组成及其标注方法,详细规定可参考附录中的《船舶焊缝代号》(CB* 860-79)。

一、焊接方法和焊缝型式

1.焊接方法

目前船厂采用的焊接方法主要是电弧焊。电弧焊是利用电弧热局部熔化焊件和填充金属(焊条或焊丝),凝固后形成坚实接缝的一种焊接方法。在船体建造中应用最广泛的电弧焊有手弧焊、埋弧焊(自动焊和半自动焊)和气体保护焊。

2.焊缝型式

焊件相互连接需要焊接的部分称为焊接接头。船体焊接中常见的接头型式有对接接头、T型接头、角接接头、搭接接头和塞焊接头等,见图2-17。

焊接接头经焊接后形成的接缝称为焊缝。焊缝的型式主要取决于焊接接头的型式,常

対接接头　　　T型接头　　　　角接接头　　　　搭接接头　　　　塞焊接头

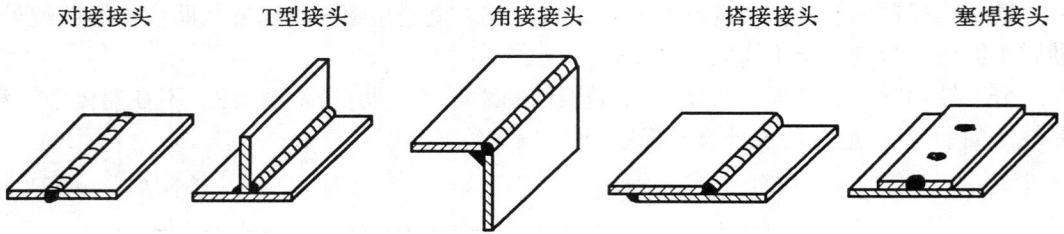

图 2 - 17　焊接接头的型式

见的焊缝型式有以下几种。

(1)对接焊缝:对接接头施焊后形成的焊缝称为对接焊缝。为了保证一定的熔深和必要的连接强度,对接焊缝按端部形状又可分为 I 型、V 型、U 型等型式,见图 2 - 18。

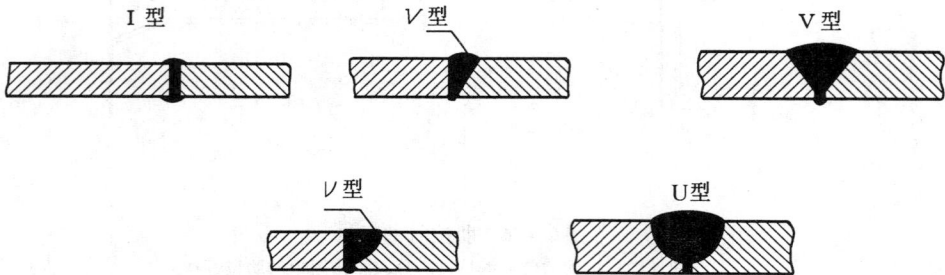

I 型　　　　　　V 型　　　　　　　　　V 型

V 型　　　　　　　　U 型

图 2 - 18　对接焊缝的型式

(2)角焊缝:T 型接头、角接接头及搭接接头施焊后形成的焊缝称为角焊缝。角焊缝又可分为连续角焊缝和断续角焊缝两类。

1)连续角焊缝:整条焊缝连续无中断的角焊缝称为连续角焊缝。连续角焊缝可以是单面的,也可以是双面。为了保证一定的熔深和连接强度,连续角焊缝也有 I 型、V 型、U 型等型式,见图 2 - 19。

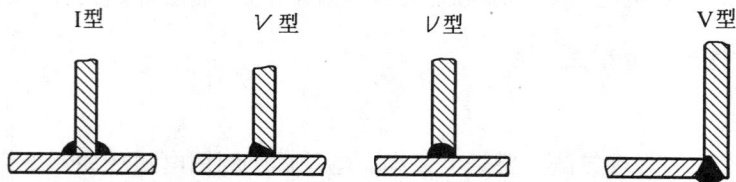

I型　　　　V 型　　　　V 型　　　　　　　V型

图 2 - 19　连续角焊缝的型式

2)断续角焊缝:间断施焊、焊缝不连续的角焊缝称为断续角焊缝。断续角焊缝又分为单面断续角焊缝、双面断续角焊缝和交错断续角焊缝三种,见图 2 - 20,图中 k 为焊角高度; l 为焊缝长度; e 为断续焊缝的间距。

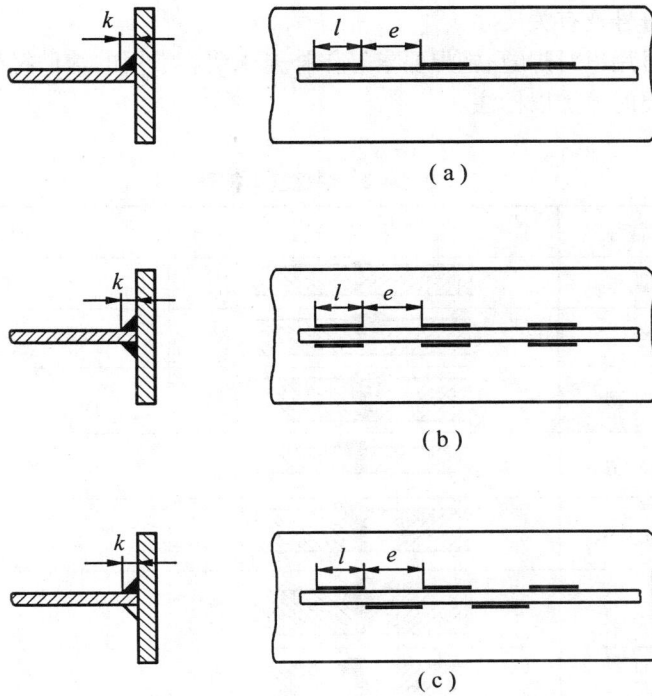

图 2 - 20   断续角焊缝的型式

3)塞焊缝:塞焊接头施焊后形成的焊缝称为塞焊缝。塞焊缝有圆孔塞焊缝和长孔塞焊缝两种 ,见图 2 - 21,图中 d 为圆孔塞焊直径;l 为长孔塞焊孔长; b 为长孔塞焊孔宽; e 为圆孔塞焊中心距或长孔塞焊间距;e_1 为行距; a 为沿行距方向,圆孔或长孔中心线至板边距离;a_1 为沿行向,圆孔中心线或长孔边缘至板边的距离。

船体焊接中,角焊缝数量最多,对接焊缝次之,塞焊缝较少。

二、焊缝代号

焊件的焊接方法、焊缝型式及焊接尺寸在图样中用焊缝代号表示。CB* 860 - 79《船舶焊缝代号》中规定:焊缝代号由焊缝基本符号、焊缝辅助符号及有关尺寸、焊接方法和指引线四部分组成。

1.焊缝基本符号

焊缝基本符号用以表明焊缝的剖面形状,

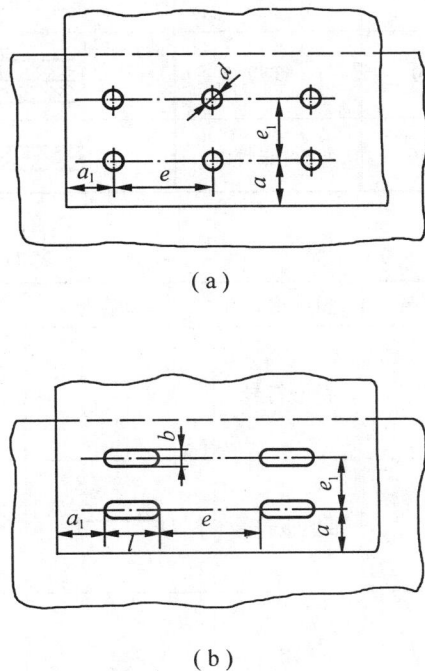

(a)

(b)

图 2 - 21   塞焊缝的型式

是焊缝代号中必须标注的符号。常用的焊缝基本符号如表2－4所示。

2.焊缝辅助符号及有关尺寸

焊缝辅助符号用以对焊缝、施焊要求等作补充说明。常用的辅助符号见表2－5。焊接辅助符号只在需要时才加以标注。

表2－4　焊缝基本符号

序号	焊缝名称	焊缝型式	焊缝符号
1	I型		‖
2	V型		V
3	钝边V型		Y
4	单边V型		 V
5	钝单边V型		 Y
6	U型		Y
7	单边U型（J型）		 ↓
8	角焊	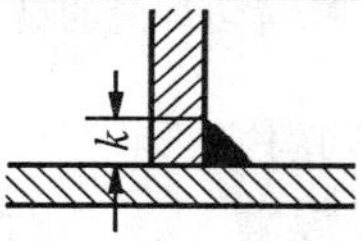 k	一般省略只注角焊高 k
9	塞焊	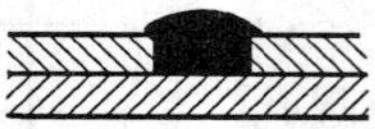	 ⊐
10	封底焊	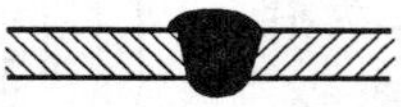	⌣

表2－5　焊缝辅助符号

序号	符号名称	辅助符号	标注方法举例	说　　明
1	铲平符号	——	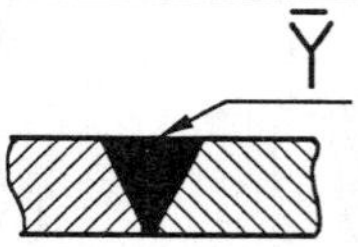	铲平焊缝表面,使其与焊件表面齐平
2	带垫板符号	▭	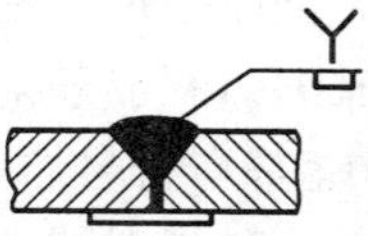	焊缝底部有垫板
3	周围焊符号	○	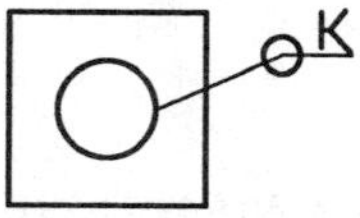	环绕工件周围焊接

表 2-5(续)

序号	符号名称	辅助符号	标注方法举例	说　明
4	三面焊缝符号	⊏		表示三面焊缝
5	缓焊符号			不是同时施工的焊缝
6	熔透角焊符号	∠		角焊缝必须熔透
7	十字接头符号	+		角焊缝尺寸完全相同的十字接头
8	双面不对称符号	V		尖头的一面为小坡口,另一面为大坡口

　　焊缝的有关尺寸包括坡口形状的尺寸,角焊缝的焊角高度 k,断续角焊缝长度 l,断续焊缝间距 e,圆孔塞焊缝直径 d,长孔塞焊缝孔长 l,孔宽 b 等。

　　3.指引线

　　指引线由横线、引出线和双边箭头组成,见图 2-22(a)。引出线为倾斜直线,一端为双边箭头,另一端与横线左端或右端相连。引出线允许双折,见图 2-22(b)。横线为一水平

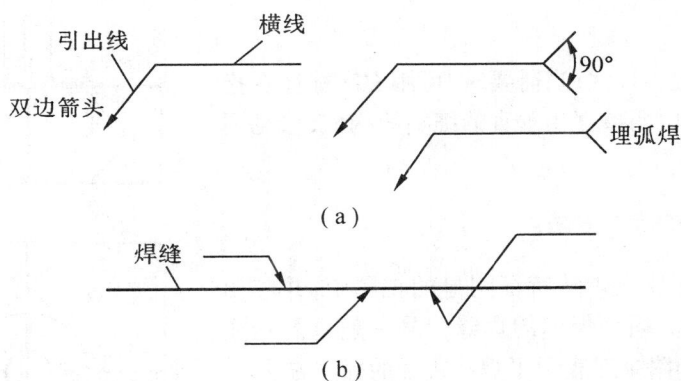

图 2-22　指引线的组成和形式

线,其上下方用来标注焊缝的基本符号、辅助符号和有关尺寸。基本符号的标注方法见图 2-23。按 CB[*]860-78 规定,当箭头指向焊缝正面(即焊缝是可见的)时,基本符号标注在横线的上方。当箭头指向焊缝背面(即焊缝是不可见的)时,基本符号标注在横线下方。双面

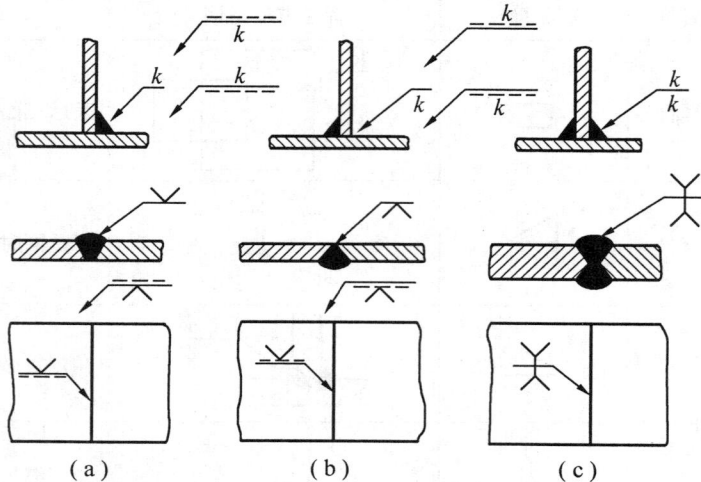

图 2-23 可见、不可见及双面焊缝的标注

焊缝应在横缝上下方同时标注,分别见图 2-23 中(a)、(b)和(c)。目前,在有的图样上对箭头线指向焊缝的正面或背面,还有另外一种表示方法。即在横缝的上方或下方加一条虚线。当箭头线指向焊缝正面时,将基本符号标注在实线侧。当箭头线指向焊缝的背面时,则将基本符号标注在虚线侧。双面焊缝及对称焊缝不加虚线,标注方法不变,见图 2-23(c)。若干条临近的焊缝的焊缝代号完全相同时,可以采用公共横缝标注,见图 2-24。

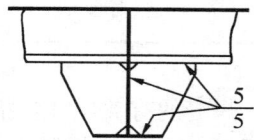

图 2-24 焊缝代号相同时的标注方法

焊缝基本符号、辅助符号用粗实线绘制,指引线用细实线绘制。

4.焊接方法

焊接方法一般不标注,当需要时,可用文字标注在指引线的尾部,尾部由两条互相垂直的细实线构成,参见图 2-22。

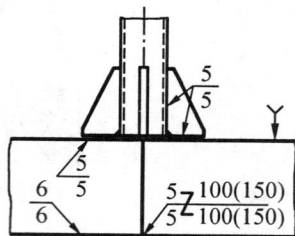

三、焊缝代号的标注方法

焊缝代号应标注在焊缝特征明显的视图中,并应相对集中,便于识读。同一焊缝的焊缝代号一般只需标注一次。图 2-25 和附录三表示了焊缝代号的标注方法。

在标注或识读焊缝代号时,还应注意以下几点。

(1)单边 V 型、单边 U 型的焊缝代号,指引线上的箭头总是指向带有坡口的构件,见图 2-26。

(2)两个以上构件连接后产生的焊缝不能作为双面焊缝,其焊缝符号和尺寸应分别标注,见图 2-27。

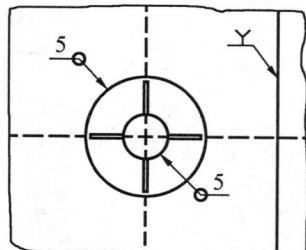

图 2-25 焊缝代号的标注(举例)

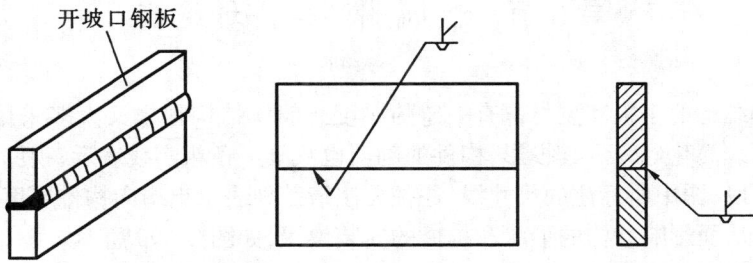

图 2-26 单边 V、U 型焊缝代号的标注

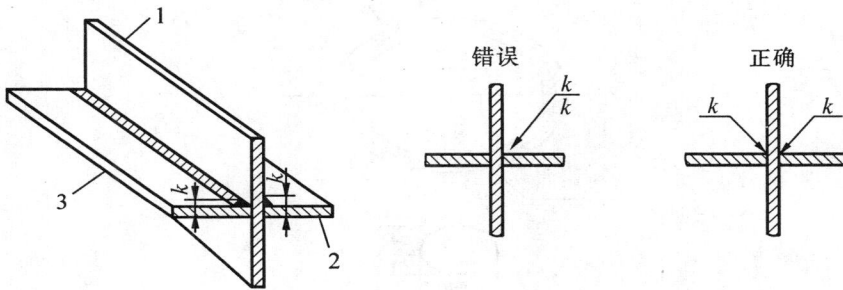

图 2-27 两个以上构件连接形成焊缝的标注

(3)在船体结构图中,接缝坡口尺寸一般不标注。需要时,可将焊缝部位放大,在局部详图中标注尺寸,见图 2-28。

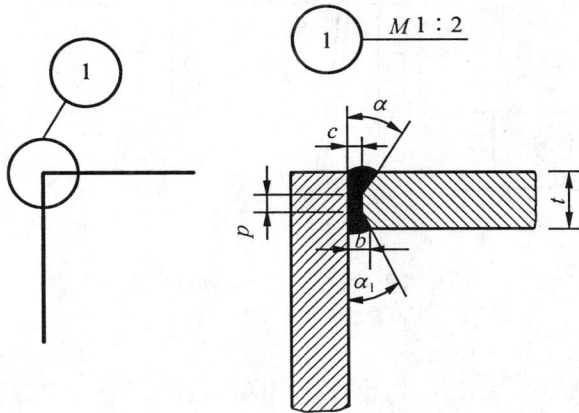

图 2-28 焊缝局部详图

第五节 金属船体构件理论线

组成船体结构的钢板和型材都有一定的厚度。船体结构图样又大多采用较小比例,构件通常都用图线简化地表示其投影,构件的剖面也只画一条粗实线表示,视图中并不画出构件的厚度。所以,图中所标注的尺寸线,往往无法清楚地表示出指向构件厚度的那一面。这可能造成误解从而影响结构的形状和构件的安装位置,如图 2 - 29 所示。图(a)中所标的尺寸1 450 × 960,如果不作规定,就难以确定这个尺寸代表的是构件厚度的内面、外面或中心层,这当然会影响所制构件的形状和大小。

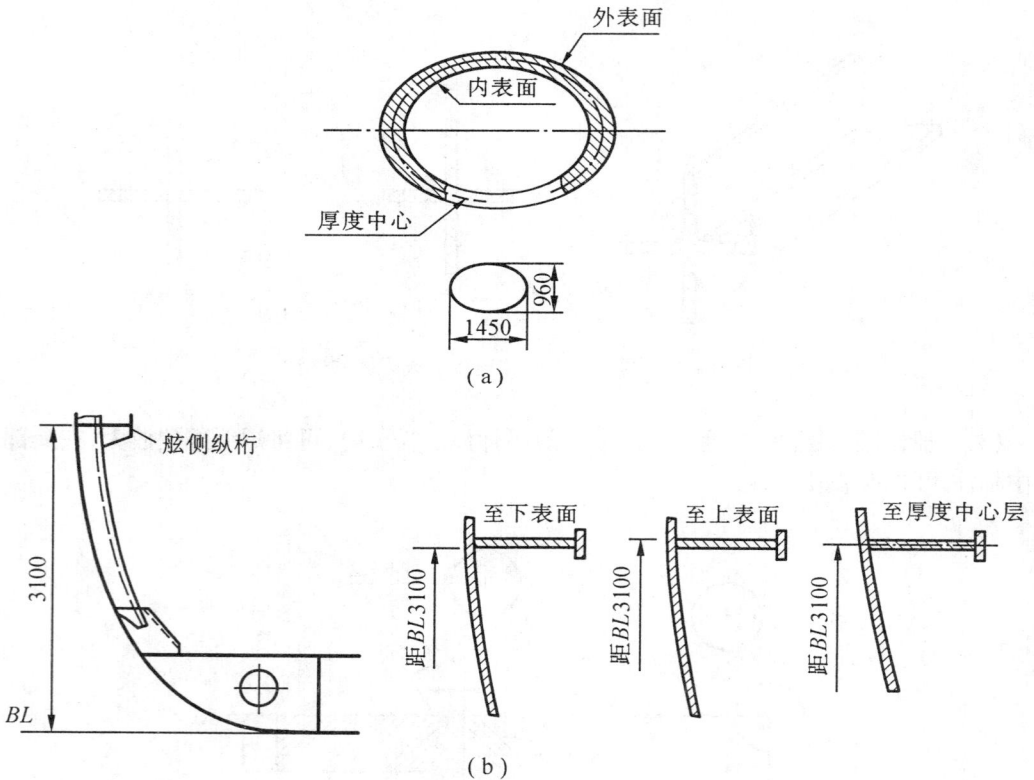

（a）

（b）

图 2 - 29 尺寸量度的几种可能性
(a)定形尺寸;(b)定位尺寸

对于结构图中所标注的定位尺寸,也存在相同的情况,在图 2 - 29(b)中,舷侧纵桁距基线的高度为 3 100 mm,如不作明确规定,对该定位尺寸可能出现不同的理解,其结果必然影响舷侧纵桁的实际安装位置。为此 CB* 253 - 77《金属船体构件理论线》对船体构件理论线的位置作出了明确的规定,使图样中的尺寸具有确切的含义。

确定船体构件理论线的位置,主要考虑构件连接的合理和现场施工的方便,同时使构件理论线相对于船体的基准面有一定的规律而便于记忆。理论线在图中以 *ML* 表示,有时画出厚度符号"⧄"。

一、确定理论线的基本规定

（1）外板、烟囱、轴隧、流线型舵等薄壳结构，以壳板的内缘为理论线，见图 2 – 30。

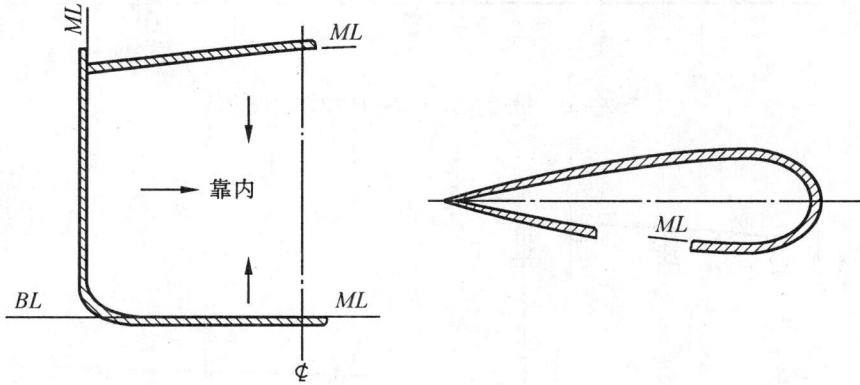

图 2 – 30　壳板的理论线

（2）沿高度方向定位的构件，以靠近基线（*BL*）一边为理论线，见图 2 – 31。

（3）沿船宽方向定位的构件以靠近船体中线（℄）一边为理论线。位于中线面内的构件，以其厚度中线为理论线，见图 2 – 32。

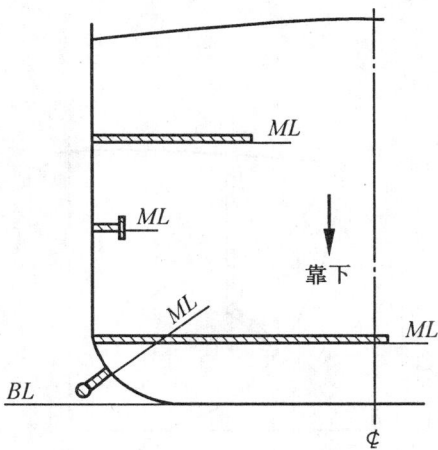

图 2 – 31　沿高度方向定位的构件的理论线　　图 2 – 32　沿宽度方向定位的构件的理论线

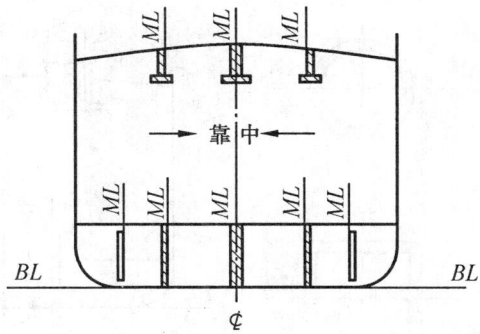

（4）沿船长方向定位的构件，以靠近船中（⊠）一边为理论线，见图 2 – 33。

（5）不对称型材和折边板材以其背面为理论线，见图 2 – 34。

二、其他规定

除基本规定外，对某些结构形式的构件的理论线，尚有下列规定，见图 2 – 35。

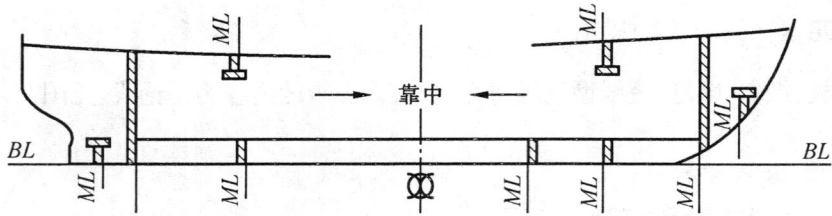

图 2-33　沿船长方向定位的构件的理论线

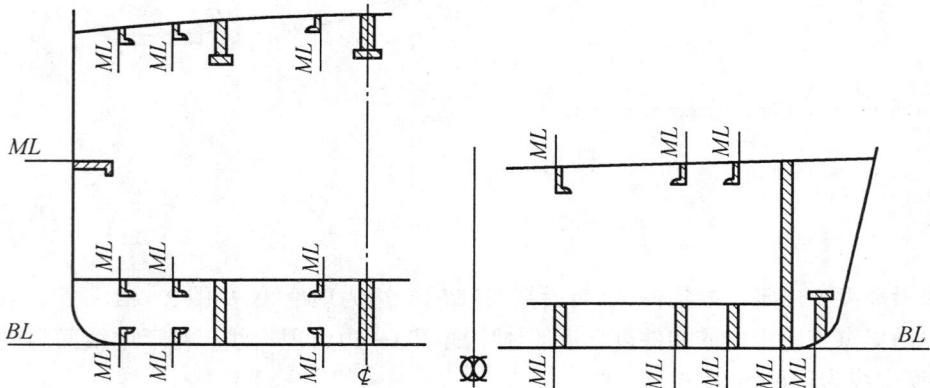

图 2-34　不对称型材的理论线

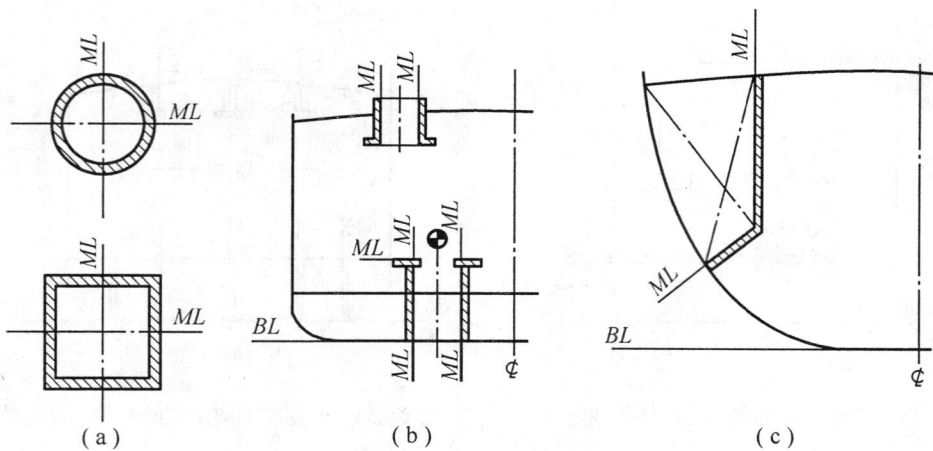

图 2-35　理论线的其他规定

(a)封闭形对称型钢;(b)舱口围板、主机座纵桁;(c)边水舱纵舱壁

(1)封闭形对称型材,以其对称轴线为理论线,见图 2-35(a)。

(2)基座纵桁腹板以靠近轴中心线一边为理论线,纵桁面板以面板上缘为理论线。与基座纵桁连接的旁桁材或旁内龙骨以及基座纵桁下的旁桁材,其理论线同基座纵桁一致,见图2-35(b)。

(3)舱口围板以靠近舱口中心线一边为理论线。舱口纵桁以及舱口端围板所在肋位的横梁、肋骨、肋板的理论线与舱口围板一致,见图2-35(b)。

(4)边水舱的纵舱壁以布置扶强材一边为理论线,见图2-35(c)。

各类船体构件理论线的规定,可详见附录二。由于确定理论线要考虑结构和工艺等方面的因素,且常有和规定不符的例外,所以,目前都为每艘建造的船舶单独绘制一张全船构件理论线图作为施工依据。

习 题

一、填空题

1.作为工业产品的船舶,其特点是＿＿＿＿＿＿＿庞大,＿＿＿＿＿＿＿复杂,＿＿＿＿＿＿＿繁多。

2.钢质船体是由＿＿＿＿＿＿＿和＿＿＿＿＿＿＿组合而成的薄壳结构。船体结构在整体上是连续而＿＿＿＿＿＿＿的。

3.整个船体的形状和大小是由主尺度、＿＿＿＿＿＿＿图和＿＿＿＿＿＿＿表表示的。

4.船体图样中所采用的简化画法,有的是用指定的＿＿＿＿＿＿＿表示特定的构件,有的是用简化的＿＿＿＿＿＿＿代表各类设备。

5.船体图样通常分为＿＿＿＿＿＿＿图样、＿＿＿＿＿＿＿图样、舾装图样和工艺图样四类。

6.图样的比例标注在＿＿＿＿＿＿＿栏中,采用不同比例的节点详图等,比例标注在＿＿＿＿＿＿＿名称线的下方。

7.图样中构件的真实大小由所标注的＿＿＿＿＿＿＿数字确定,与图样＿＿＿＿＿＿＿无关。

8.图样上的尺寸分为:表示构件大小的＿＿＿＿＿＿＿尺寸和表示构件位置的＿＿＿＿＿＿＿尺寸。

9.定位尺寸的基准,高度方向为＿＿＿＿＿＿＿,宽度方向为＿＿＿＿＿＿＿,长度方向为＿＿＿＿＿＿＿。

10.图样中尺寸数字后面未注明单位的都表示以＿＿＿＿＿＿＿为单位。

11.构件的定位尺寸是指构件的＿＿＿＿＿＿＿线到＿＿＿＿＿＿＿线之间的距离。

12.图样上所注的"待定尺寸"是指需经＿＿＿＿＿＿＿确定或在＿＿＿＿＿＿＿安装时确定的尺寸。

13.民用船舶的肋位由＿＿＿＿＿＿＿向＿＿＿＿＿＿＿顺序编号。全船性图样中每隔五档标注肋位号,分段图中超过四档肋距时可只标注＿＿＿＿＿＿＿号肋位。

14.船体焊接中常见的接头型式有:＿＿＿＿＿＿＿接头、T型接头、＿＿＿＿＿＿＿接头、搭接接头和塞焊接头五种。

15.完整的焊缝代号由焊缝＿＿＿＿＿＿＿符号、焊缝＿＿＿＿＿＿＿符号及有关尺寸、焊接方法和指引线四部分组成。

16.所有焊缝都必须标注的是焊缝_____符号,只在需要时标注的是焊缝_____符号。

17.理论线是一条理论上没有宽度的线,用来确定结构的_____及构件的相对_____。

18.确定理论线主要考虑_____和_____两方面的因素。

二、画出或写出下列符号

中站面(船中)—   船体中心线—

船体基线—   轴截面—

水线—   理论线—

连续构件— ——┼——   间断构件— ——┼——

三、在指定位置各画两条图线。

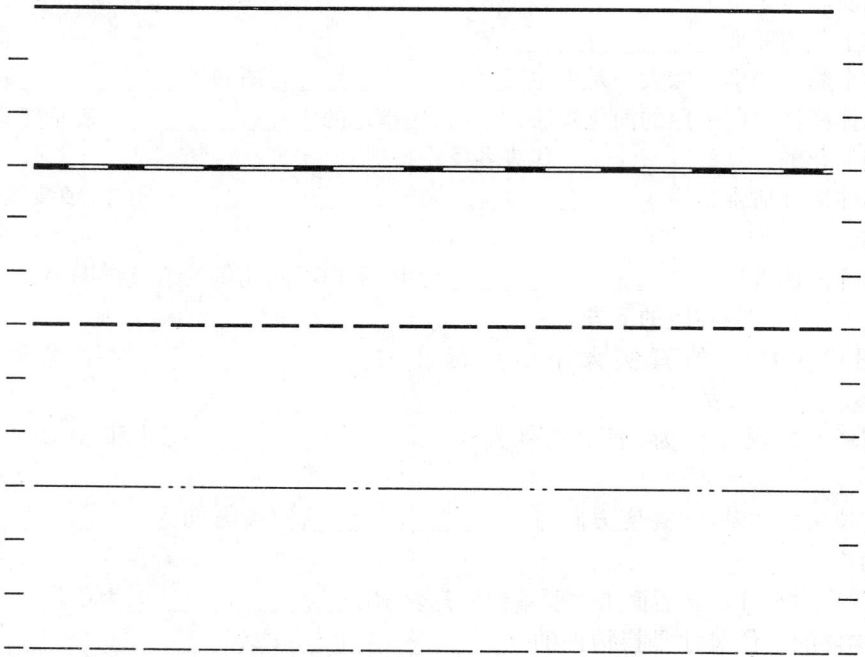

四、抄绘甲板平面图,并说明所指各图线的含义或所代表的构件名称。

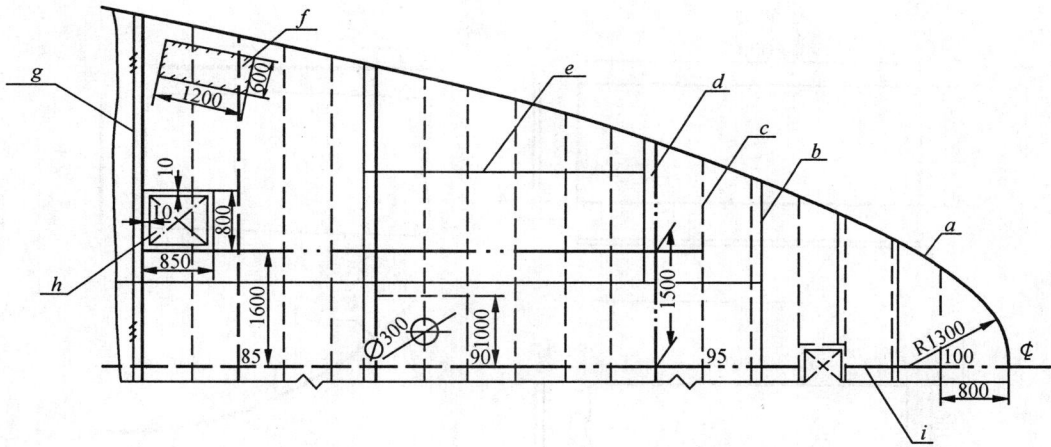

五、按要求标注尺寸,补画指定的视图和图线。

(1)以集中形式标注下列板材的尺寸(未示板厚均为10)。

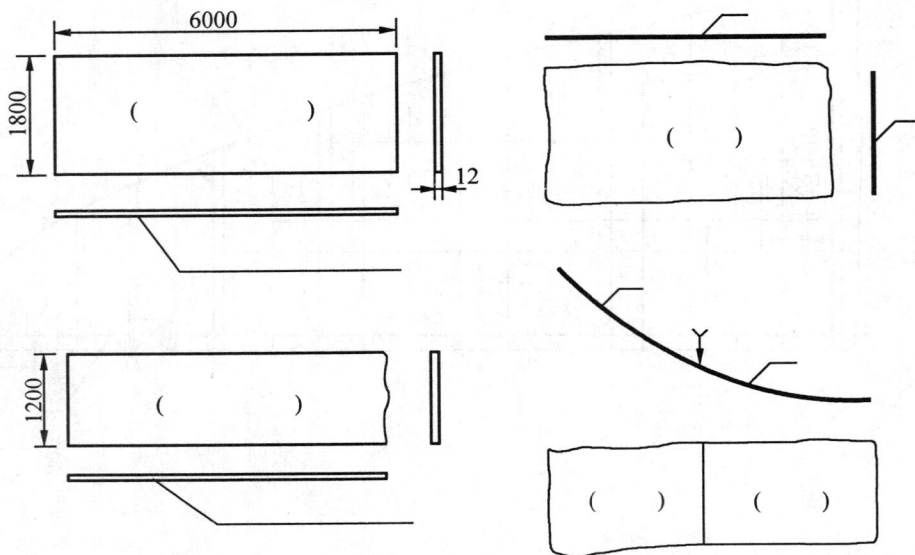

(2)画出下列肘板的俯视图,并标注尺寸(肘板厚8,两边长均为300,折边50,面板厚12,宽60)。

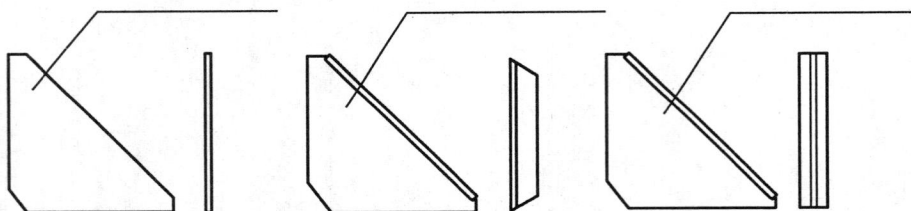

七、用符号"▨▭"标出下图中各构件理论线的位置。

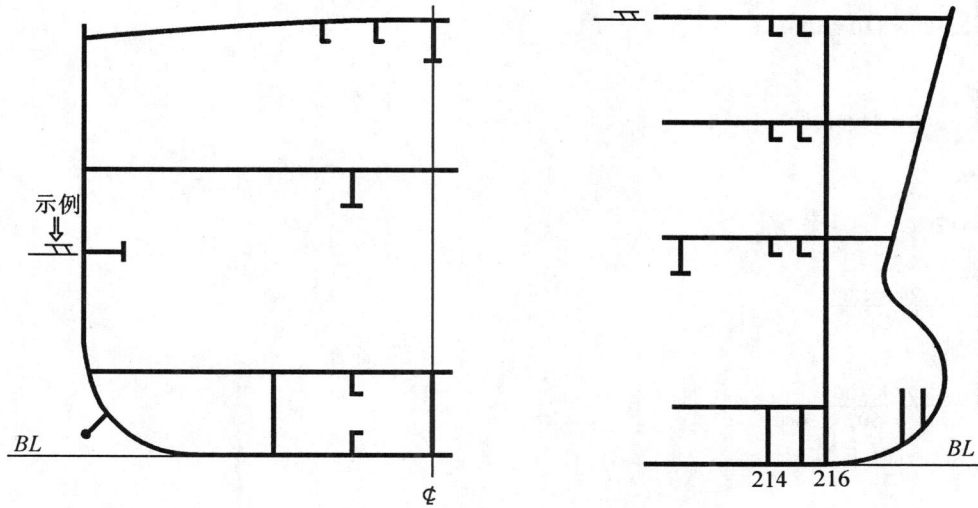

八、说明下列各图中符号和数字的含义。

(1)解释标出的符号,并标注肘板的尺寸。

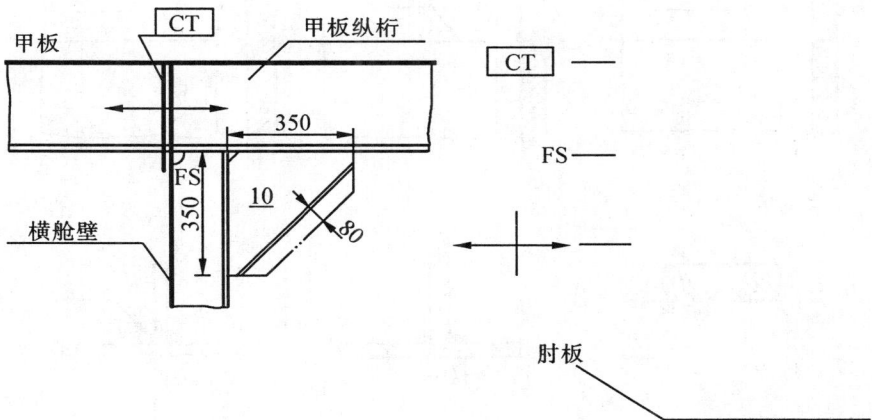

(2)说明型钢尺寸数字的含义。

∟ 180 × 110 × 10

200 × 44 × 10

20a

$\dfrac{24 × 180}{14 × 500}$

$\dfrac{20 × 300}{\phi 50}$

(3)在下图中标注焊缝基本符号。

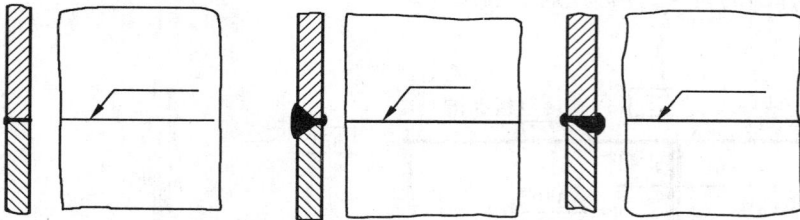

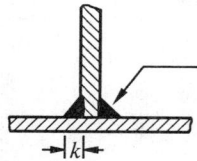

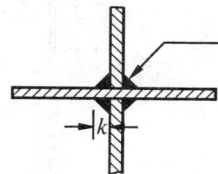

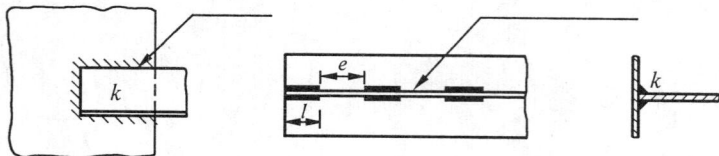

焊缝磨平

$|k|$

$|k|$

k

e

l

k

第三章　结构图示与节点视图

第一节　板材与常用型材的表达方法

船体结构是由板材和各种型材组合而成的板架结构,结构图上有大量板和型材的投影。了解船体结构和识读船体图样,必须首先掌握板材和各种常用型材在船体图中的表达方法。

一、板材的画法及尺寸标注

在船体图样中,板材的可见轮廓线用细实线表示。小比例时,板材的厚度在图样上难以按比例画出,因此规定:如果板材厚度反映在图样上的尺寸小于或等于 2 mm 时,板厚投影的两条细实线间的距离规定为粗实线的宽度,而板厚的剖面用粗实线表示,不画剖面符号。板材在长度或长度和宽度方向的断裂用波浪线或折断线表示。若从板材断裂方向投影,采用与剖面相同的画法。

板材的尺寸以集中形式标注,尺寸数字按厚×宽×长的形式直接标注在视图内。尺寸也可以注写在视图外,并用引出线指向板材(此规定适用于型材和肘板)。四周断裂的板材只标注板厚,数字下加横线。只在长度方向断裂的等宽板材标注厚×宽。折边板材的尺寸数字前要标注折边符号"└",数字用分式表示,分母为折边宽度。板材的画法及尺寸标注见表 3-1。

二、肘板的画法及尺寸标注

肘板由板材加工而成,通常作为连接构件,在船体结构中数量较多。肘板按形式分为无折边肘板、折边肘板和 T 型肘板三种。用小比例绘制的船体图样中,为便于画图,对肘板的投影图作了简化处理,见表 3-2。

肘板的尺寸也采用集中标注的形式。折边肘板和 T 型肘板的尺寸数字前分别标注符号"└"和"⊥"。大型肘板上有时装有扁钢加强筋。

表 3-3 列举了肘板与其他构件连接时的画法。不等边肘板的尺寸采用集中标注时,还要求在视图标注其中一条边的长度尺寸,以免在读图时产生误解。

三、常用型材的画法及尺寸标注

1.画法及尺寸标注

型材是断面具有特定几何形状的线材,有轧制和焊接组合两种,用来制作船体结构中的各种骨架,与板材共同组成船体的各类板架结构。

在小比例的图样中,型材的形状已作了适当简化,如球扁钢、角钢、槽钢等的内边缘的倾斜及转折处的小圆角均省略不画,其厚度的投影和剖面的画法与板材相同。T 型钢和工字钢的腹板厚度的不可见投影用粗虚线表示。型材的断裂处用波浪线表示。型材的简化画法见图 3-1。

表3-1 板材的画法及尺寸标注

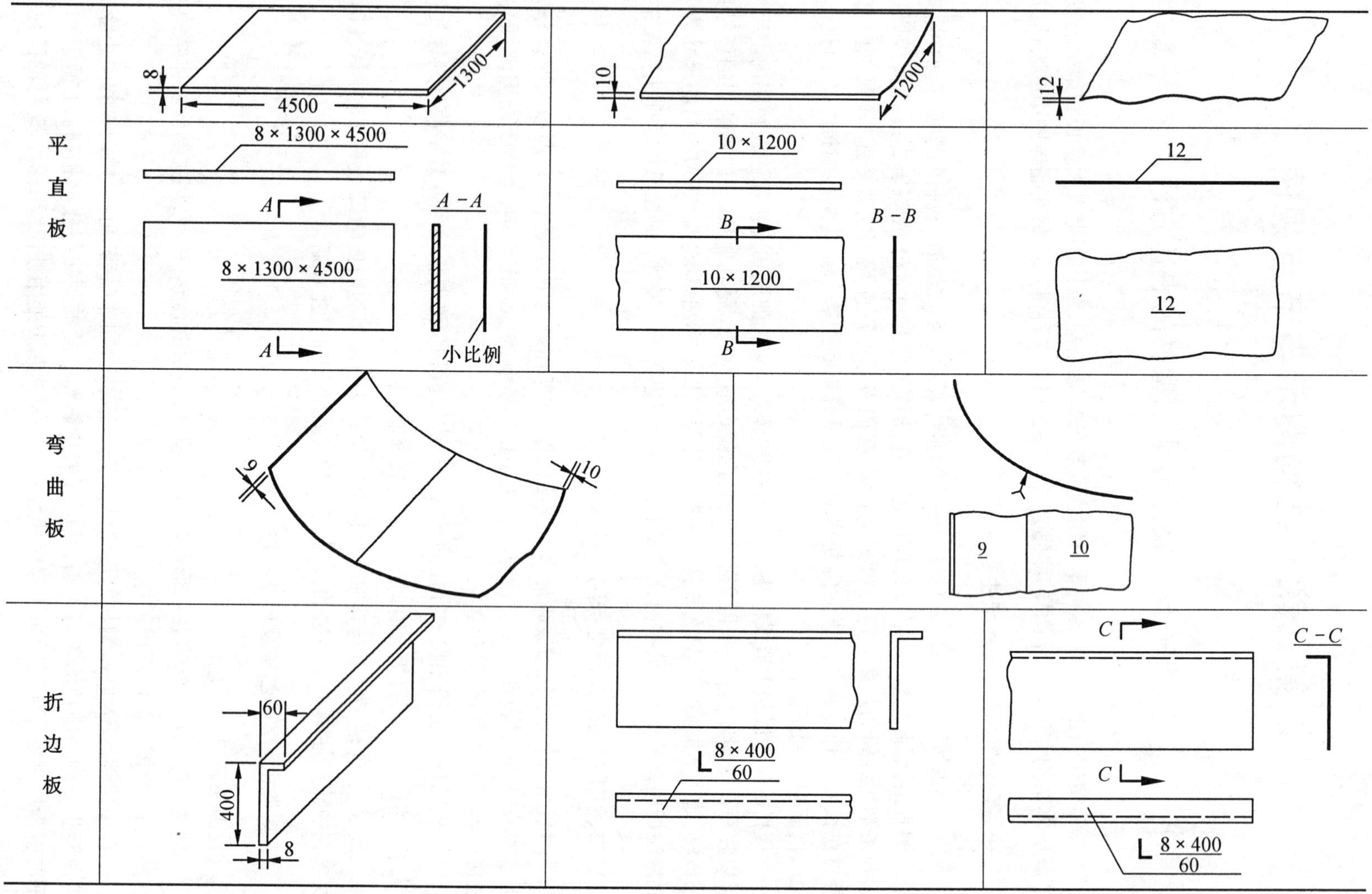

平直板	8×1300×4500 ... 1300 ... 4500 ... 8	10×1200 ... 1200 ... 10	12 ... 12
弯曲板	A-A 小比例 φ10 φ6	B-B	10 9
折边板	8×400/60 ... 400 ... 60 ... 8	L 8×400/60	C-C ... L 8×400/60 ... C

平
直
板

弯
曲
板

折
边
板

表 3-2 肘板的画法及尺寸标注

肘板形式	正 投 影 图	小比例时的简化画法和尺寸标注
无折边肘板 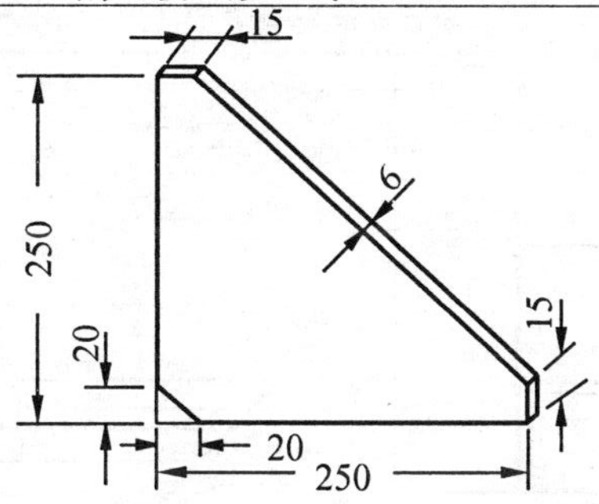 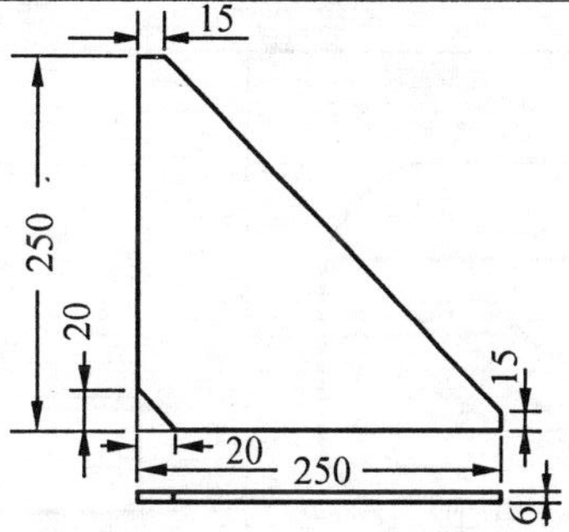 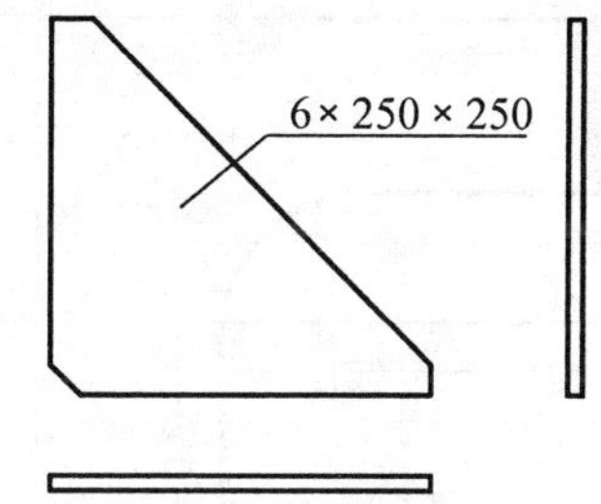		6×250×250
折边肘板 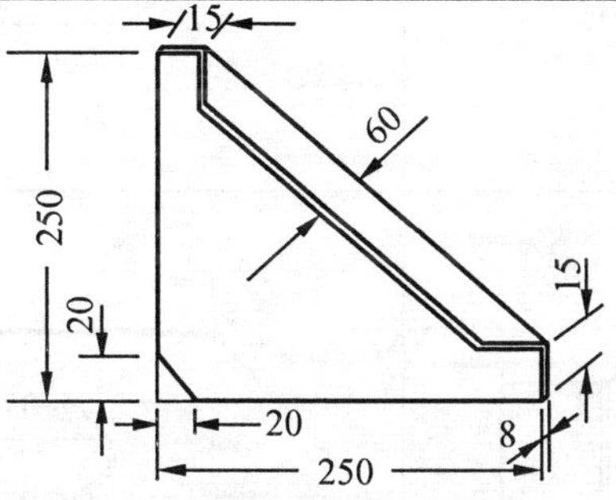 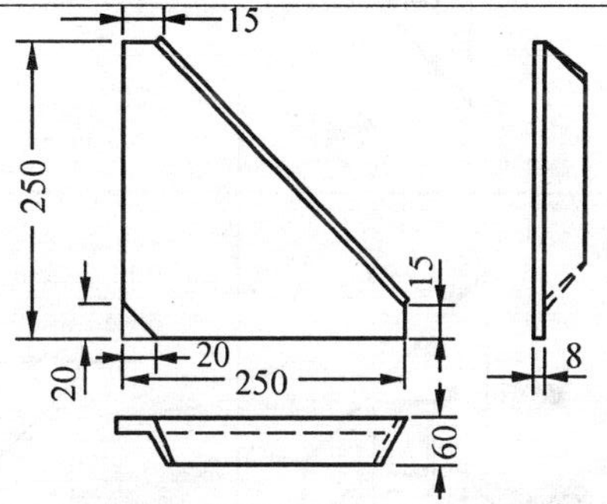 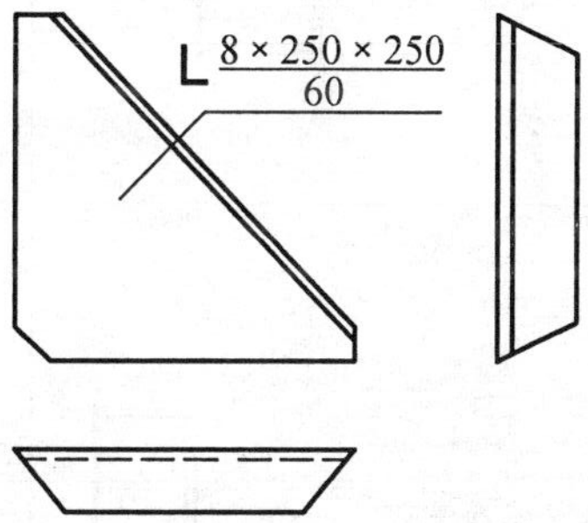		∟ 8×250×250 / 60
T型肘板 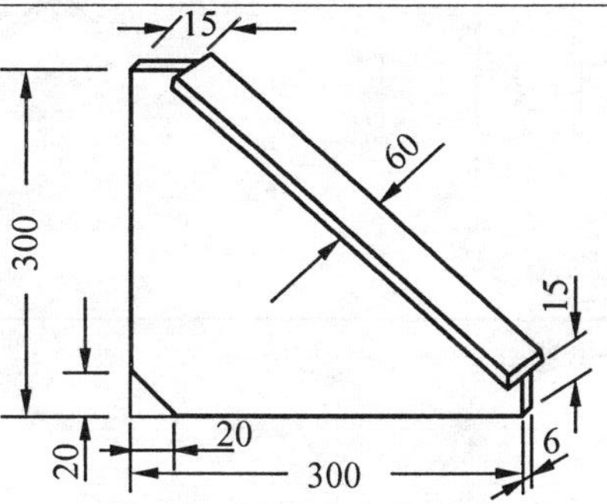 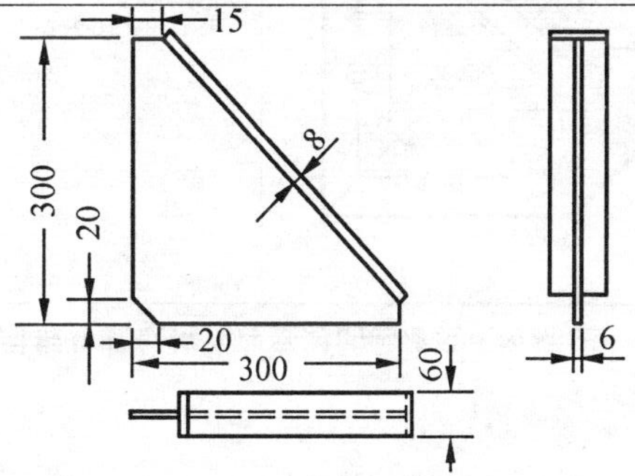 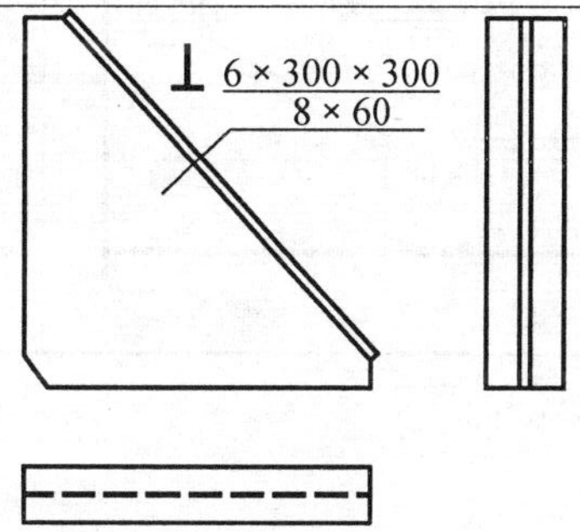		⊥ 6×300×300 / 8×60

表 3-3　肘板与其他构件连接时的画法及尺寸标注

表 3－3（续）

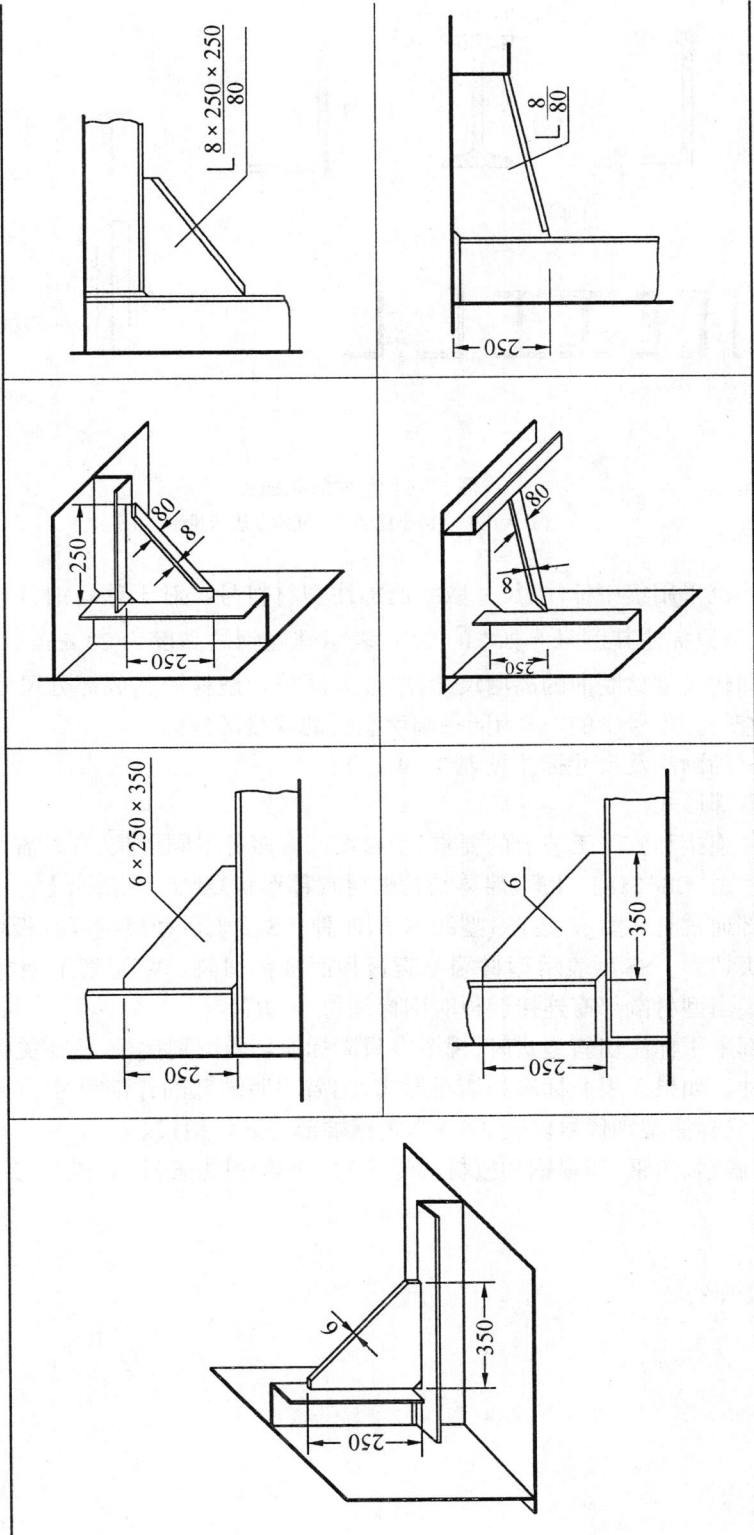

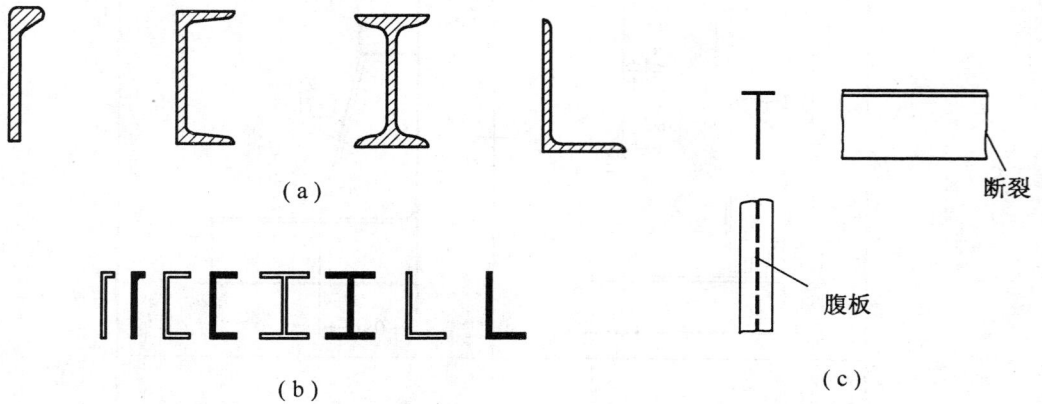

图 3-1　型材简化画法
(a)大比例；(b)小比例；(c)断裂及腹板投影

型材尺寸也采用集中标注,尺寸数字前加注型材符号。对于球扁钢、角钢、槽钢和工字钢的尺寸,也可只标注其型号。如"Γ 20a"表示球扁钢的高度为 20 cm(不标单位)。型材的型号数字即代表型材断面的高度尺寸,单位为厘米。型材的其他部分尺寸可按型号从型材规格表中查得。型号中的"a"为同一高度型材的规格区分标记。

常用型材的画法及尺寸标注见表 3-4。

2.型材端部形式

由于构件连接和施工工艺上的要求,型材端部有多种不同形状,有时需要切斜。标准形式的切斜尺寸由"CB* 3183-83"《船体结构型材端部形状》规定,见附录七。

型材端部通常有 S 型、F 型、SS 型和 W 型四种。S 型表示型材端部腹板切斜。F 型表示型材端部面板切斜。SS 型表示型材端部腹板和面板都切斜。W 型表示型材端部腹板和面板都不切斜。当型材端部有连接肘板时则标注符号"B"。

型材端部采用标注切斜型式时,视图中只需标注切斜型别代号,从相关标准中可查得端部的具体尺寸。如果采用非标准的切斜形式,则需注明端部的详细尺寸。当型材在图中为简化画法时,只标注型别代号。表 3-5 为角钢端部的五种型式。

在这里,扁钢、角钢、球扁钢和板材相焊接的一面均视为腹板,如图 3-2 所示。

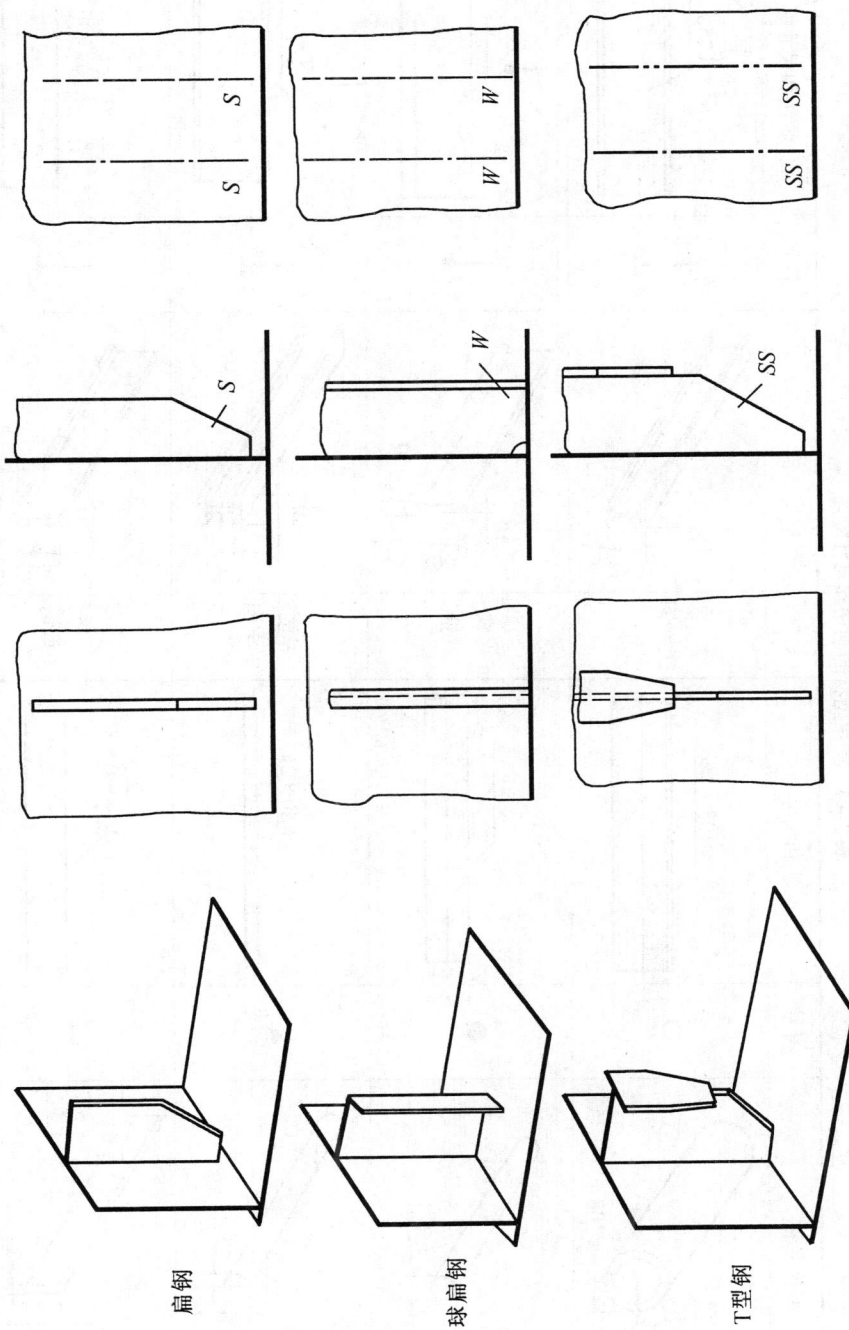

图3-2 扁钢、球扁钢、T型钢端部切斜举例

表 3 – 4　常用型材的画法和尺寸标注

型材名称	符号	画法和尺寸标注	型材名称	符号	画法和尺寸标注
管子	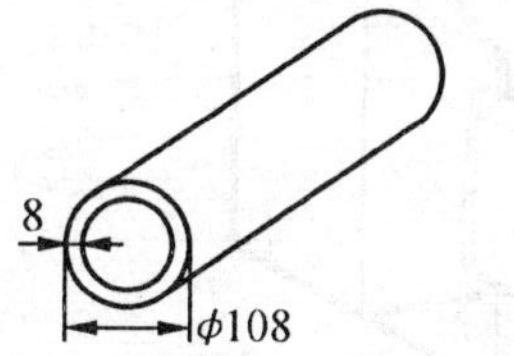 ○	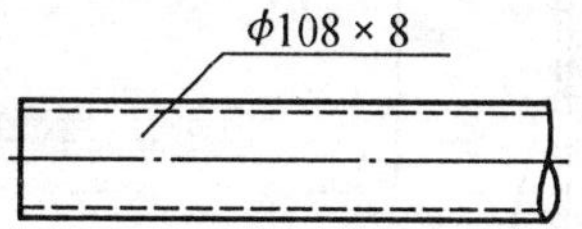 $\phi108\times8$	工字钢	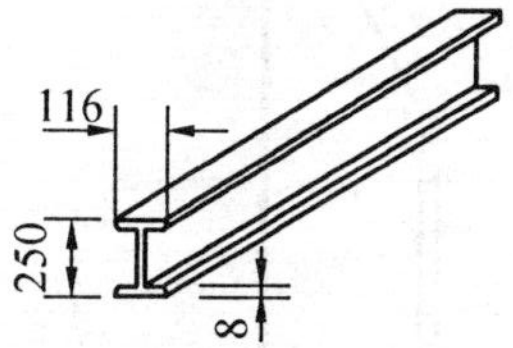 I	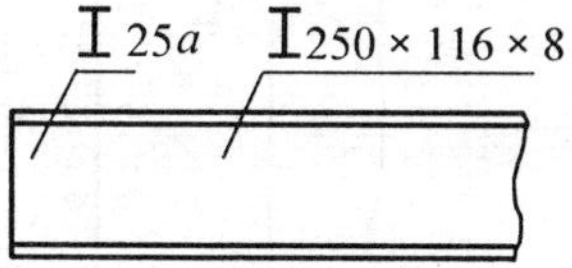 $\mathrm{I}\,25a$　$\mathrm{I}\,250\times116\times8$
圆钢	●	$\phi50$	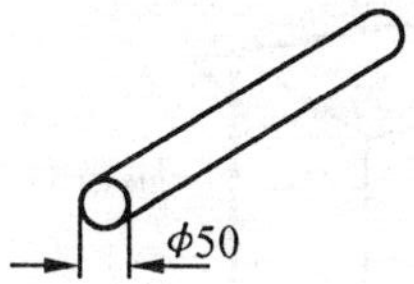 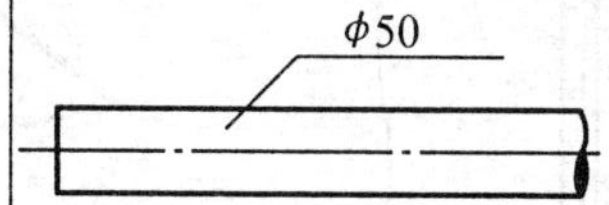 焊接球钢 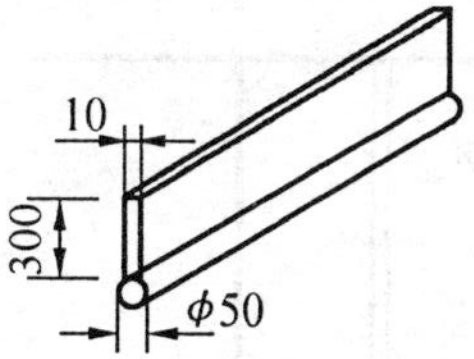  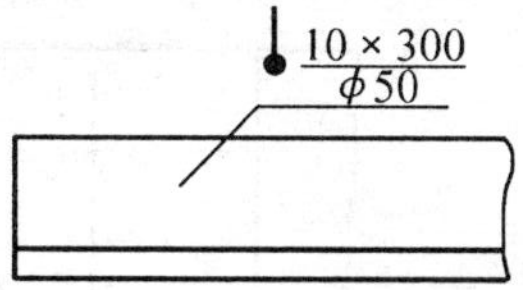	●—	$\dfrac{10\times300}{\phi50}$
半圆钢	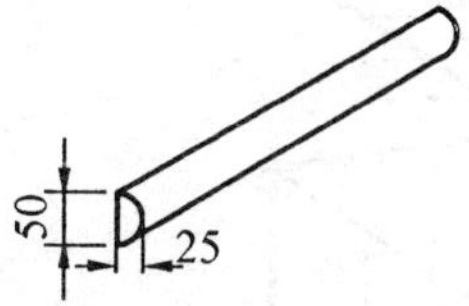 ◖	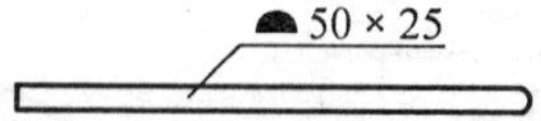 50×25	焊接工字钢	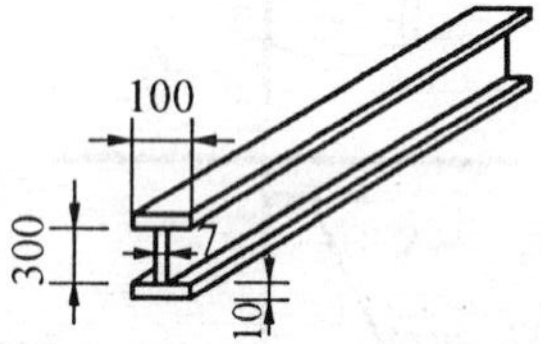 I	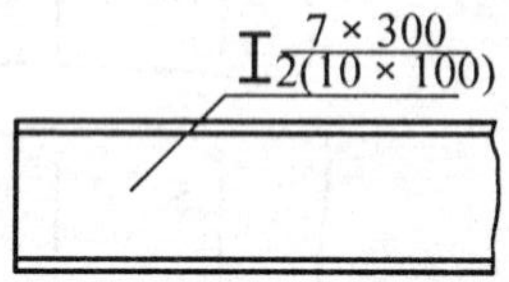 $\mathrm{I}\dfrac{7\times300}{2(10\times100)}$
扁钢	—	-100×8	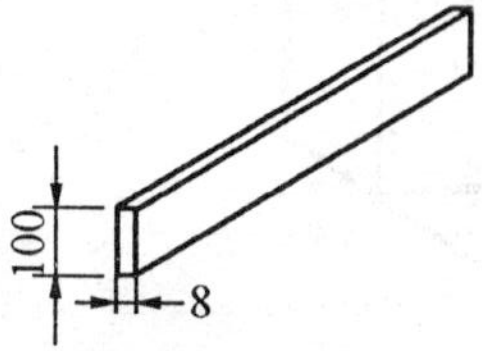 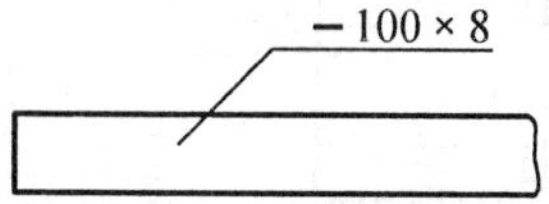 焊接T型钢	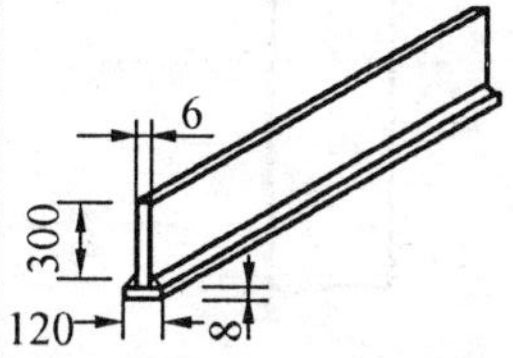 ⊥	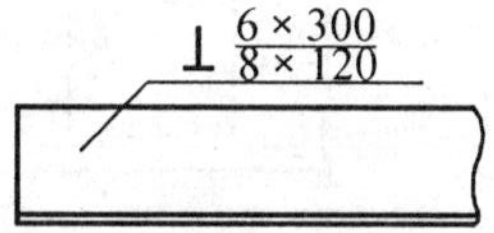 $\bot\dfrac{6\times300}{8\times120}$

表 3 – 4（续）

型材名称	符号	画法和尺寸标注	型材名称	符号	画法和尺寸标注
角钢	∟	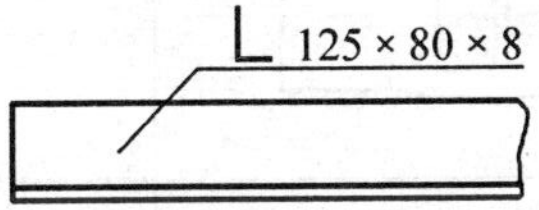 ∟ 125×80×8	焊接球扁钢		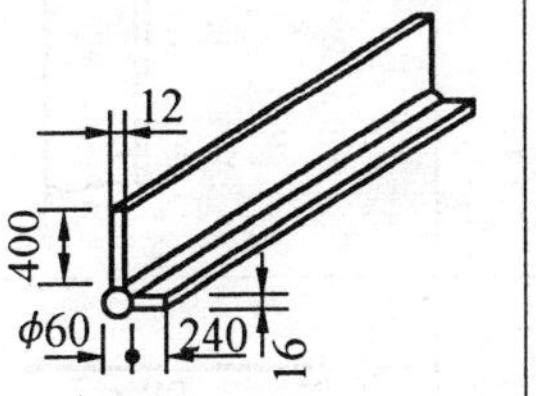 $\dfrac{12\times400}{16\times240\,\phi60}$
球扁钢	Γ	Γ20a 200×44×10	焊接箱形梁	工工	工工 $2\dfrac{(12\times500)}{16\times400}$
槽钢	[	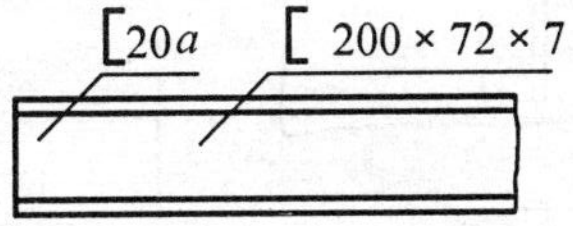 [20a 200×72×7			

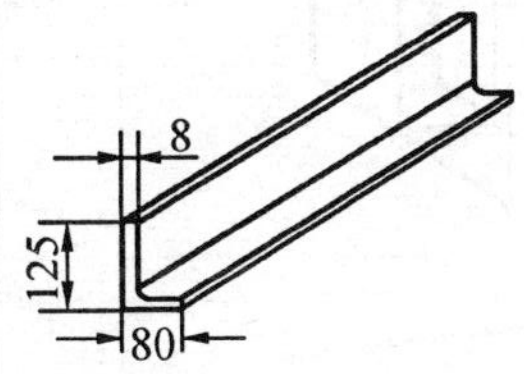

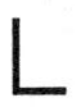

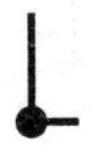

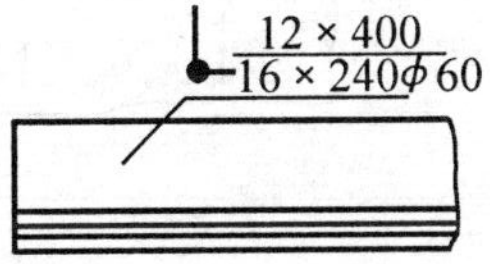

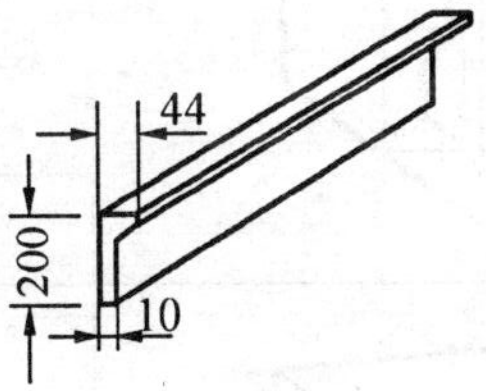

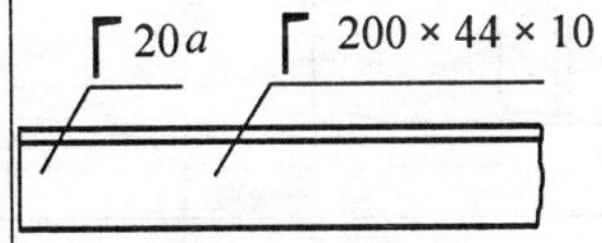

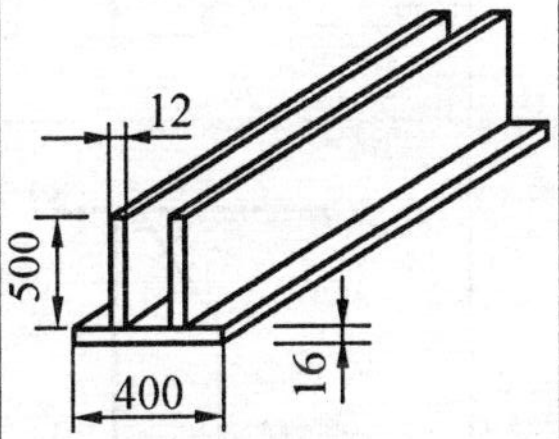

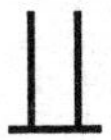

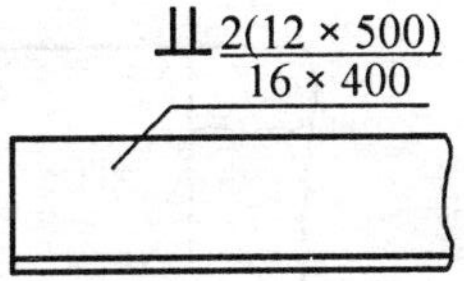

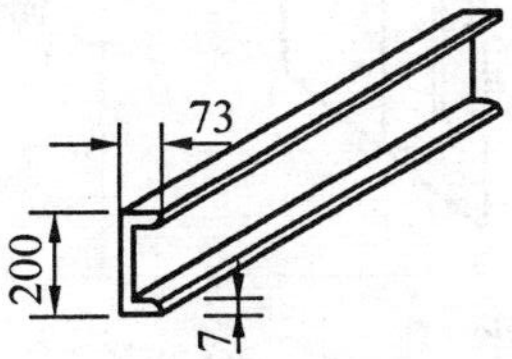

· 63 ·

表 3 - 5　角钢端部的型式

端部形状	画法和标注		简化画法中的标注
腹板切斜	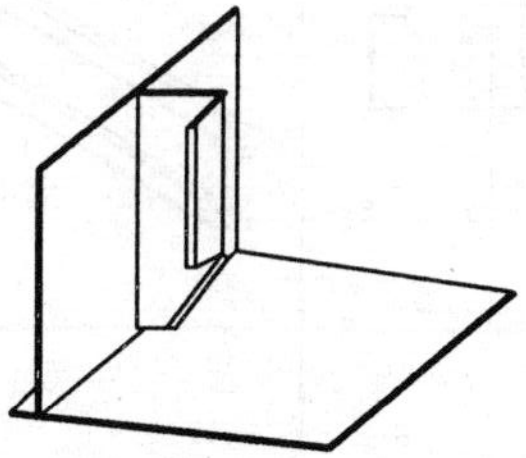	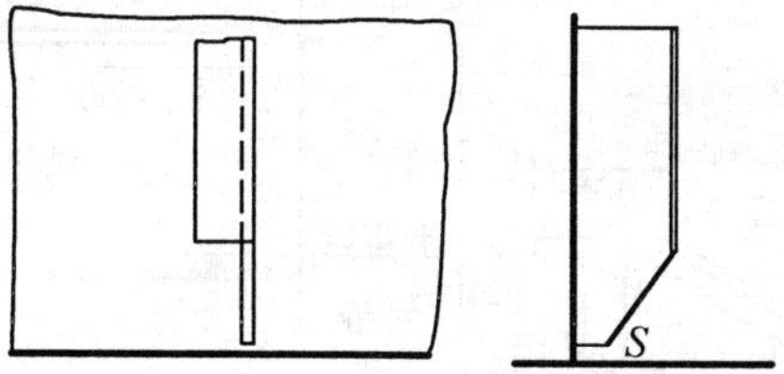 S	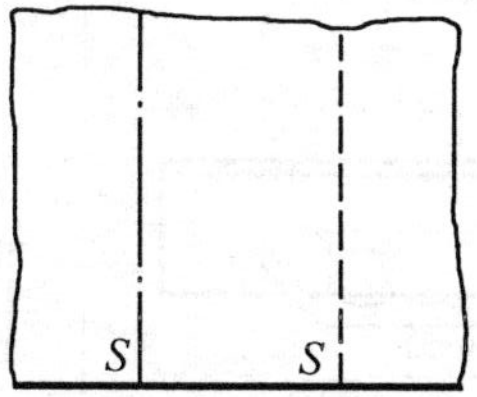 S S
腹板和面板都切斜	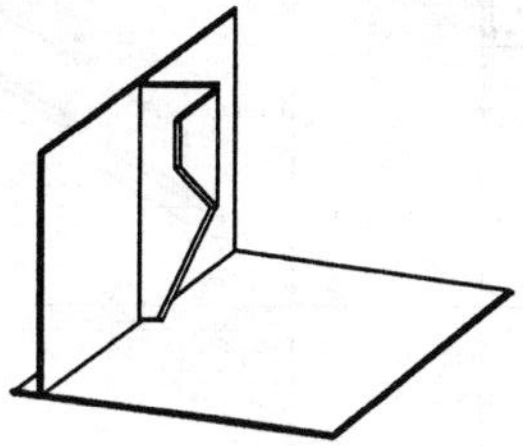	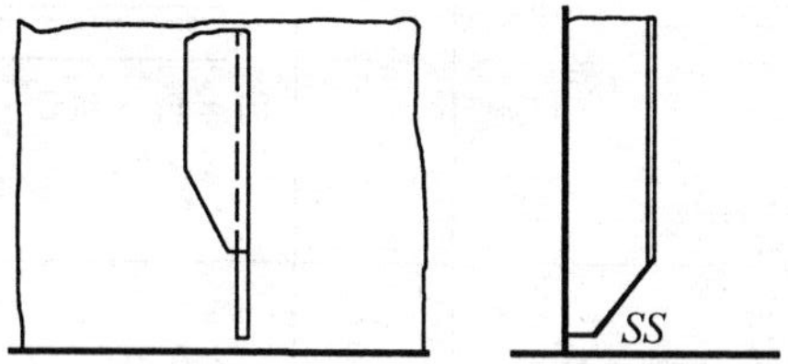 SS	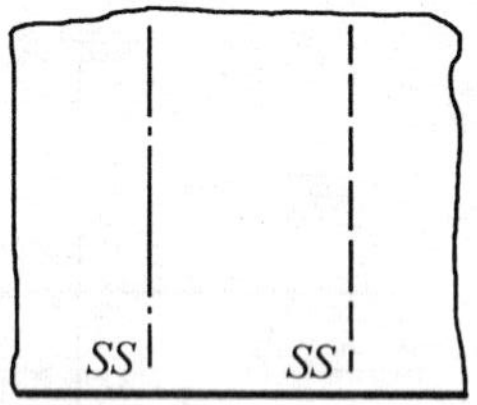 SS SS
面板切斜	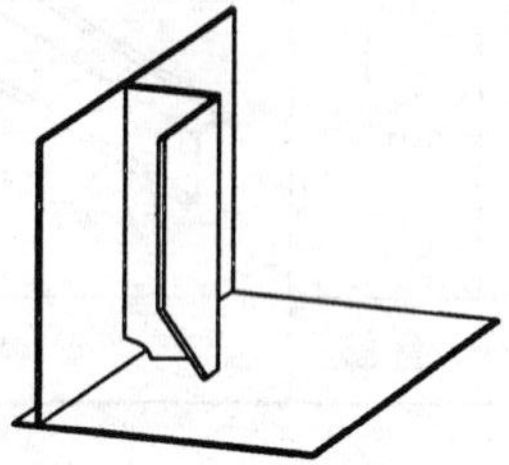	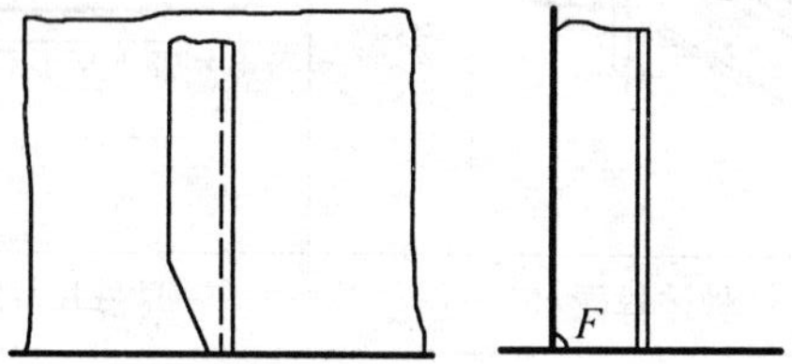 F	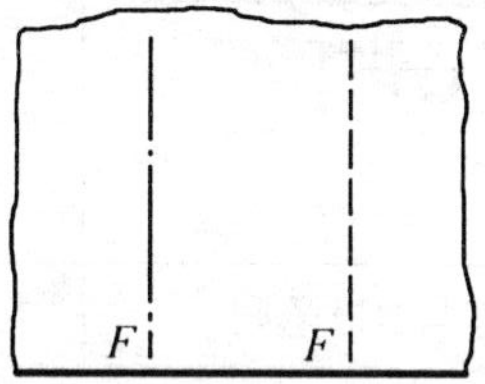 F F

表 3 - 5(续)

端　部　形　状	画　法　和　标　注	简化画法中的标注
腹板、面板 都不切斜 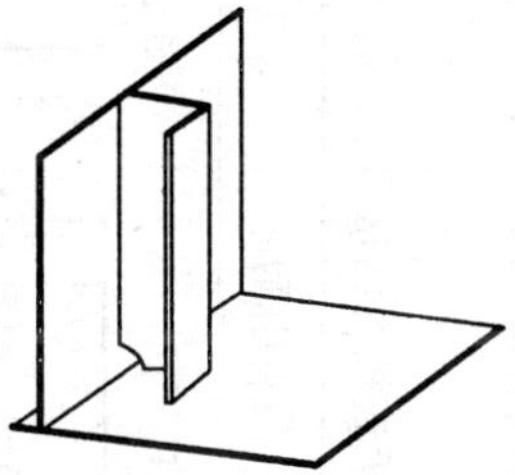 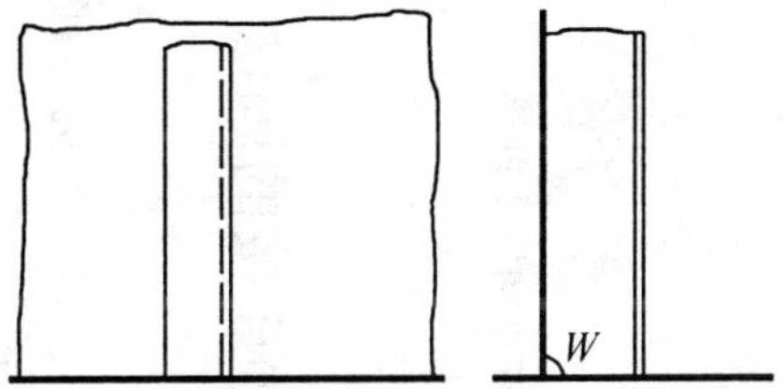 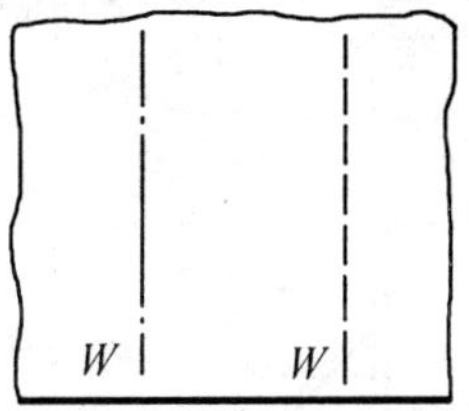		
肘板连接 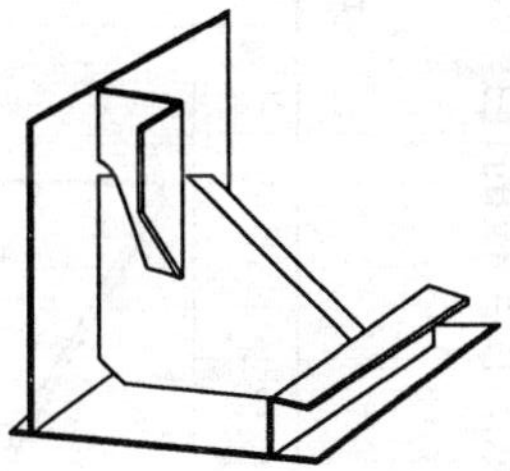 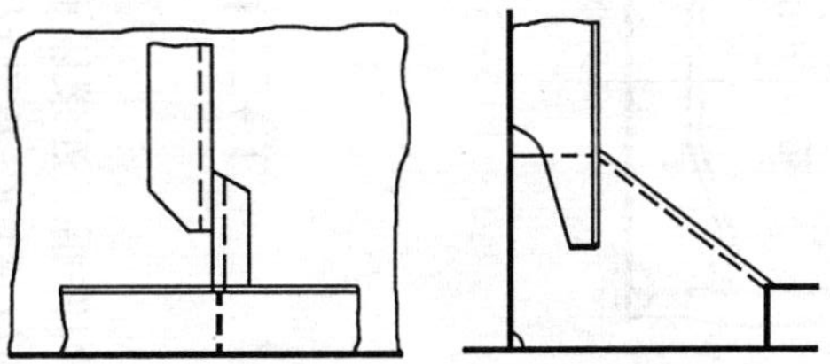 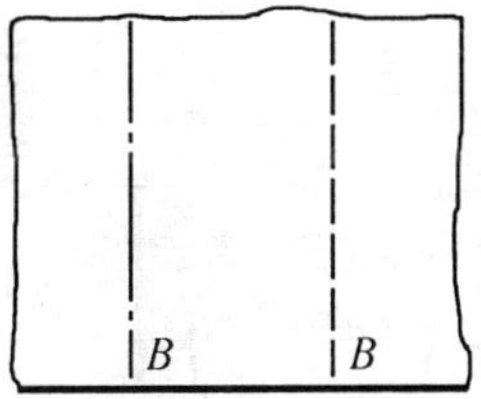		

图 3 – 3 为型材端部形状在结构图中的标注情况。

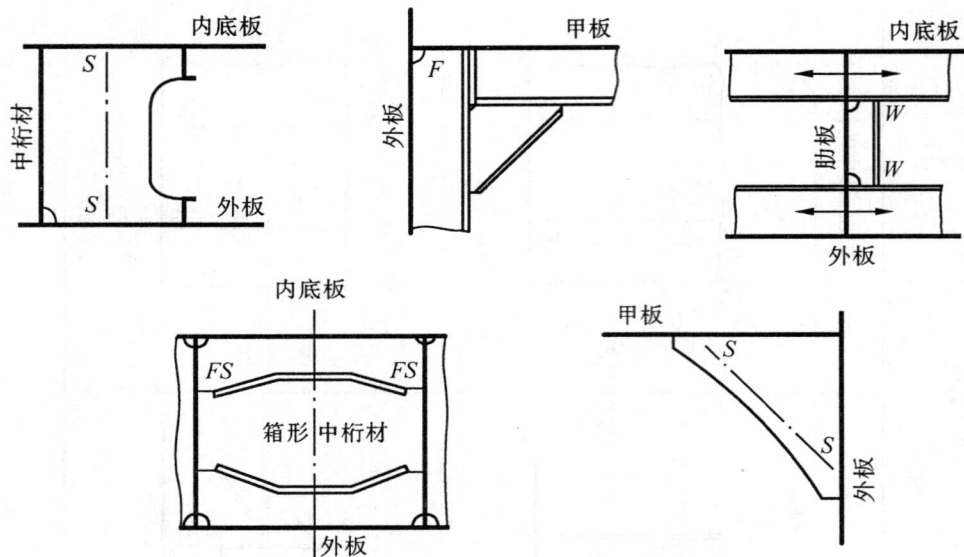

图 3 – 3　型材端部形状在结构图中的标注

第二节　板、型材连接的画法

船体的各类构件相互连接以形成牢固的整体。构件间的连接分为板与板连接、型材与型材连接、板与型材连接以及型材贯穿等四种型式。

一、板与板连接的画法

船体中常见的板与板的连接形式有对接、搭接和角接等几种,它们的画法见表 3 – 6。

表 3 – 6　板与板连接的画法

连接形式	视图画法	说　　明
对接		1)板材接缝以细实线表示。 2)小比例的剖面图中,板材接缝位置用板材接缝符号"⊻"表示。

表 3 – 6(续)

连接形式	视图画法	说　　明
搭接		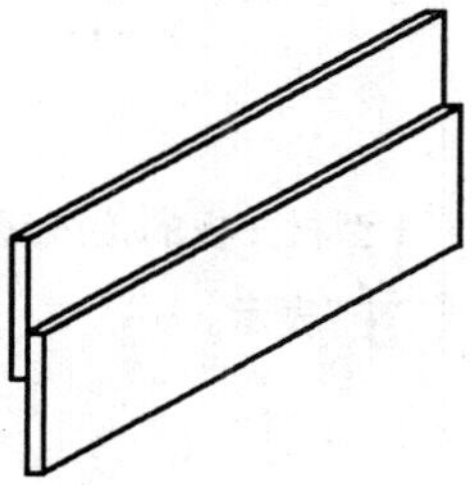 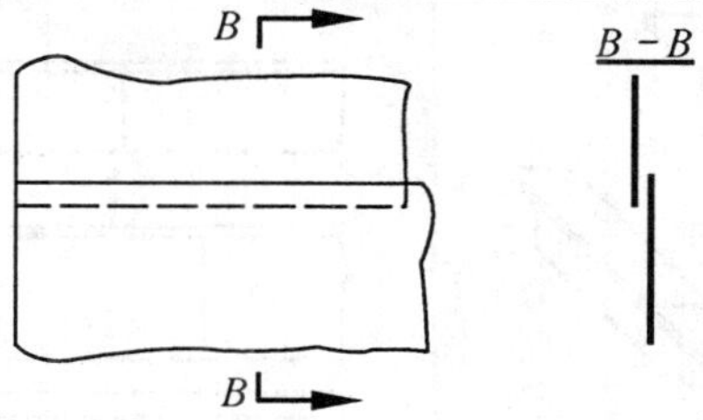 小比例的剖面图中，板材重叠处留有间隙，间隙不大于粗实线宽度 b。
角接	非水密　水密 	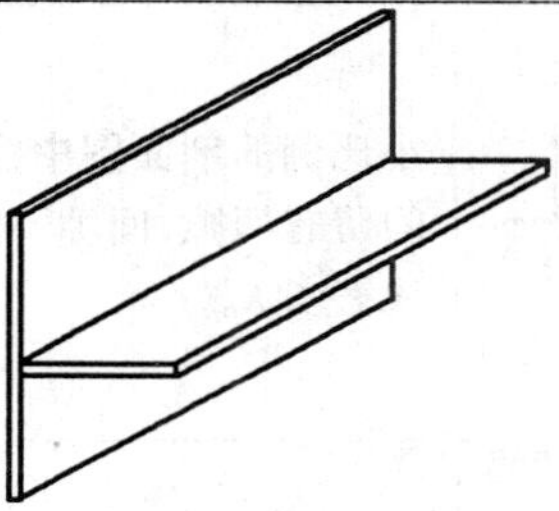 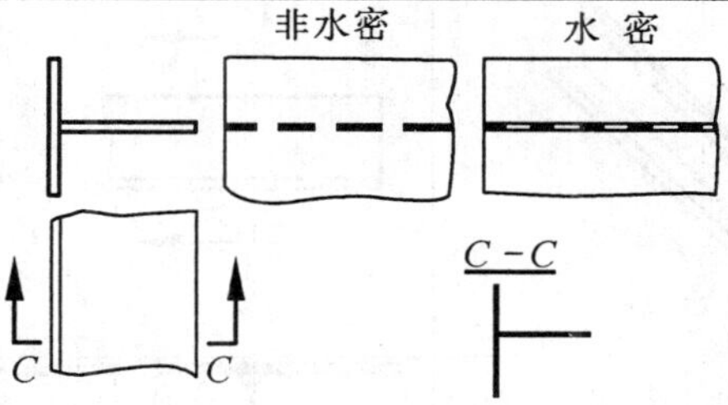 板材厚度的不可见投影，非水密以粗虚线表示，水密以轨道线表示。
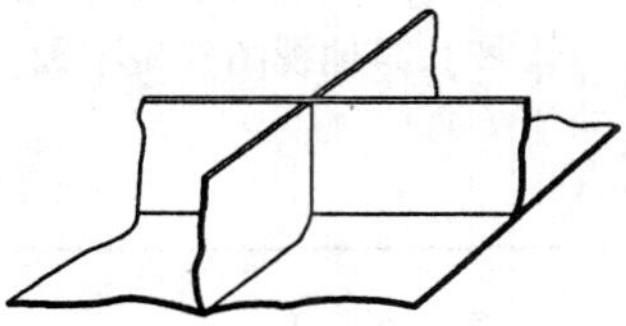	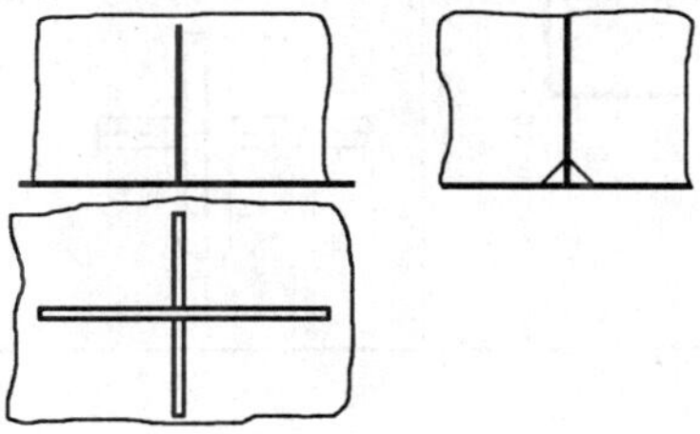	间断构件的工艺性切角只表示在外形显著的视图中，其他视图省略不画。
加强腹板		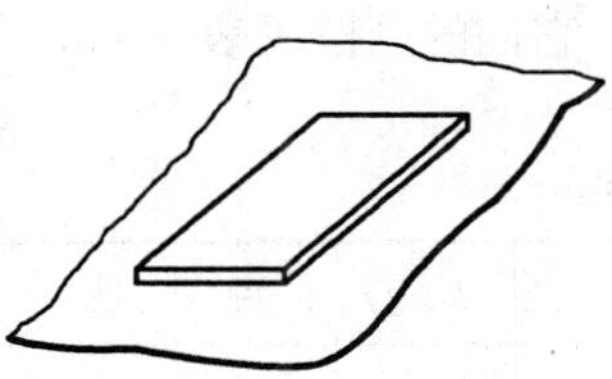 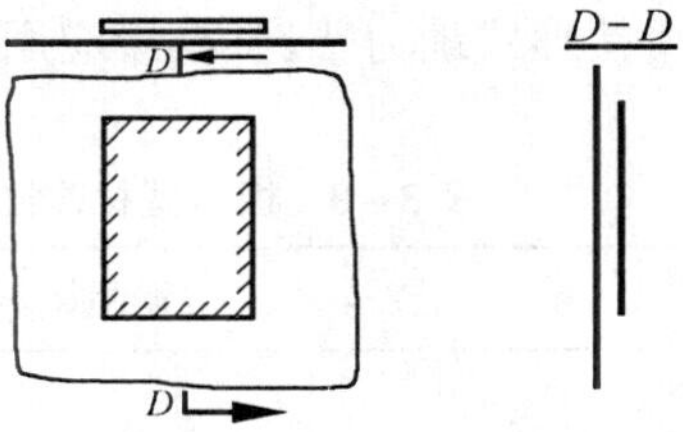 1)平面图中，沿腹板轮廓线的内侧画细斜线。 2)小比例剖面画法与板材搭接画法相似。

二、型材与型材连接的画法

型材与型材的连接通常有对接、搭接和相交等形式，它们的画法见表 3 – 7。

表 3-7　型材与型材连接的画法

连接形式	视图画法	说　　明
对接		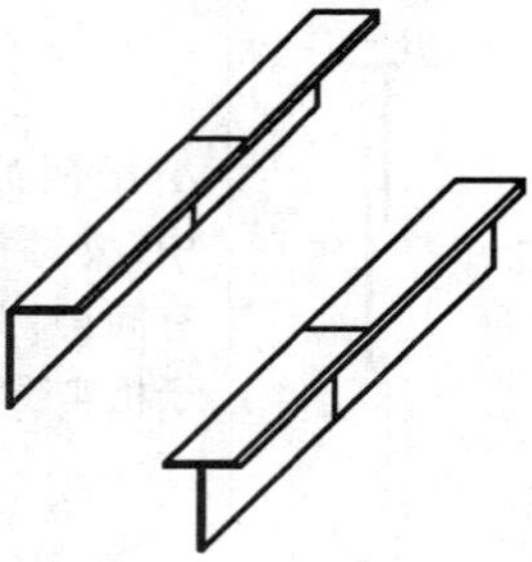 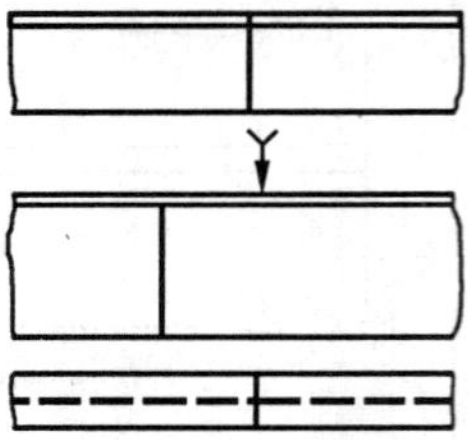 T 型材面板的接缝线可用符号"⌄"表示。
搭接	A—A	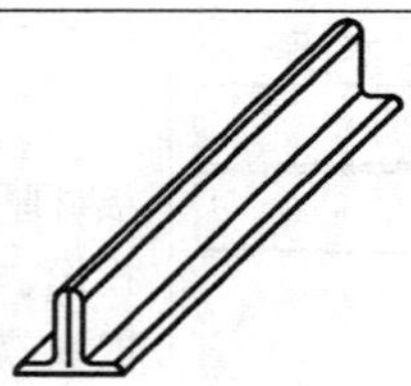 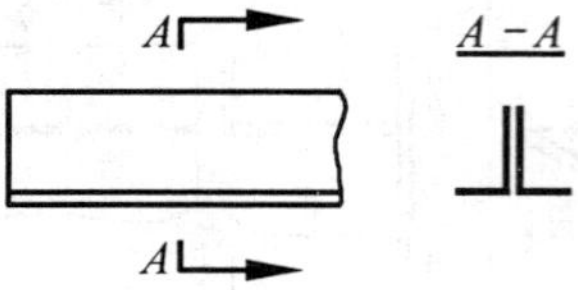 小比例的剖面图中,两型材之间留有间隙,间隙不大于粗实线宽度 b。
相交		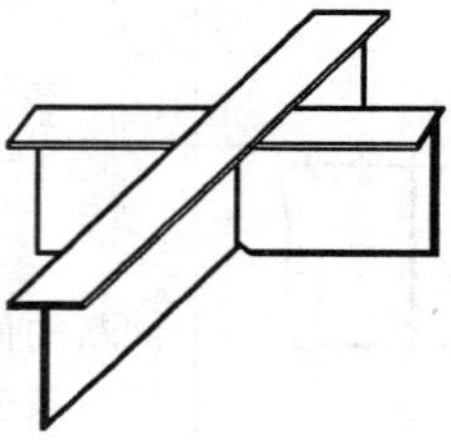 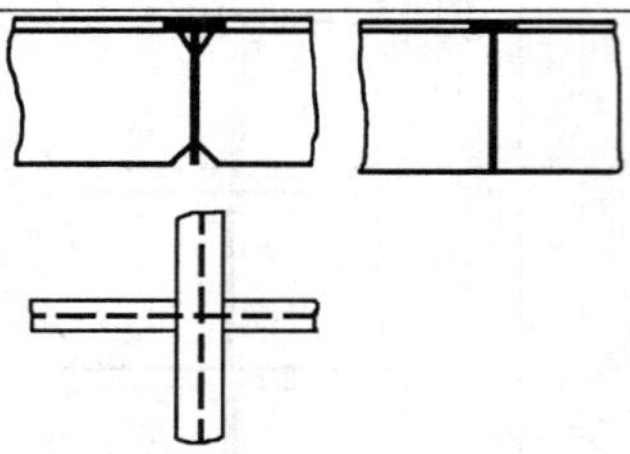 间断构件的工艺性切角只表示在外形显著的视图中(见主视图),其他视图省略不画。

三、板与型材连接的画法

板与型材的连接以角接形式最为普遍,搭接应用较少。它们的画法见表 3-8。

表 3-8　板与型材连接的画法

连接形式	视图画法	说　　明
角接	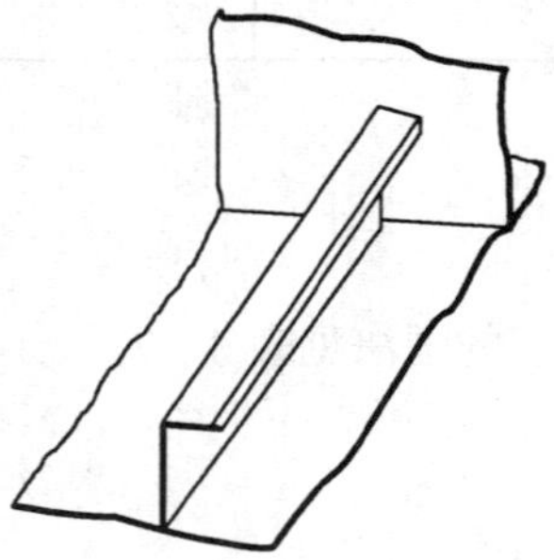	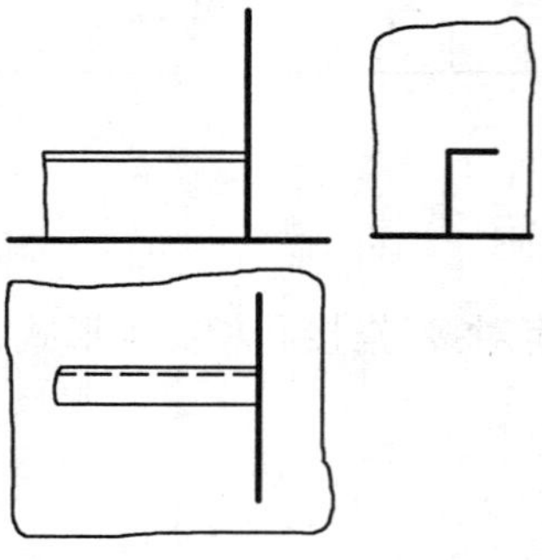

表 3 - 8(续)

连接形式	视图画法	说　明
搭接		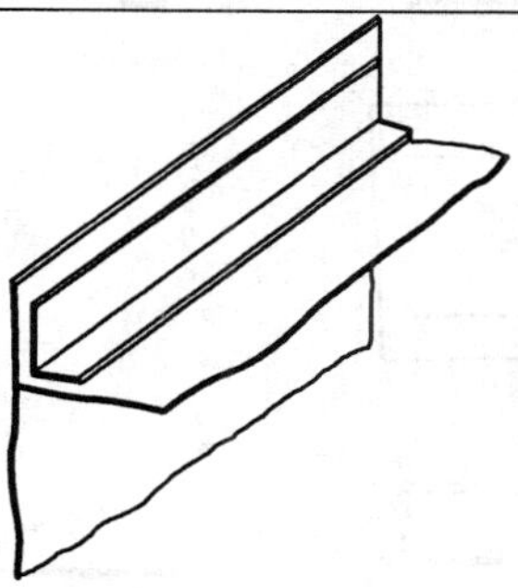 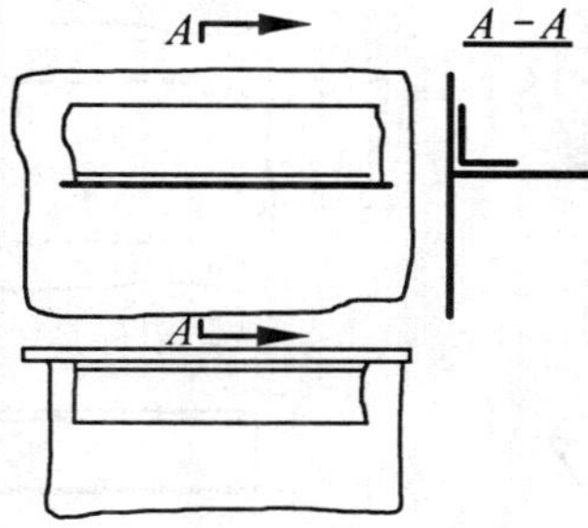 1)在主视图中,型材与板材的剖面之间无间隙。 2)小比例时,型材与板材剖面间留间隙。
肘板连接		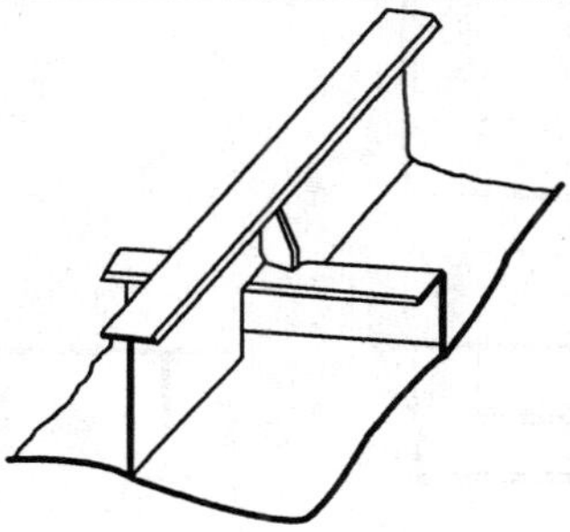 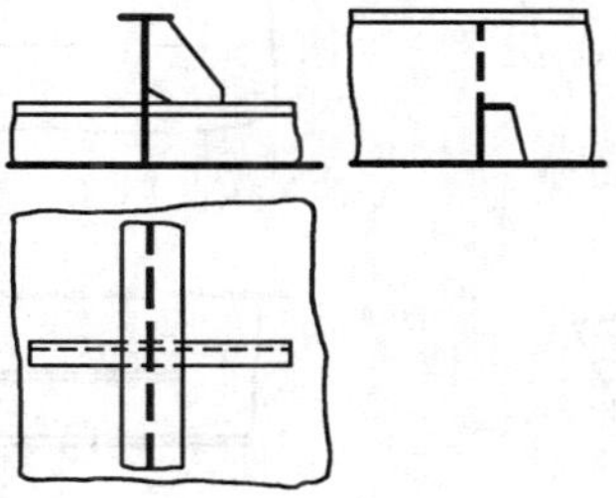 可以粗虚线表示肘板厚度的不可见投影。

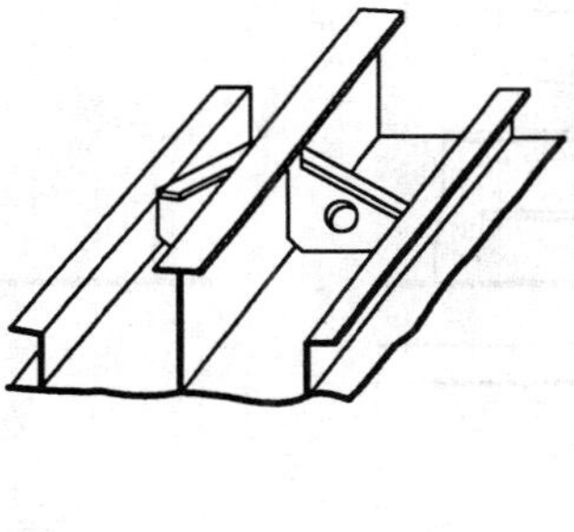

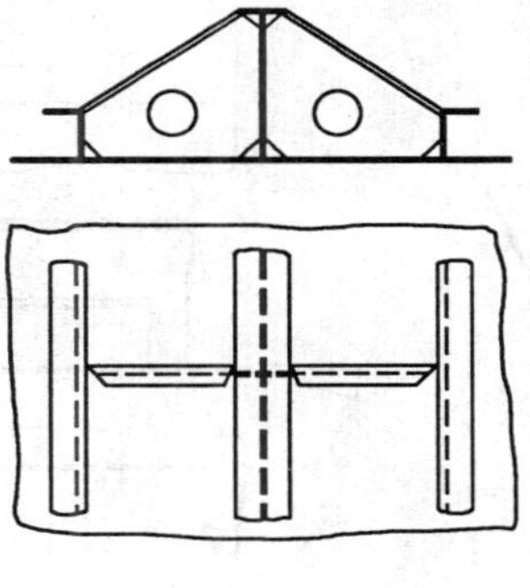

在船体结构图中,由于图样比例较小,板与型材的角接常采用简化画法,如图 3 - 4 所示。

四、型材贯穿的画法

当型材与板或另一尺寸较大的型材相交时,在板或较大尺寸的型材腹板上开出切口,让小型材穿过以保持其连续。这种连接形式称为型材贯穿。如底纵骨、内底纵骨穿过肋板,普通横梁穿过甲板纵桁和普通肋骨穿过舷侧纵桁,都属于型材的贯穿。

型材贯穿分加补板和不加补板两种类型。由于型材的不同以及水密和非水密的区分,又细分为很多不同形式。贯穿切口的形状、大小和补板的尺寸,由"CB* 3182 - 83"《船体结

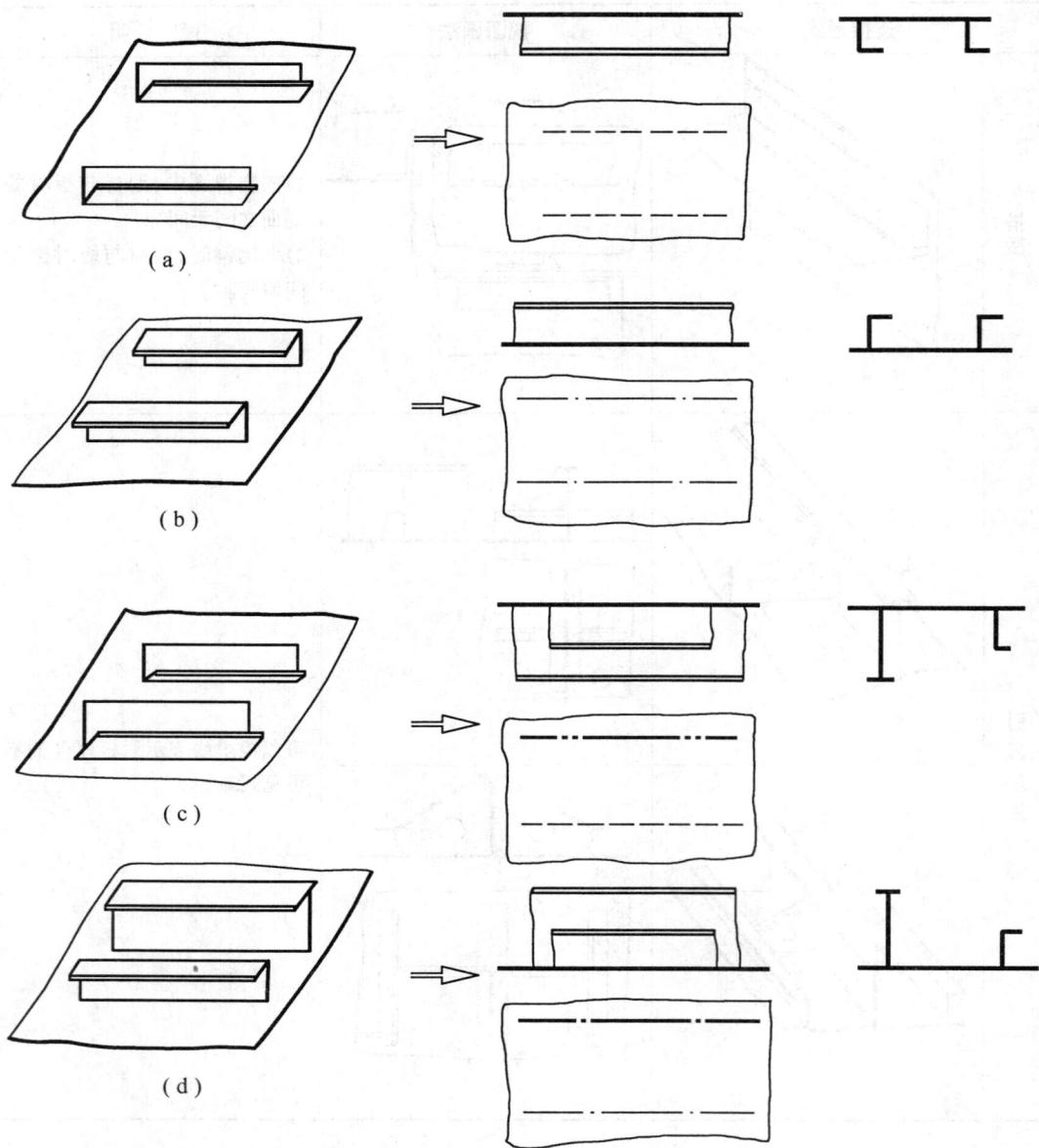

图 3-4　板与型材角接的简化画法

构相贯切口与补板》规定,见附录五。采用标准形式切口和补板时,在图样中只需注明切口的代号及补板的厚度。它们的画法及标注见表 3-9。

表 3 – 9　型材贯穿的画法及标注

贯穿形式	视图画法及标注	说　　明
不加补板的贯穿		为了表示型材穿过板材,在型材剖面周围画短斜线。
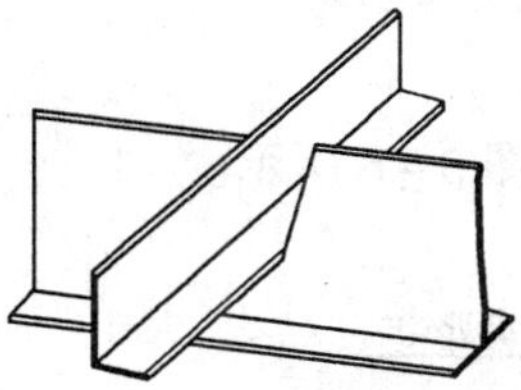	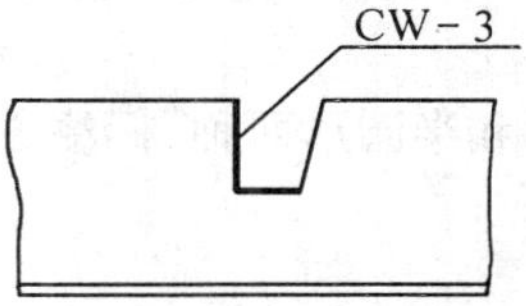 CW-3	1)切口的标准形式和尺寸由 CB*3182-83 规定,见附录。 2)标准形式切口,只需注明切口型号;非标准切口,需标注切口全部尺寸。
加补板的贯穿	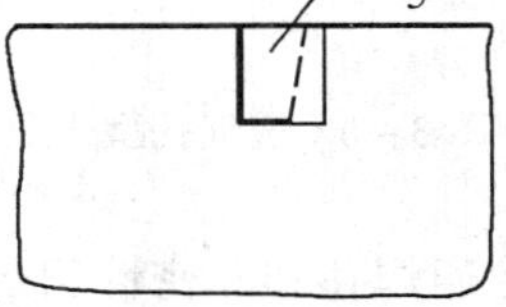 $\frac{CN-6}{5}$	1)补板的标准形式和尺寸由 CB*3182-83 规定,见附录。 2)标准形式补板,只需标注补板的型号和补板的厚度 补板型号/补板厚度;非标准补板,需标明补板的全部尺寸。
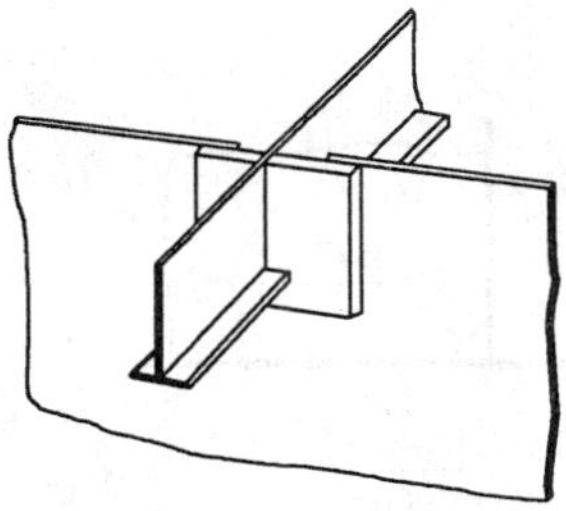	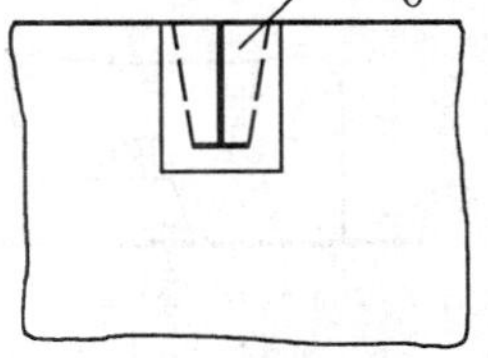 $\frac{CT-9}{6}$	

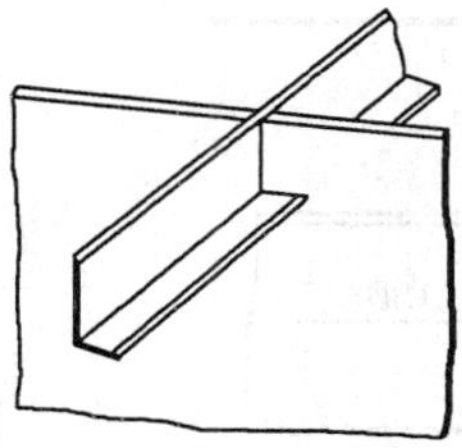

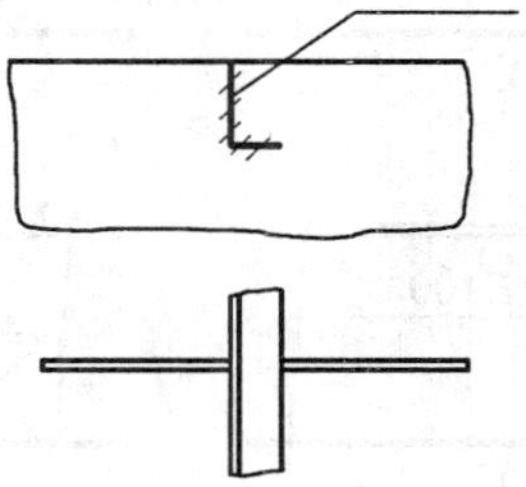

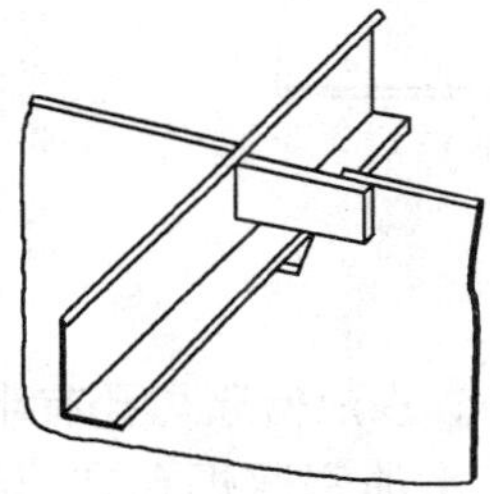

采用非标准形式的切口时,需画出切口形状并标注全部尺寸。

五、结构上的流水孔、透气孔和通焊孔

船体结构上除了开有尺寸较大的门、窗、人孔和减轻孔外,在板和型材上还可见到数量较多的流水孔、透气孔和通焊孔。

(1)流水孔　流水孔有以下几种形式:圆形流水孔、半圆形流水孔、腰圆形流水孔和半腰圆形流水孔。在结构图中可以标注孔的代号和尺寸,见图 3 – 5。

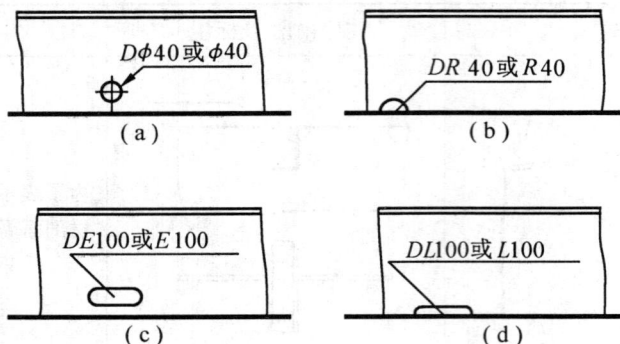

图 3-5　流水孔型式及标注

(2)透气孔　透气孔有圆形和半圆形两种,标注方法如图 3-6 所示。

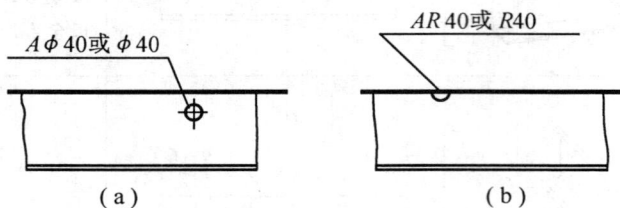

图 3-6　透气孔型式及标注

(3)通焊孔　通焊孔分水油密通焊孔和非密性通焊孔两种。水油密通焊孔有半圆形、半腰圆形对接焊通焊孔和三角形角焊缝通焊孔,见图 3-7(a)。水油密通焊孔在焊缝通过后用电焊将孔口填满封闭,保证密性要求。

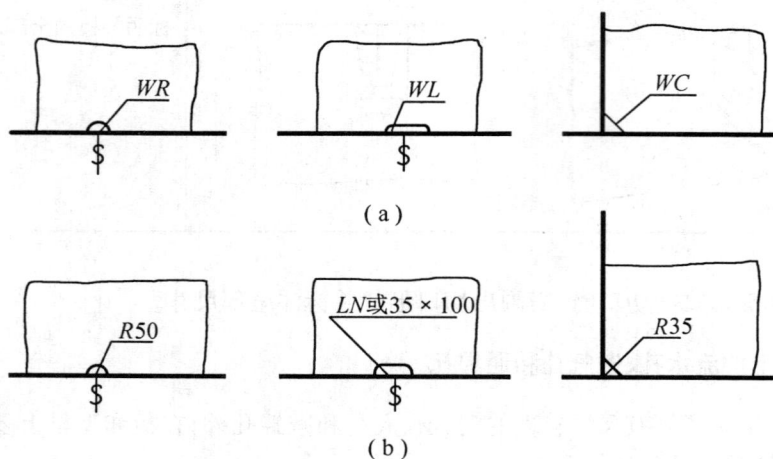

图 3-7　通焊孔型式及标注
(a)水、油密通焊孔;(b)非密性通焊孔

非密性通焊孔有半圆形、半腰圆形对接焊通焊孔和圆弧形角焊缝通焊孔,其标注见图3-7(b)。

标准形式的流水孔、透气孔和通焊孔,图样上只需标注形式代号或主要尺寸(ϕ、R、L)。采用非标准形式时,则需画出详细形状并标注全部尺寸。

目前,由于建造各种不同用途的大型出口船舶,在船体结构中,型材端部及其连接肘板、型材贯穿切口及其补板、构件的流水孔和透气孔等,都已出现了更多的形式。为适应设计和施工的需要。船厂常为所建造的船舶绘制《船体结构典型节点图册》,详细表示其形状、尺寸和代号。图3-8为从某成品油船节点图册中摘录的几个例子。

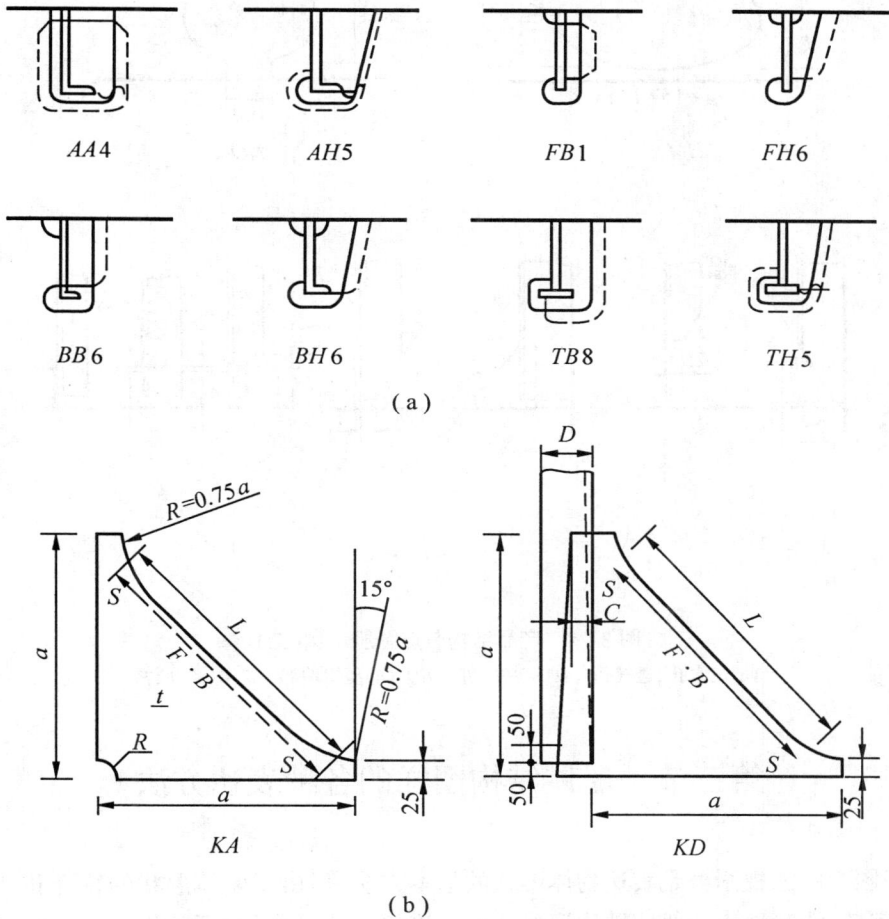

*AA*4   *AH*5   *FB*1   *FH*6

*BB*6   *BH*6   *TB*8   *TH*5

（a）

KA   *KD*

（b）

图3-8 产品结构节点图册示例(一)

(a)结构贯穿切口及补板   *AA – AH*、*FA – FH*、*BA – BH*、*L2A – L2H*、*L3A – L3H*、*GA – GH*、*TA – TH*;

(b)肘板   *KA ~ KF*

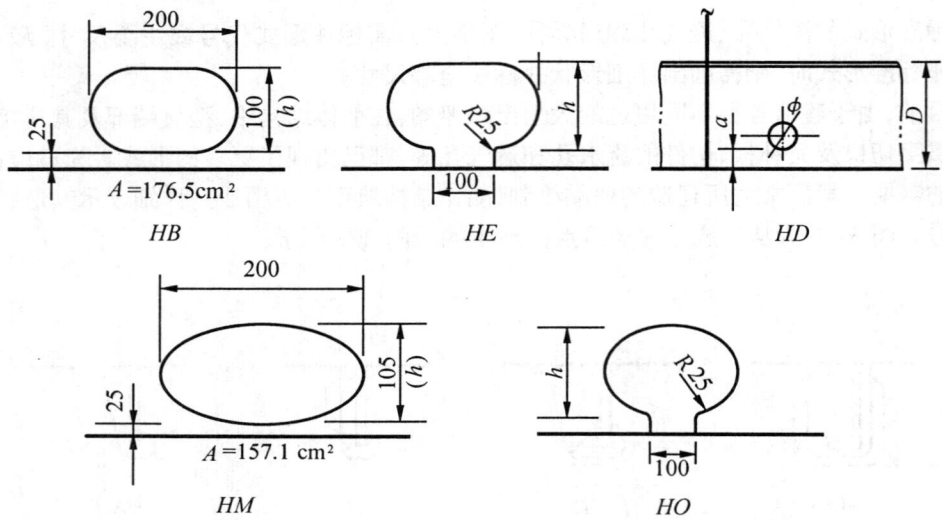

(c)

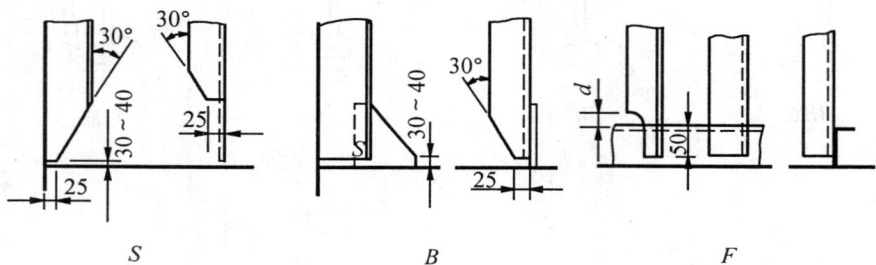

(d)

图 3-8 产品结构节点图册示例(二)

(c)流水孔、透气孔 $HA \sim HK$、$HL - HQ$;(d)型钢端部 S、B、W、L、F

第三节 船体结构图样的各种表达方法

工程图中的三视图虽是表达物体形状的基本方法,但由于船体形状的特殊和结构的复杂,为了完整、清晰地表达船体结构形式和构件连接方式,同时又便于识读,易于绘制,国家标准《金属船体制图》(GB4476-84)中,规定了船体图样的画法。下面将介绍船图中常用的几种表达方法。

一、视图

如图 3-9(a)所示,用六面体的六个面作为基本投影面。将物体放置于六面体围成的空间中,由前后、左右、上下六个方向,分别向六个基本投影面进行投影,得到各个面上的投影图。然后按箭头所示方向展开。保持正投影面不动,其余各个面旋转至与正投影面处于同一个平面,就得到了如图 3 – 9(b)所示的六个基本视图,分别为主视图、俯视图、左视图、右视图、仰视图和后视图。各个视图按规定位置配置时,图样中一律不标注视图名称。有时,为了在图纸上合理而紧凑地布置视图,基本视图也允许不按规定位置排列,这时必须用视向符号指明投影方向,注写字母,并在该视图上方标注"×向"字样,如图 3 – 10 所示的"A 向",视向符号为长 15 ~ 25 mm 的粗实线箭头,箭头长为线段总长的 1/3 ~ 1/2。

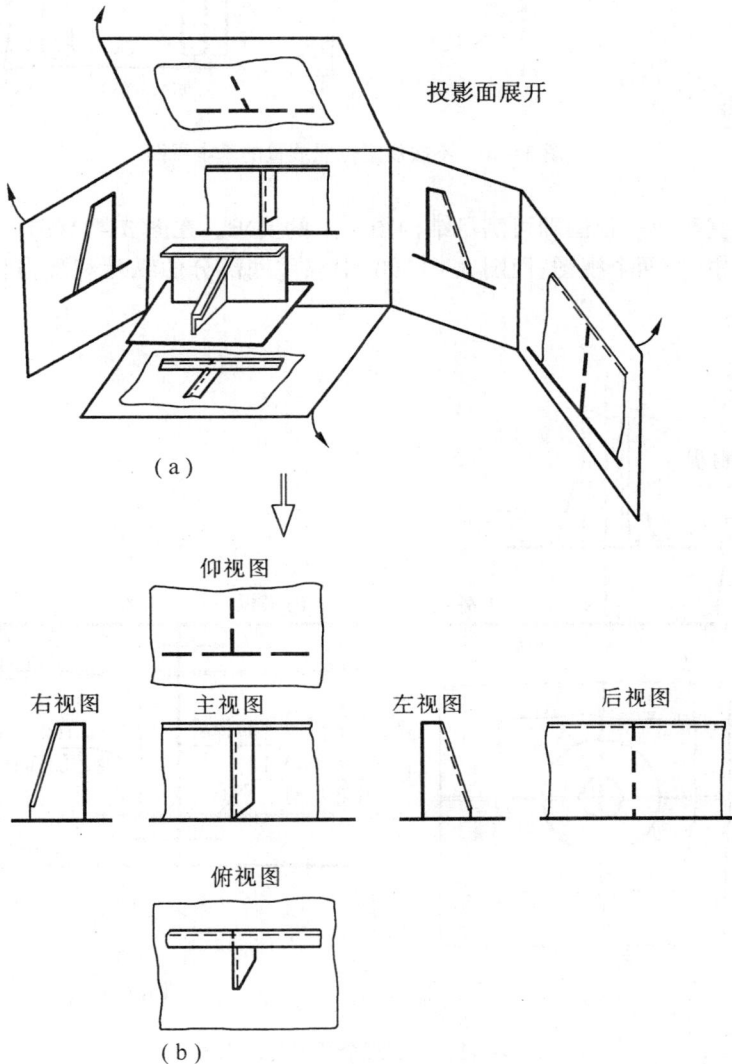

投影面展开

（a）

仰视图

右视图　　主视图　　　左视图　　　　后视图

俯视图

（b）

图 3 – 9　六面视图展开及其排列

　　图中 A 向实为仰视图。如将仰视图画在俯视图位置,构件间仍应符合"长对正"的投影关系。

　　六个基本视图中,除主视图外,其他各视图要根据结构表达的需要选用。由于船体材料的单一(钢板和型钢)以及经常采用的断裂画法,尺寸的集中标注以及某些符号的应用,有时

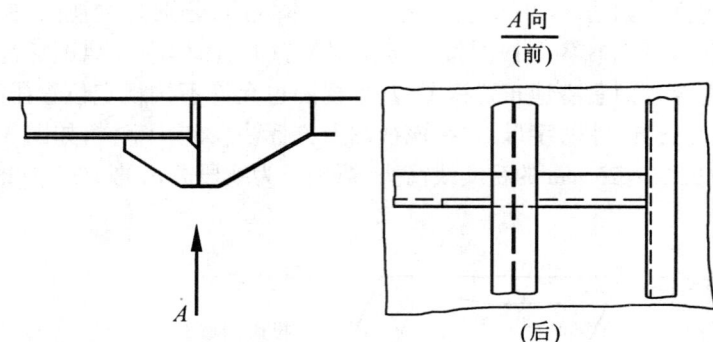

图 3 – 10　不按规定位置放置的基本视图

只需两个视图甚至单一视图即可满足结构图示上的要求。在图 3 – 11(a)中,内底板上的支柱结构只画了主、俯两个视图,而图 3 – 11(b)中双重底部分的纵骨和加强材的连接情况只画了一个视图。

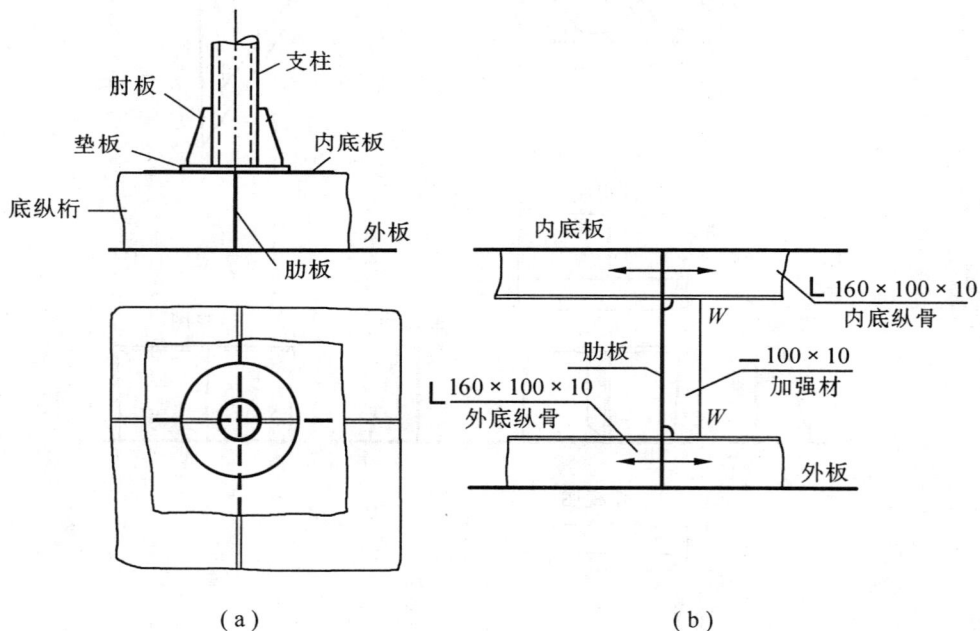

（a）

（b）

图 3 – 11　少于三个视图的结构表达

(a)两视图;(b)单一视图

2.局部视图

有时,并不需要从另一方向表达主视图所反映的整个结构,就不必要画出该方向的基本视图,而只将需要表达的部分向基本投影面进行投影。这样得到的视图称为局部视图。图 3 – 12 中画出了尾柱的主视图。整个尾柱的左视图没有画,只画出两个局部视图。标注方法是用向视符号指明所表达的部位和投影方向。在局部视图的上方,标出“A 向”、“B 向”等字样。由于表达的是局部结构,局部视图的范围有时采用断裂画法。

3.斜视图

某些处于倾斜位置的构件,在六面视图中都不反映其真实形状。这时就取和构件相垂直的方向,把构件向不平行于基本投影面的平面投影。这样得到的视图称为斜视图,见图3-13。斜视图按投影关系画在箭头前方,注明"×向"字样。斜视图也可画在图面上其他适当位置,同时也可将视图旋转。这时,在旋转视图上方须标注"×向旋转"。

4.展开视图

假想把不在同一平面内的结构展开成同一平面,再向某一投影面进行投影所得到的视图,称为展开视图。如船舶上层建筑围壁存在转圆部分,若要将转圆部分向某一投影面进行投影,只有在展开以后才能完成,如图

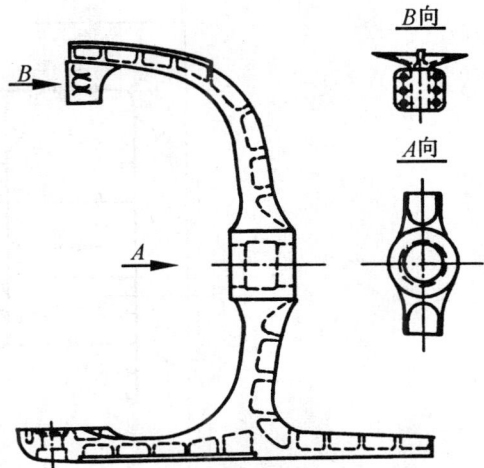

图 3-12　局部视图

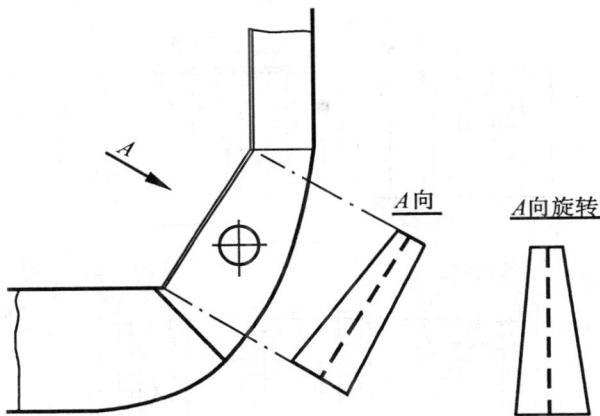

图 3-13　斜视图

3-14所示。在展开视图中需加"展开"两字,如图3-14中的"*B*向展开"。结构上平面与曲面的切线称为转圆线,在展开图中用"*RL*"表示。

我们将船体结构向某一方向投影后所得到的全部或部分图形,而且标注视向符号和视图名称的,都可看作是向视图。不按规定位置布置的基本视图、局部视图、斜视图和展开视图,都可看作向视图。

二、剖视图

用假想的剖切平面剖切船体结构,将位于视者与剖切平面之间的部分移去,将其余部分向投影面投影所得的图形称为剖视图。如图3-15(a)所示,用剖切平面 *A* 垂直剖切舷侧结构,移去 #31 肋位向尾部分,将余下部分向投影面进行投影,就得到了图3-15(b)的剖视图。

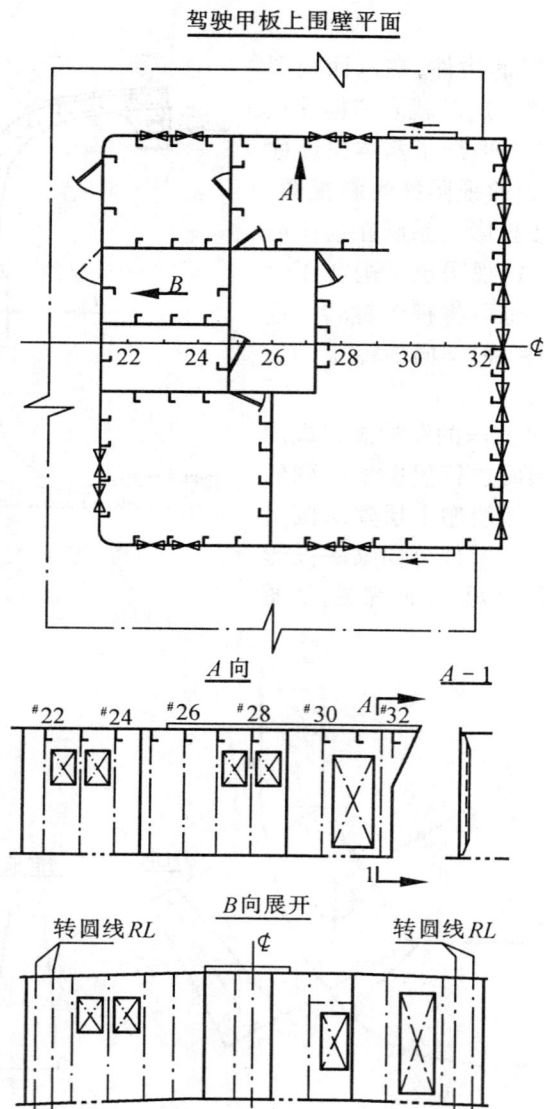

驾驶甲板上围壁平面

图 3 - 14　向视图与展开视图

从图中可以看到,除了剖切平面附近的 $^\#32$ 普通肋骨外,图中还重叠着 $^\#33$ 强肋骨、$^\#34$ 普通肋骨以及部分外板和舷侧纵桁的投影,线条很多,图面不清晰。因此,船体图样中这种和机械图类似的剖视图较少采用。即使采用剖视图,也使用了一些如简化画法等的特殊表达方法。

三、剖面图

船体图样中的剖面图所表达的内容与机械图也是不尽相同的。在机械图中,剖面图是用来表达机件剖切后的形状。它只画出机件被剖切平面剖切到的部分。而在船体图样中,剖面图中除了画出被剖切到的构件之外,还要同时画出剖切平面附近需要表达的构件,以反映出构件的形状和连接的形式。图 3 - 16 为舷侧结构的剖面表示方法。所以,船体剖面图

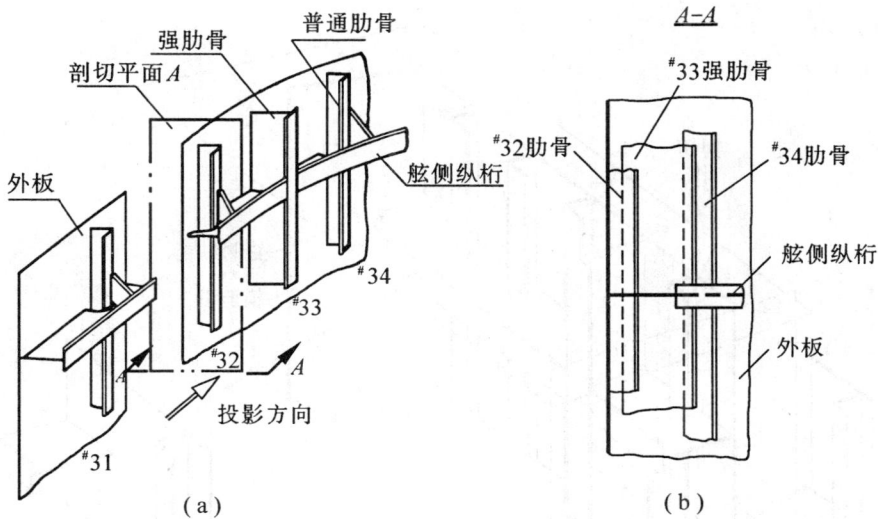

图 3 – 15　船体结构剖视图
(a)舷侧轴测图；(b)剖视图

可以说是介于机械图的剖视图和剖面图之间的一种特殊图示方法。它既不是仅仅画出被剖切到的构件，也没有画出剖切平面后方的全部可见构件。在图 3 – 16 中，为了表示 $^\#$16 肋位的普通肋骨结构，当向船首方向投影时，就在 $^\#$15 和 $^\#$16 肋位之间作一假想剖切平面 I，移去剖切平面和视者之间的部分，而把 $^\#$16 肋骨(仅仅是 $^\#$16 肋骨)及与其连接的外板、舷侧纵桁和肘板向投影面投影，得到的图形就是表示 $^\#$16 肋骨结构的剖面图，见图 3 – 16(b)中的

$\underline{\quad^\#16\quad}$。图中 $^\#$17 肋位的强肋骨结构，也可用相同的方法画出。同样，要表达图 3 – 16(a)中的舷侧纵桁结构时，可取位于纵桁上方的水平剖切平面 II，然后把舷侧纵桁及其连接的外板、横舱壁和肘板向投影面投影，得到的图形就是表示舷侧纵桁结构的剖面图，见图 3 – 16(b)中的 $\underline{A-A}$ 。

剖面图中以肋骨平面作为剖切平面得到的剖面图称为肋位剖面图，其余均称一般位置剖面图。通常情况下，一般位置剖面图在相应的视图中，要用剖切符号和大写英文字母表示剖切位置、投影方向和视图名称，如图 3 – 16(b)中的"A⌐　⌐A"。在剖面图上方标注相应的视图名称 $\underline{A-A}$。

由于肋位是编号的，对于某一号肋位，其位置是确定的。所以，画肋位剖面图时，在相应视图中不必用剖切符号和箭头表示剖切位置和投影方向，而只在剖面图上方画一长为 15 ~ 25 mm 的粗实线箭头表示投影方向。箭头向右表示向船首方向投影，箭头向左表示向船尾方向投影。箭头线上方标注肋位符号"$^\#$"和肋位编号，如图 3 – 16(b)中的"$\underline{\quad^\#16\quad}$→"和"$\underline{\quad^\#17\quad}$→"。

当剖面图直接画在剖切平面迹线的延长线(细点划线)上时，不需标注剖切位置，见图 3 – 17。

如果在剖面图或向视图中再作剖面，以表示原剖面图中尚未表示清楚的结构，则称此剖

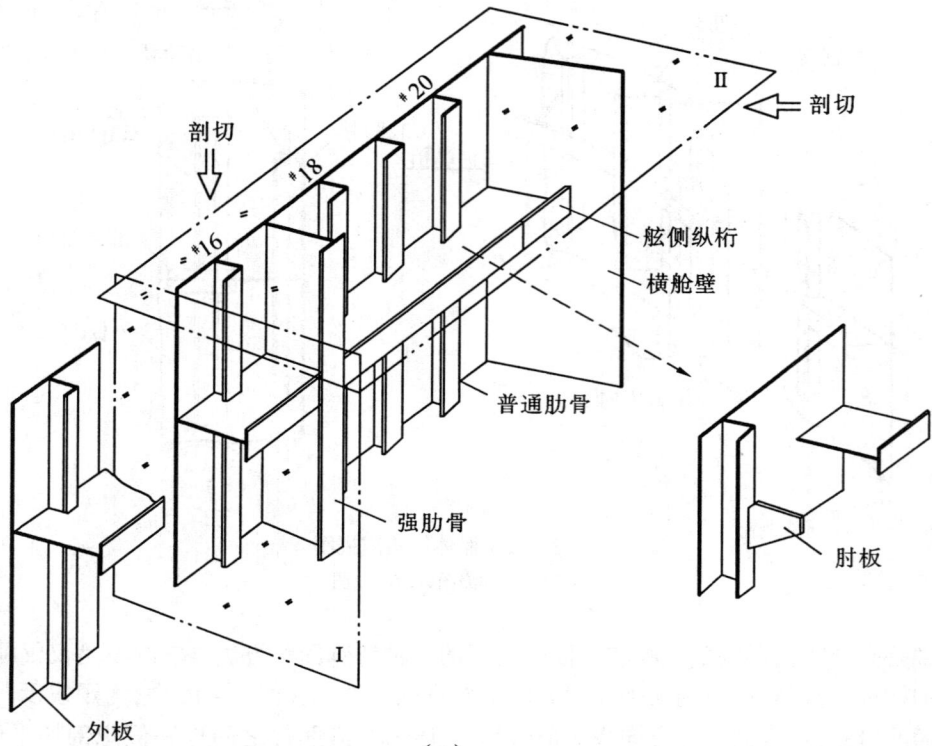

（a）

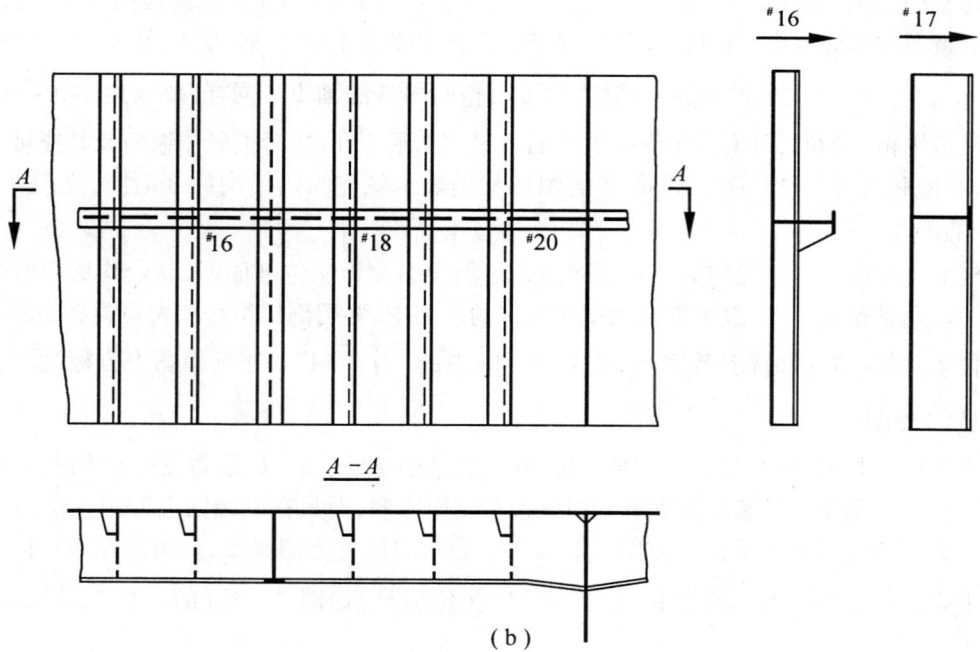

（b）

图 3-16 船体结构剖面图

面图为分剖面图。其标注方法见图 3-18,其中短划后的数字 1、2 是分剖面的序号。

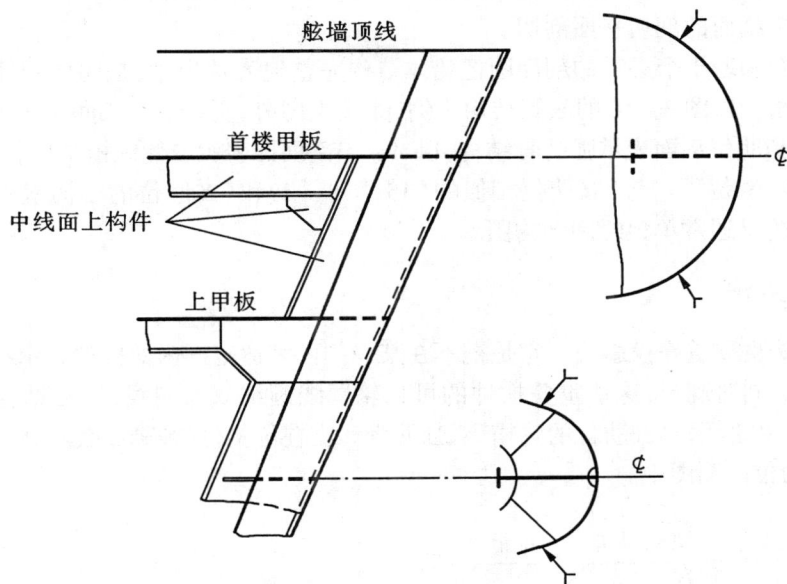

图 3-17 位于剖切平面迹线延长线上的剖面图

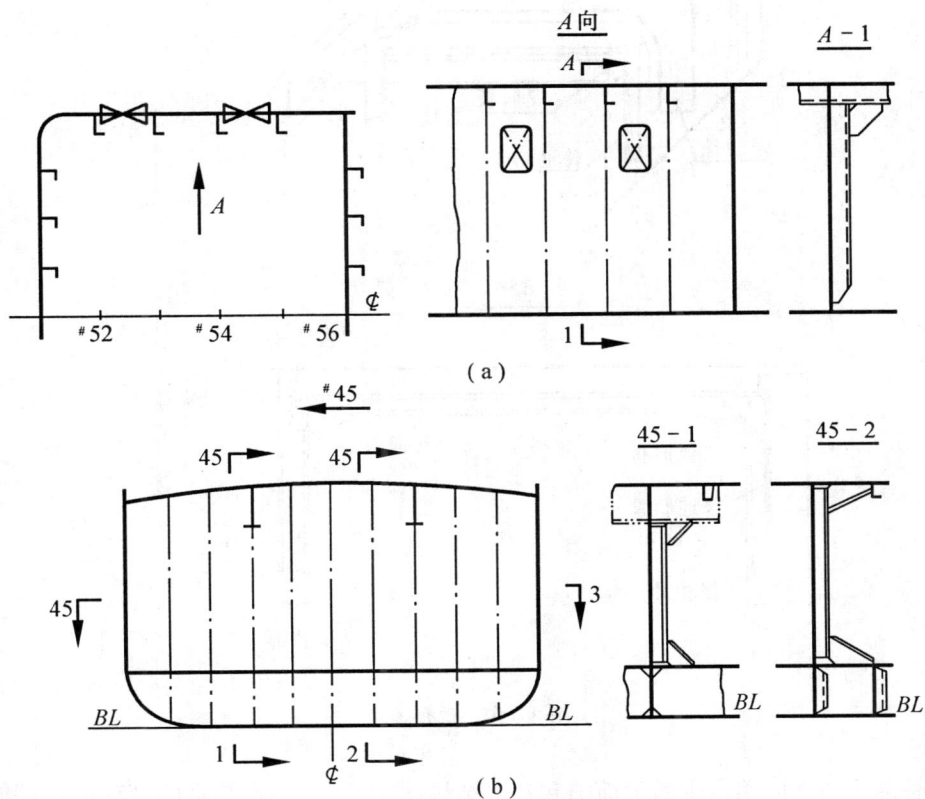

图 3-18 分剖面图的标注方法

画船体剖面图时,当剖切平面通过板的主要对称面(厚度中心),或沿着型材的长度方面剖切时,板和型材均视为未被剖切。参见图 3－17,图中的首柱筋板和甲板纵桁腹板,均视为未被通过中线面的剖切平面剖切。

用主视图和若干个必需的剖面图把船体结构完整地表达出来,是船体图体样中经常采用的表达方法。以图 3－16 的舷侧结构为例,除主视图外,再选择 #16 肋位剖面图表示普通肋骨结构, #17 肋位剖面表示强肋骨结构,以 A－A 剖面图表示舷侧纵桁结构,就可以把该分段的结构表示清楚了。与 #16 肋位相似的 #15、#18、#19 和 #20 肋位的结构就不必另画剖面图,而 #21 横舱壁通常单独绘制结构图。

四、重叠画法

重叠画法也称重叠投影法。它是把不在某一剖面表达范围内的构件表示在该剖面图的相应位置上。同时规定,这些重叠构件的可见轮廓线画细双点划线,不可见轮廓线画细虚线。如图 3－19 所示, #36 肋位的强横梁、强肋骨和支柱等构件,被画在表示普通肋骨和普通横梁的 #35 肋位剖面图中。

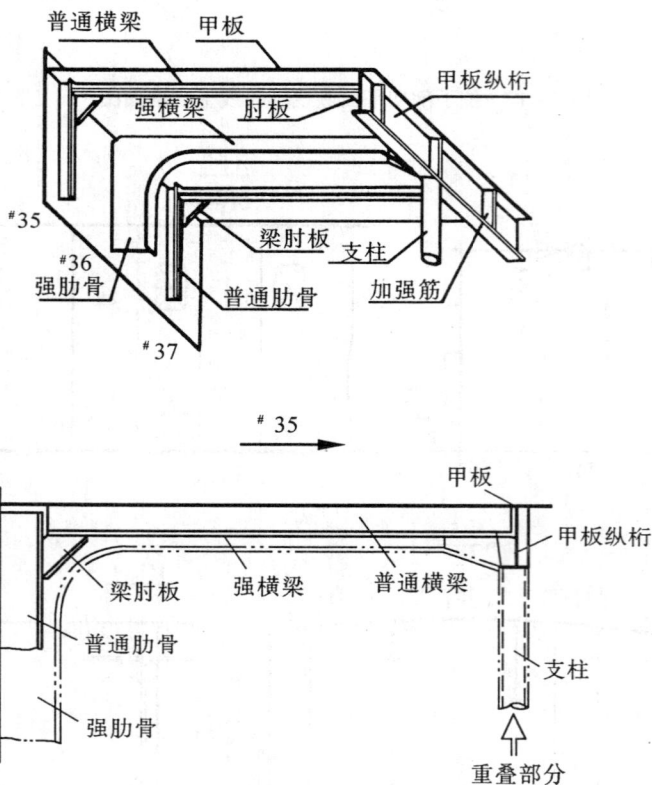

图 3－19　重叠画法

重叠画法通常应用在中横剖面图和基本结构图中,目的是在基本的剖面图中同时把船体某些局部不同的结构表达清楚,以此减少视图数量和绘图工作量。

采用重叠画法要注意不影响基本剖面图图形的清晰,否则就应另画剖面图而不采用重叠画法。

五、简化画法

由于船体结构的特点,为了使图面尽量简明清晰便于识图,同时也为了减少绘图工作量,船图采用了多种简化画法,常见的简化画法有以下几种。

1.构件的简化画法

船体结构基本上都是板架结构,是由板和纵横交叉的骨架组成的。如果完全用正投影法画出结构的平面图,图形中就会出现大量密集交错的图线,不但图面杂乱,也增加了画图工作量。如图 3 – 20 中的甲板结构,当用正投影法画出全部构件时,就得到了如图 3 – 20(a)的图形,图中的大量虚线是甲板下不可见构件的投影。这样详细地画出这些构件的投影实际上是不必要的。因为结构平面图主要是表示板缝位置和构件的布置。所以,船图中规定用指定的图线代表不同构件的投影以简化图面,将甲板平面图画成如图 3 – 20(b)的形式。

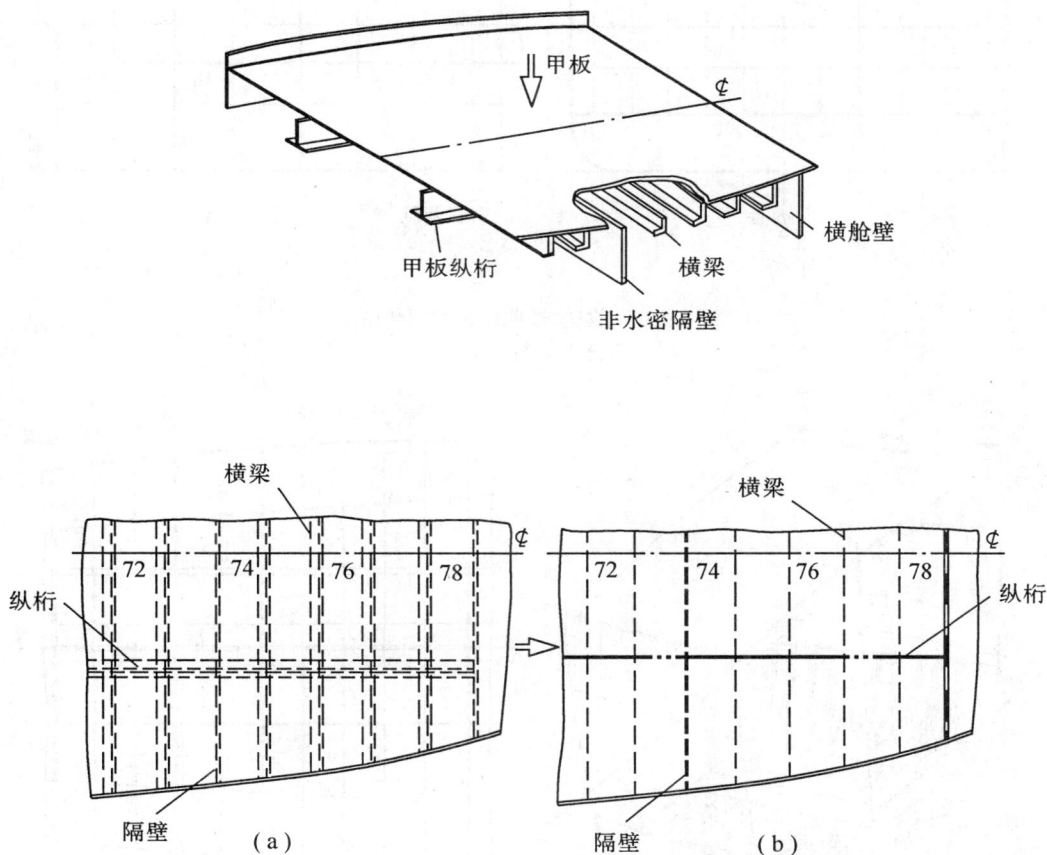

图 3 – 20 甲板平面图的简化画法
(a)投影图;(b)简化画法

根据《金属船体制图》GB4476 – 84 规定的图线应用范围,构件投影简化表示时所采用的图线可归纳如下:

(1)可见的主要构件(如强肋骨、强横梁、舷侧纵桁、中内龙骨、旁内龙骨、舱壁桁材等)的投影用粗点划线表示;

(2)可见的普通构件(如普通肋骨、纵骨、舱壁扶强材等)的投影用细点划线表示;

(3)不可见的主要构件的投影用粗双点划线表示;

(4)不可见的普通构件的投影用细虚线表示;

(5)不可见的水密板材的投影用轨道线表示;

(6)不可见的非水密板材的投影用粗虚线表示。

图 3-21 是舱壁结构和舷侧结构的简化画法。图 3-22 是舱底结构的简化画法。

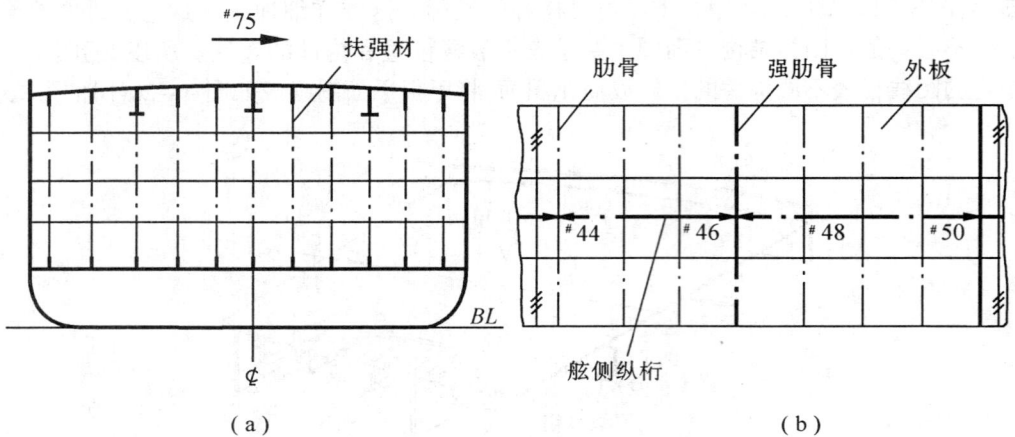

图 3-21　舱壁、舷侧结构的简化画法
(a)横舱壁;(b)舷侧

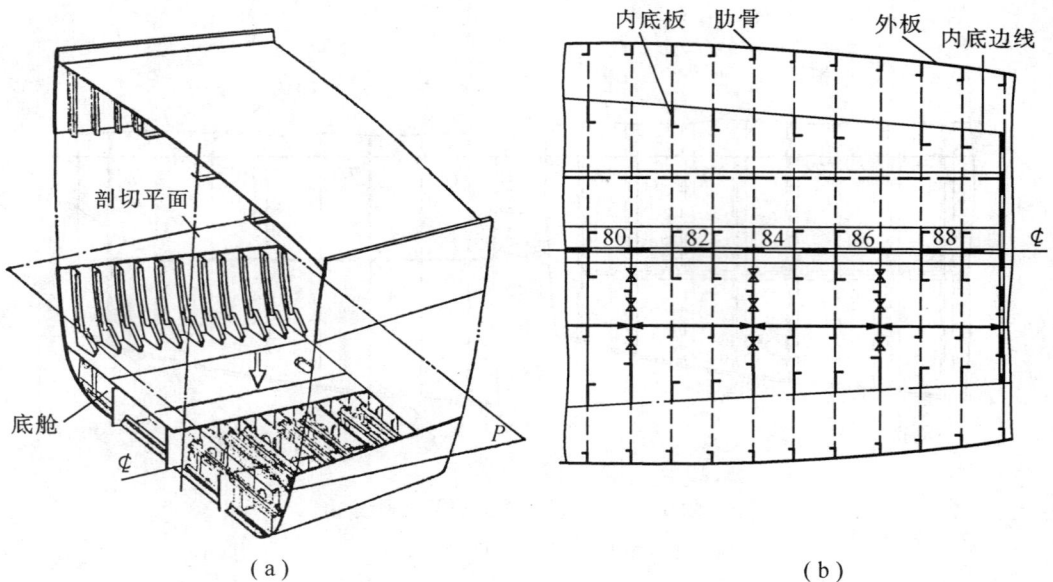

图 3-22　舱底结构的简化画法
(a)轴测图;(b)舱底平面图

2.槽形舱壁及压筋围壁的简化画法

《金属船体制图》(GB4476 - 84)中规定了槽形舱壁及压筋围壁的简化画法,如图 3 - 23 所示。图中细点划线为槽底和压筋的中线,反映了压槽和压筋数量。图中符号"∪"表示压筋在板的正面,符号"∏"表示压槽在板的背面。

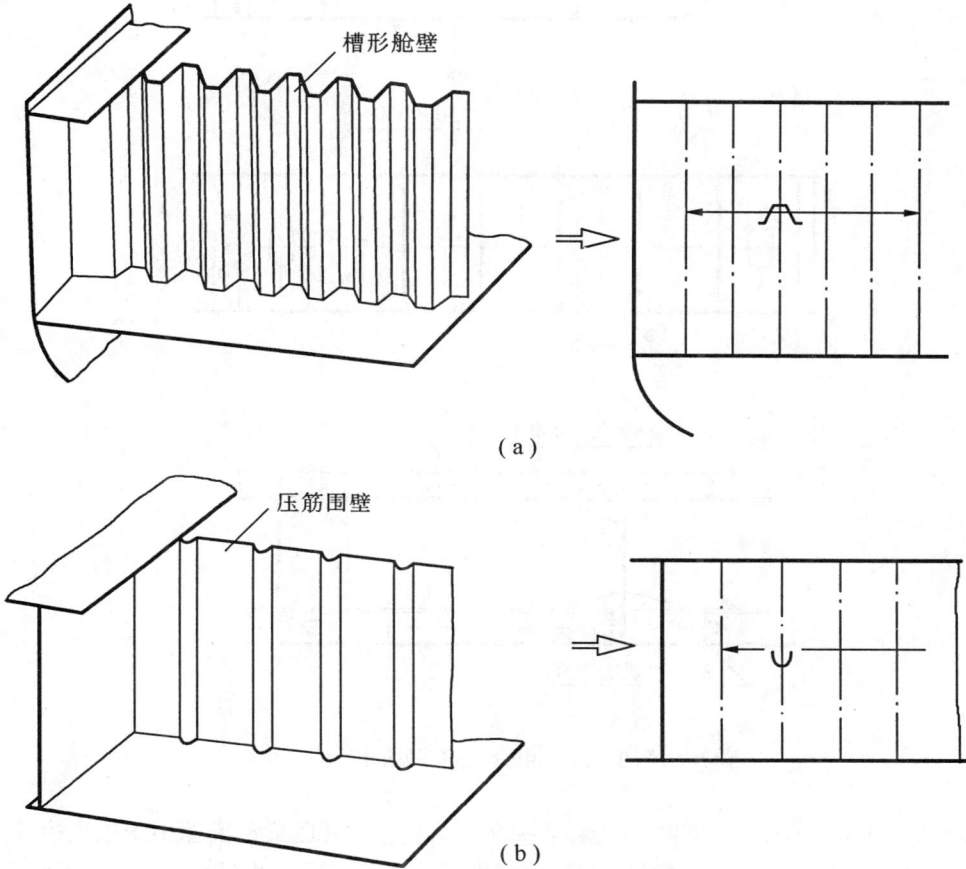

（a）

（b）

图 3 - 23　槽形舱壁和压筋围壁的简化画法

3.构件上开孔的简化画法

构件上开有若干个形状和大小相同的均布孔(如人孔、减轻孔、流水孔及透气孔等)时,可仅在两端各画一孔,中间各孔只需画出定位中心线,见图 3 - 24。

对于人孔和减轻孔,只需在一端的孔上注出其大小尺寸。而流水孔及透气孔只需注明其代号。图中代号 $E100$ 的 E 表示腰圆形流水孔,100 表示孔的长度为 100 mm。其他尺寸可根据 $E100$ 从标准中查得。

此外,型材端部切斜型式和型钢贯穿切口型式用规定代号标注,也属于简化画法,前面已有介绍。

六、局部详图表达方法

局部详图也称节点放大图,在船体图样中经常应用。尤其在分段结构图应用较多。一

（a）

（b）

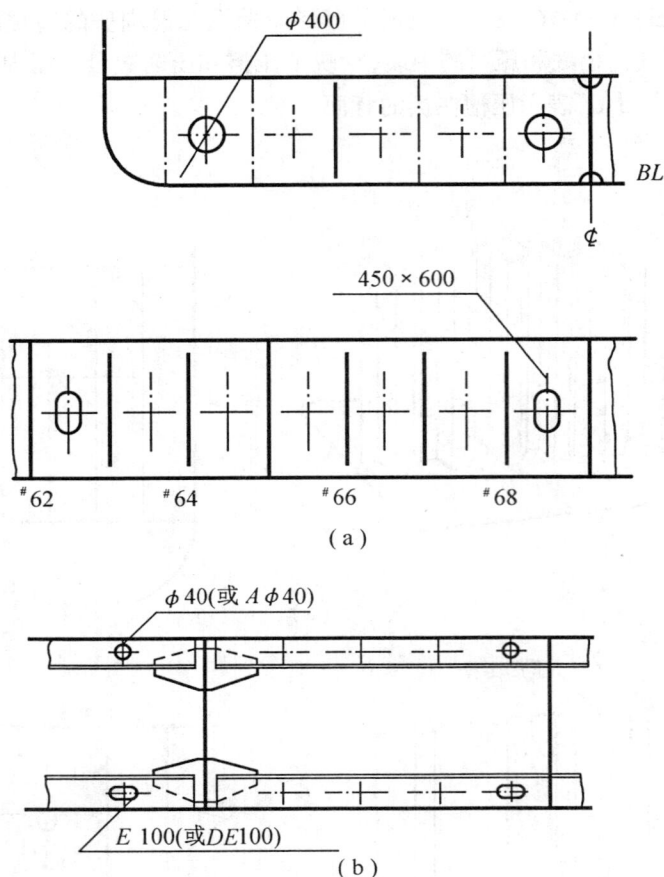

图 3 - 24　相同均布孔的简化画法

般分段结构图的比例为 1:50 或 1:100,某些局部结构在主视图或剖面图中难以表达清楚,需要用较大的比例另行绘制。这种放大了的视图就是局部详图,见图 3 - 25。在图面上局部详图的标注方法有两种。一是将原视图中要放大的局部结构用细实线圆圈出,并用阿拉伯数字编号。在所画局部详图的上方画一粗实线,线段上标注对应序号,线段下注明放大后的比例。二是局部详图在原视图中不必用圆圈围出,也不进行编号。仅用箭头表示局部结构的位置,并在箭头所指的前方直接画出局部详图,在详图上方标注放大后的比例。

七、其他表达方法

1.覆板的画法

在平面图上,在覆板轮廓线内侧加画斜栅线,表示为一覆板,见图 3 - 26。

2.不对称开孔的画法

由于船体左右对称,结构的俯视图(平面图)经常只画出左舷部分。当结构上有左右不对称的开孔时,则在图中必须加以说明,见图 3 - 27。当开孔在左舷时,开孔轮廓线画细实线,注明"仅在左舷"。当开孔在右舷时,开孔轮廓线画细点划线,注明"仅在右舷"。

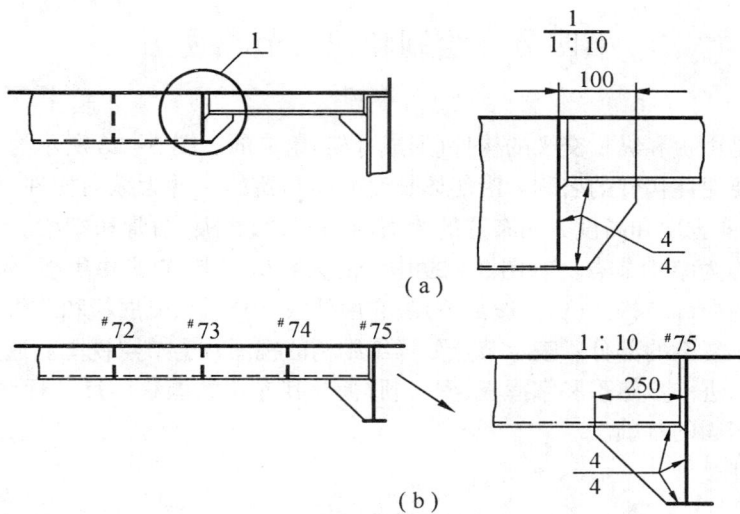

（a）

（b）

图 3 - 25　局部详图的表达方法

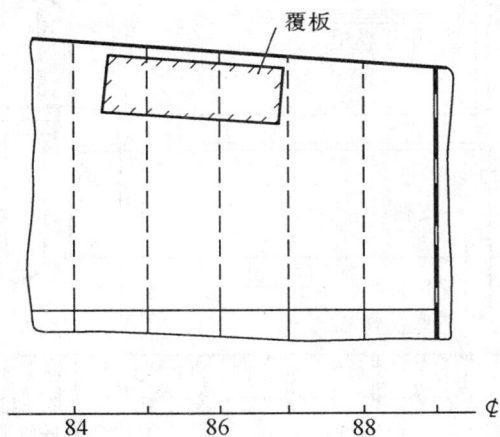

图 3 - 26　覆板的画法

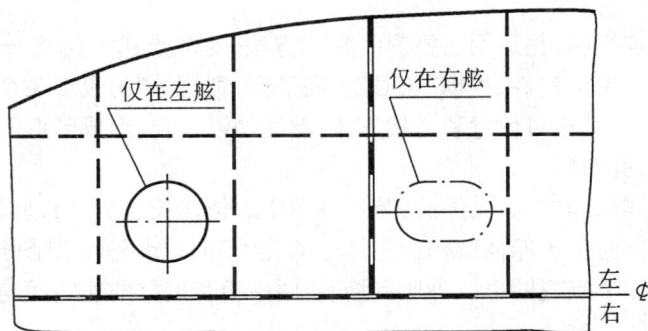

图 3 - 27　不对称开孔的画法

第四节　绘制和识读节点视图

金属船体是由板和纵横交叉的构件(形成骨架)组成的。图3－28所示为一普通货船的货舱结构及主要船体构件的名称。沿船体长度方向布置的构件为纵向构件,如纵桁材和纵骨,沿船体横向即宽度和高度方向布置的为横向构件,如肋板、肋骨和横梁。一般将纵横构件相交的部位称为结构节点。在图3－29中,(a)为舱口节点,它是由甲板、舱口纵桁、半横梁和肘板组成的局部结构。(b)为舭部节点,它由外板、内底板、舭肘板和肋板组成。节点是船体结构中比较复杂的部分。表示节点处详细结构的视图称为节点视图。通过节点视图的绘制和识读可以进一步熟悉和掌握板、型材、肘板及其连接的画法和尺寸标注,从而为识读船体图样打下牢固的基础。

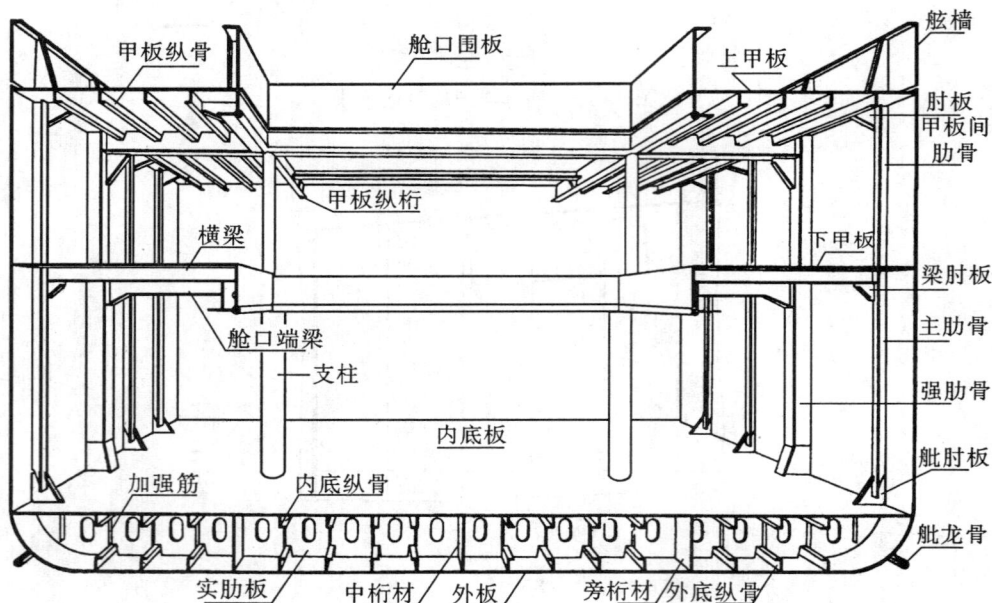

图 3－28　船体主要构件的名称

绘制和识读节点视图,是运用正投影的基本方法,对节点进行结构分析。将节点按板、型材和肘板等分解成单个构件,根据"长对正,高平齐,宽相等"的投影关系,弄清每个构件的形状、尺寸以及各构件的相对位置和连接方式,然后加以综合,形成节点的整体概念,以此来解决绘图和识图中的问题。

由于节点是船体的局部结构,因此,节点视图中的板在长、宽方向,型材在长度方向一般都采用断裂画法。同时由于船体结构在整体上的连续和封闭,所画视图多为在一定位置剖切后的剖面图。由于节点视图也以小比例绘制,图中板和型材的切断面均以粗实线表示。

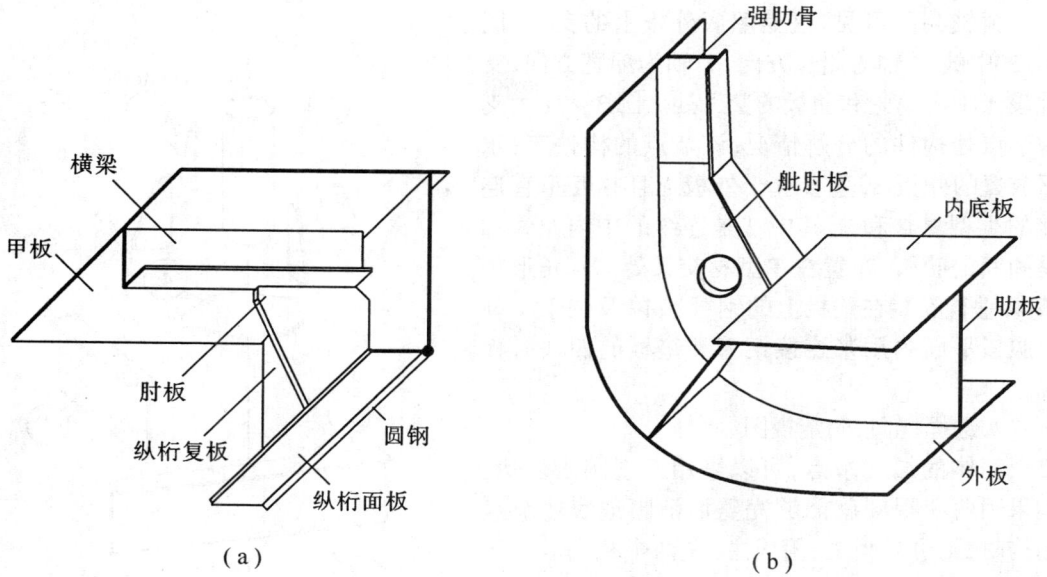

図 3 - 29 船体結構節点
(a)舱口節点;(b)舷部節点

一、節点視図的画法

下面以図 3 - 30 的支柱節点為例,説明絵制節点視図的歩驟和方法。

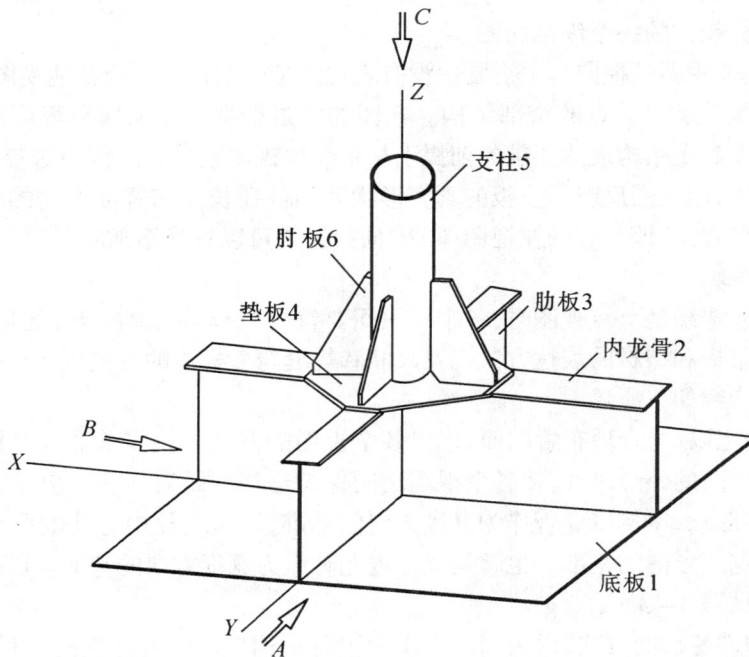

図 3 - 30 支柱節点

1.结构分析与构件分解

由轴测图可见,这是船底外板上的支柱,图3-30中的 X 轴为船长方向, Y 轴为船宽方向,支柱设于中内龙骨和肋板的交叉处。图3-31为支柱节点处构件的分解情况,该节点的构件有:水平放置的外板1,垂直置于外板上且相互垂直连接的 T 型材2和3,其中2是连续的中内龙骨,3是间断的肋板,布置在 T 型材交叉处的八角形垫板4,垂直安装在垫板上的钢管5,以及位于 T 型材腹板平面内用来连接钢管和垫板的四块肘板6。

2.选择视向,确定视图

船体的结构节点,可以采用三视图来表达。如果用两个视图就能够完整而清晰地表达节点结构时,则可只画主、俯或主、左两个视图。对于图3-30所示的支柱节点,可用主、俯视图予以表达。作图过程见图3-32。

(1)确定主视图　主视图应能够最明显地反映出节点的结构特征,如主要构件的形状、构件间的相对位置和连接方式。对于图3-30所示的支柱结构,选择"A"向或"B"向进行投影都能满足上述要求。本例以"A"向投影作为主视图。这实际上是该部分船体的一个纵剖面图。

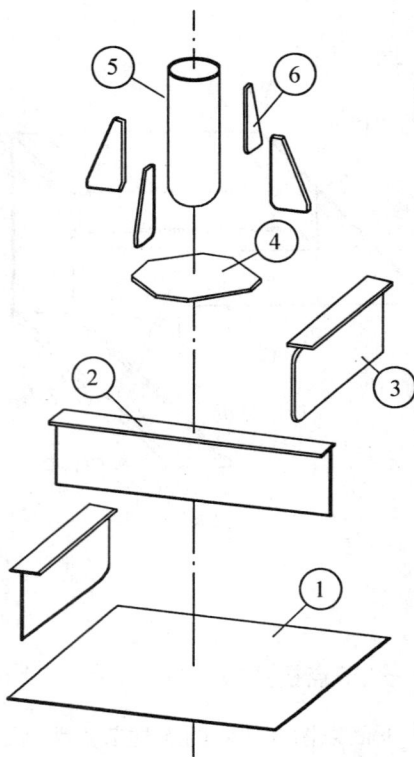

图3-31　支柱节点构件的分解

(2)选择其他视图的视向　主视图中没有表达清楚的结构要选择其他视图来表达,以使节点视图能完整地反映节点的全部结构。视图的数量根据节点的繁杂程度和表达需要而定。其原则是在满足结构表达要求的前提下尽量减少视图数量。本例中选择"C"向投影画出支柱的俯视图,俯视图反映了垫板的真实形状和构件在长度和宽度方向的布置情况。由支柱的结构可以看出,该节点的左视图即"B"向投影是可以省略不画的。

3.作图步骤

用正投影方法绘制节点视图时,各个视图间要符合"长对正,高平齐,宽相等"的投影关系。要正确运用板和型材的表达方法以及尺寸和焊缝符号标注的有关规定。

本例作图步骤如下所述。

(1)视图选定以后,合理布置图面,作出各个视图的基准线。作基准线时按所取比例考虑节点的长、宽、高的外形尺寸,使各个视图之间保持适当的距离。一般应选主要构件或对称轴线作为基准线。本例以底板作为高度方向的基准,以过支柱中心线的两个垂直平面作为长度方向和宽度方向的基准。也就是以中内龙骨作为宽度方向的基准。以肋板作为长度方向的基准。见图3-32(a)、(g)。

(2)采取构件叠加的方法,由大到小依次画出各个构件。一般是先画板材构件的投影,这里就是先画出底板1的投影,板在长、宽方向断裂。见图3-32(b)、(g)。

(3)画出主要型材构件的投影,即画出中内龙骨2和肋板3的投影,见图3-32(c)、(h)。

在(h)图中只用细线轻轻画出底稿(图中未画)。

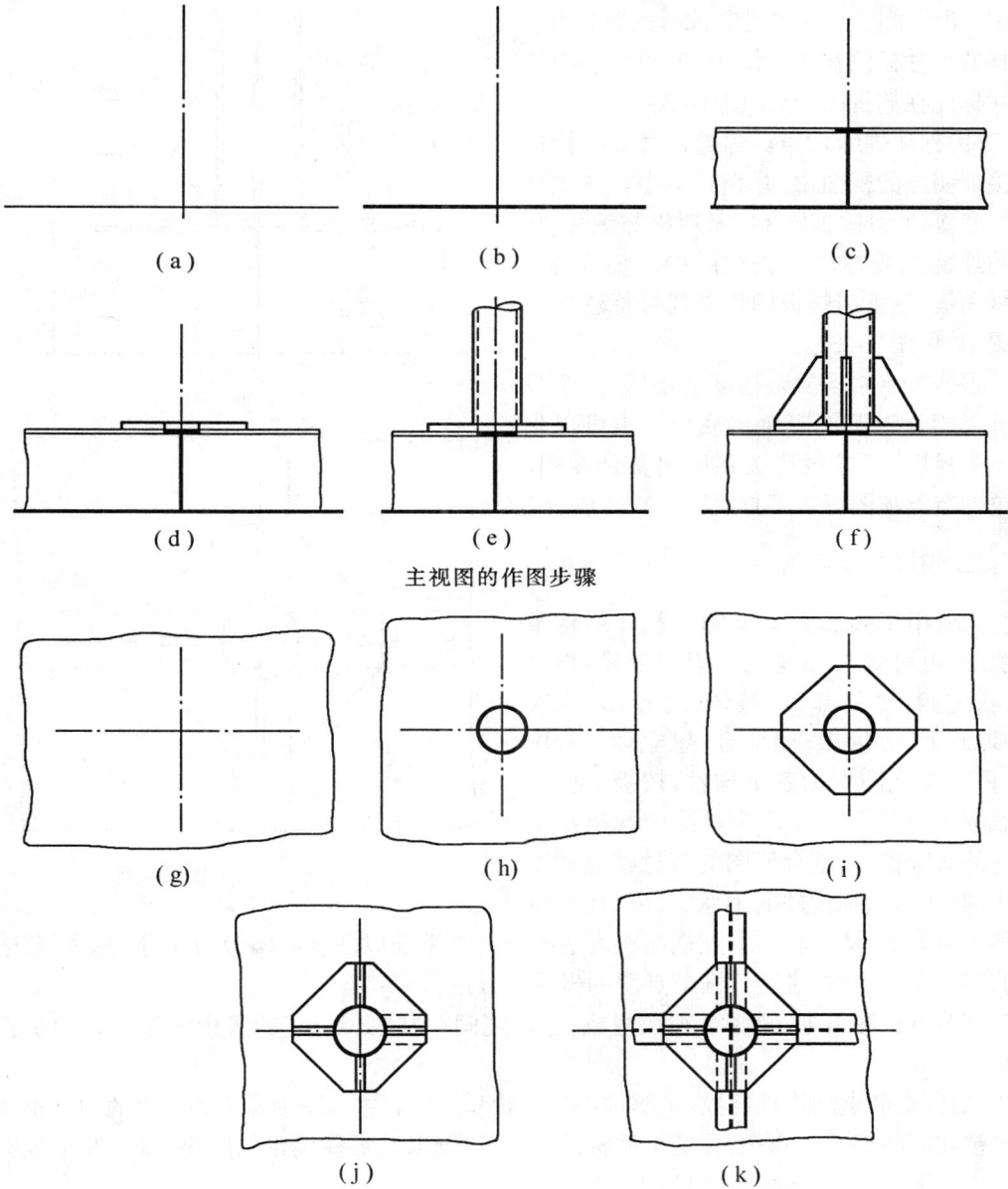

（a）

（b）

（c）

（d）

（e）

（f）

主视图的作图步骤

（g）

（h）

（i）

（j）

（k）

俯视图的作图步骤

图 3－32　支柱节点视图的作图过程

(4)画出垫板 4 的投影,见图 3－32(d)、(i)。

(5)画出钢管 5 的投影,见图 3－32(e)、(i)。

(6)画出肘板 6 的投影,见图 3－32(f)、(j)。

(7)检查底稿,清理图面,按规定将图线加深,见图 3－32(f)、(k)。

(8)标注尺寸。尺寸应尽量标注在表示构件外形特征较明显的视图中,并要求相对集中,便于读图。在本例中,钢管、肘板和T型材的尺寸标注在主视图中,底板和垫板的尺寸标注在俯视图中,见图3-33。

(9)标注焊缝代号。焊缝代号也应标注在接缝明显的视图中,并相对集中。如T型材与底板、T型材2与3以及肘板与钢管、垫板的焊缝代号标注在主视图中。垫板与T型材面板、钢管与垫板的焊缝代号标注在俯视图中,见图3-33。

根据节点结构复杂程度的不同,几个视图可以相互对照同时画出底稿。也可以先画出主视图,再按投影关系画出其他视图。简单的节点视图可以不打底稿一次完成。

二、识读节点视图

识读用正投影方法绘制的船体结构节点视图,也可参考三视图的识图要领:抓主视,联左俯;先局部,后整体;对投影,找对应;识面形,分远近;相综合,想立体。看图时,将节点视图中的各个构件,按板、型材、肘板等进行分解。在几个视图中找出每个构件的对应投影,结合船图的表达特点和所标注的尺寸,识别构件的形状、尺寸,相对位置和连接方式,从而看懂节点视图所表达的结构。下面以图3-34旁内龙骨与横舱壁连接处的节点视图为例,说明识读节点图的步骤和方法。

图3-33 支柱节点视图

该节点视图由主、俯两个视图组成,它们之间存在"长对正"的投影关系。看图步骤如下。

(1)分析节点的构件组成,了解构件的形状和尺寸。主视图中水平和垂直的两条粗实线代表被切断的钢板,左右断开的T型材,垂直的角钢以及对称设置的两块肘板,在主视图中反映出正面投影,结构特征明显。

将主视图中各个构件进行分解,如图3-35(a)所示。再对照俯视图,可找出每一个构件——对应的两个投影图,如图3-35(b)所示。经过分解,可以知道图3-34所表示的节点是由水平钢板1(船底板)、垂直钢板2(舱壁板)、左T型材3(旁内龙骨)、右T型材4(旁内龙骨)、不等边角钢5(舱壁扶强材)以及折边肘板6和7组成。结合图中集中标注的尺寸及尺寸数字前的规定符号,即可确定各个构件的形状和大小。其中钢板1和2的厚度分别为8 mm和6 mm,T型材3和4的腹板厚为6 mm,高为250 mm,面板厚为8 mm,宽为120 mm。不等边角钢的长边为90 mm,短边为56 mm厚度为8 mm,折边肘板厚度为10 mm,两等边长250 mm,折边宽度为60 mm,折边两端切斜。各构件的形状见图3-35(b)。

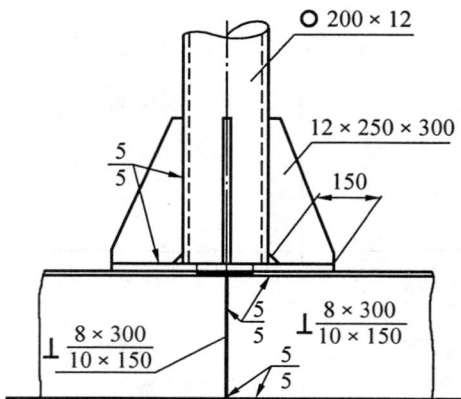

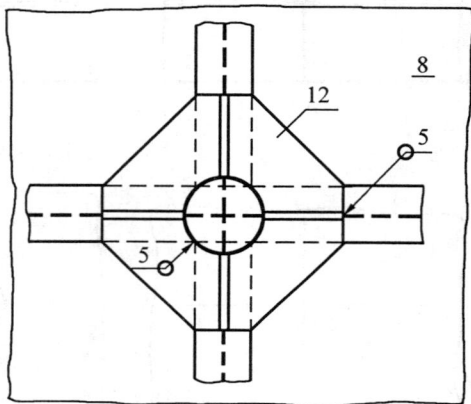

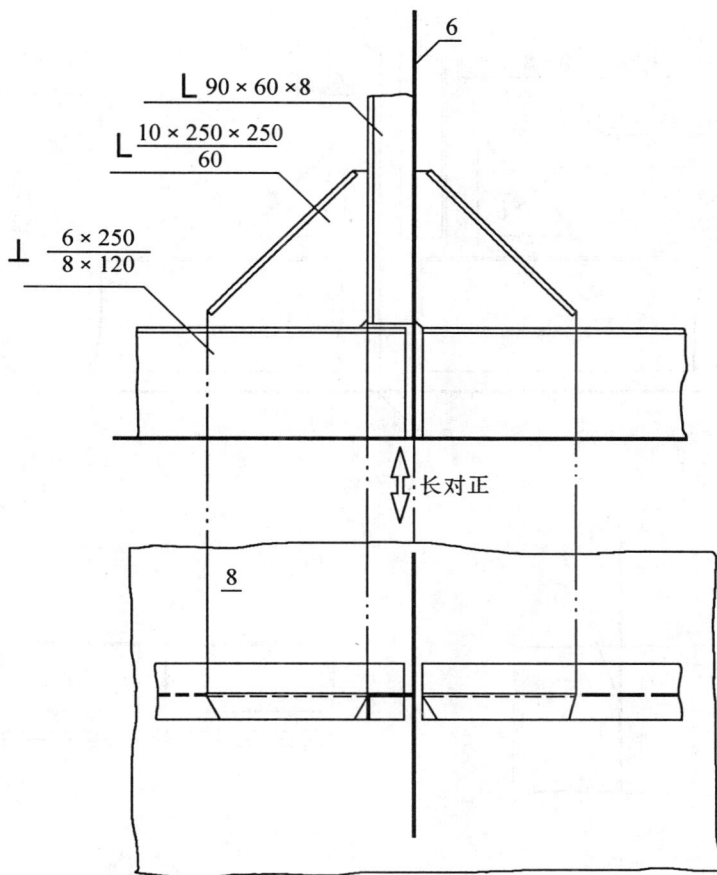

图 3 – 34　旁内龙骨与横舱壁连接处节点视图

　　(2)了解构件之间的相对位置和连接方式。对照各构件在主、俯视图中的投影,即可分出远近,区别各个构件的上下、左右和前后的位置关系,弄清其连接形式。从图中看到,钢板1位于节点最下部,水平放置。钢板2垂直于钢板1并居中。T型材3和4垂直于钢板1和2,位于钢板2的左右两侧,钢板1的中间。角钢5垂直钢板1,与钢板2角接。肘板6连接T型3和角钢5。肘板7连接钢板2和T型材4,肘板平面与T型材腹板平面一致。

　　经过上面的分析和综合,即可看懂节点视图,得到节点结构的完整形状,见图3 – 36。

　　图3 – 37是甲板下顶边舱结构的节点视图。它由主、左两个视图组成,两视图间存在"高平齐"的投影关系。图中给出了各个构件的尺寸并标注了焊缝符号。读者可仿照上例,用正确的方法与步骤进行识读。

　　首先从主视图着手,根据图中的图线或线框,结合图中所注尺寸及构件在视图中的投影关系,分析节点由哪些构件组成,并确定构件以形状和大小。由主视图可以看出节点由水平和垂直板材,折边板、型材和肘板等构件组成,见图3 – 37。将主视图中各构分解以后,联系左视图,画出每个构件——对应的主、左两个视图,即可了解构件的形状,如图3 – 38所示。然后根据构件在视图中的投影关系,分清构件之间的相对位置和连接方式,综合形成节点的整体概念,如图3 – 39轴测图所示。

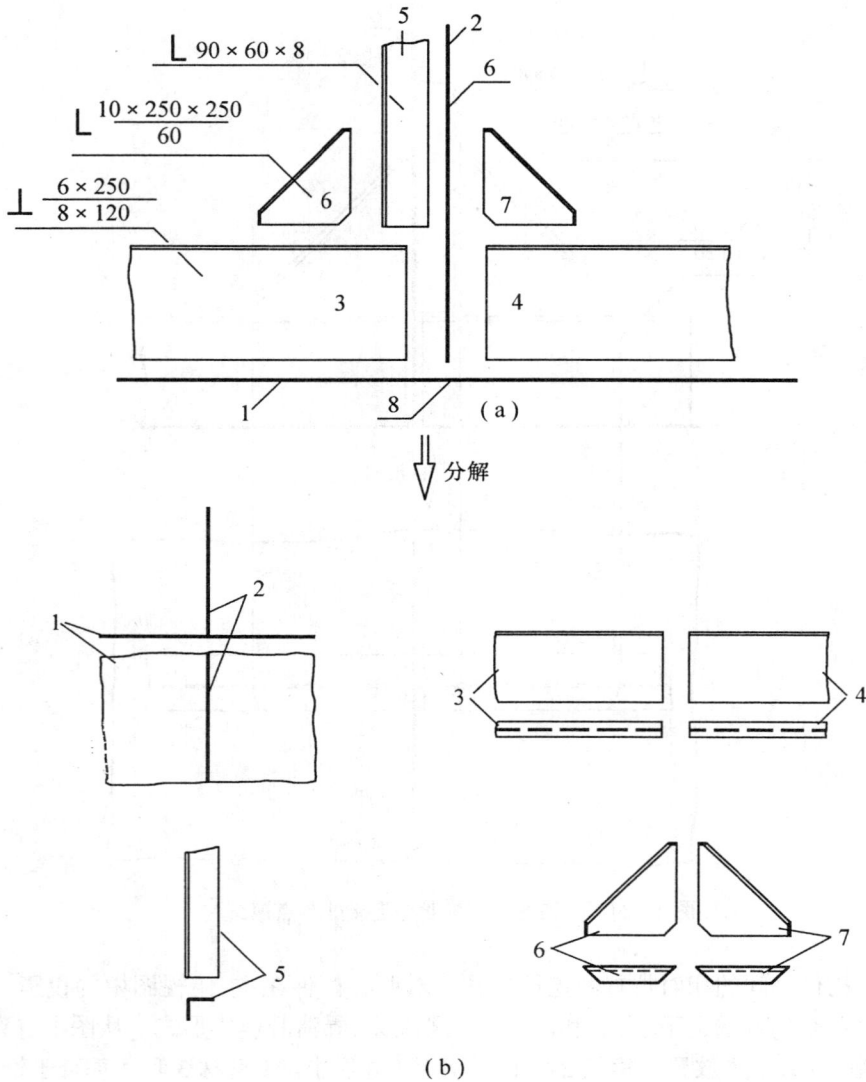

$\llcorner\; 90 \times 60 \times 8$

$\llcorner\; \dfrac{10 \times 250 \times 250}{60}$

$\perp\; \dfrac{6 \times 250}{8 \times 120}$

（a）

分解

（b）

图 3 – 35 节点视图的分解

三、补画节点视图

补画节点视图,既是检验又是提高识读结构节点图能力的重要手段。

如图 3 – 40 所示,已知支柱节点的主、俯两个视图,要求画出节点的左视图。

首先对照识读主、俯两个视图,了解支柱节点的构件组成,构件间的相对位置和连接情况。找出视图中被切断的板材和型材,平行于投影反映实形的构件和垂直于投影面的构件。该图未标注尺寸和焊缝代号,只要求画出构件的投影。

（1）根据"长对正,高平齐,宽相等"的投影关系,由大构件到小构件,按板、型材和肘板的顺序,逐步画出各个构件,并以主要构件作为定位的基准。在本例中,高度方向以水平板材

1作基准,长度方向以垂直板材2作基准,宽度方向以T型材5的腹板(也即钢管中心线)作基准。如图3-40(b)所示先画左视图中的基准线。

(2)画出水平板1(被剖切)和垂直板2(断裂)及右侧纵向设置的板3和板4,板3、4在左视图中为不可见,用粗虚线表示,见图3-40(b)。

(3)画出T型材5和支柱钢管6,从主、俯视图可知,T型材垂直设置于水平板1的中间,右端连接于板2。T型材在长度方向用波浪线表示断裂,俯视图中的两条细实

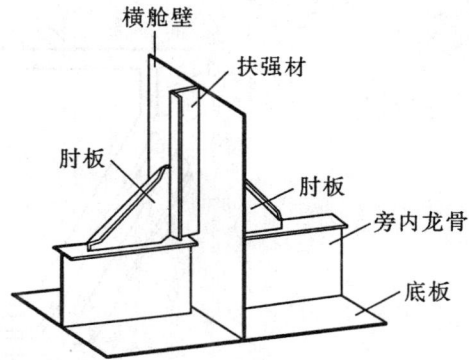

图3-36 旁内龙骨与横舱壁连接处节点轴测图

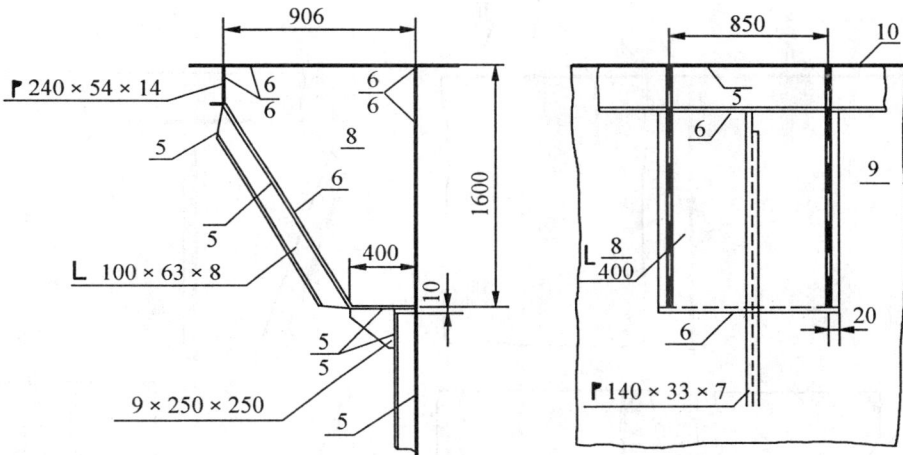

图3-37 顶边舱结构的节点视图

线表示T型材面板的宽度,粗实线为腹板的不可见投影。在左视图中T型材为切断面的投影,钢管6垂直安装在T型材面板的中间,在长度方向,钢管中心线和角钢7的背面在同一平面内。俯视图中钢管用粗实线表示其切断面。钢管在左视图中的投影与主视图相同,可见轮廓线为细实线,不可见的厚度为细虚线,长度用断裂画法,见图3-40(c)。

(4)画出角钢7、肘板8,从主视图中可见T型材腹板上有切口、角钢连续穿过。在俯视图中角钢被T型材面板遮住部分用虚线表示。在左视图中,角钢的短边为可见,画两条细实线,在长度方向用断裂画法。从俯视图中可以看到,肘板8前后各一块,装于T型材腹板两侧,用来连接角钢和T型材。在主视图中,肘板的厚度用两条细实线表示。在俯视图中,肘板的厚度和角钢长边厚度重合,在左视图中肘板反映出真实形状,见图3-40(d)。至此已完整地画出了支柱节点的左视图。

在船体结构图中,借助构件的断裂画法和尺寸的集中标注,有时单个视图就可以把结构表达清楚。图3-41即是根据主视图补画俯视图和左视图的作图过程。其步骤读者可自行分析。此时,板在长度和宽度方向,型材在长度方向都要采用断裂画法,构件在三视图中保

持投影的一致。

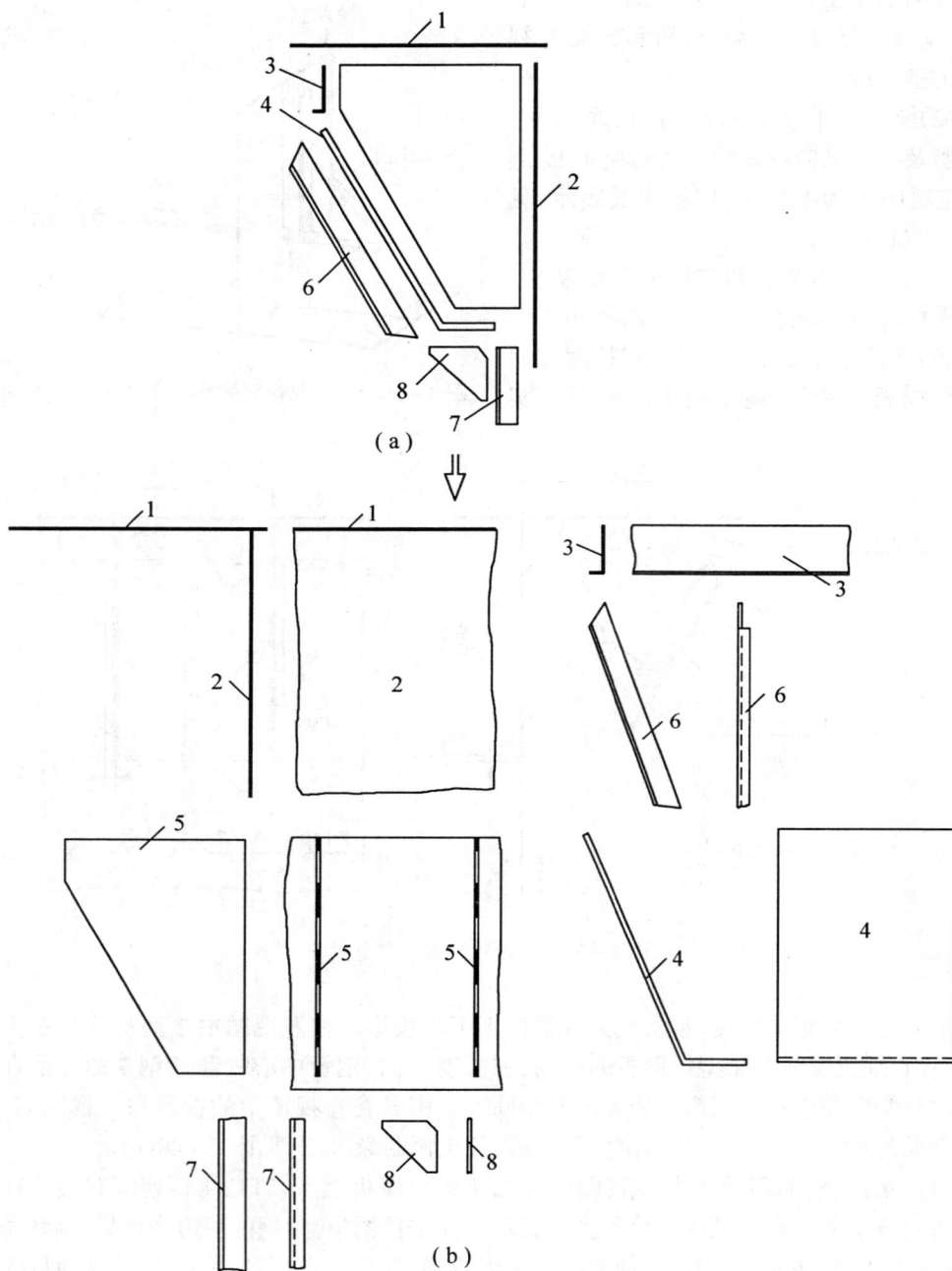

（a）

（b）

图 3 – 38　节点构件的分解

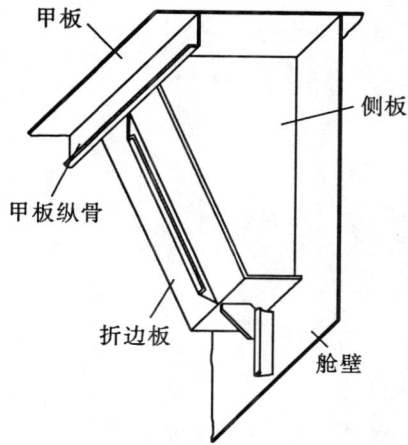

甲板

侧板

甲板纵骨

折边板

舱壁

图 3 - 39 顶边舱节点轴测图

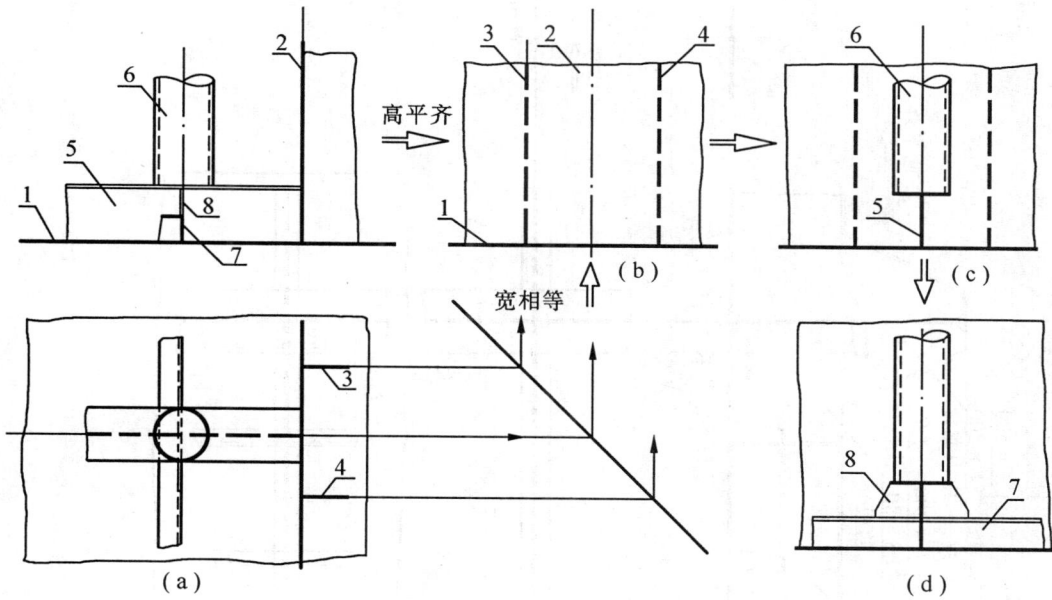

高平齐

宽相等

（a）

（b）

（c）

（d）

图 3 - 40 画支柱节点左视图的作图过程

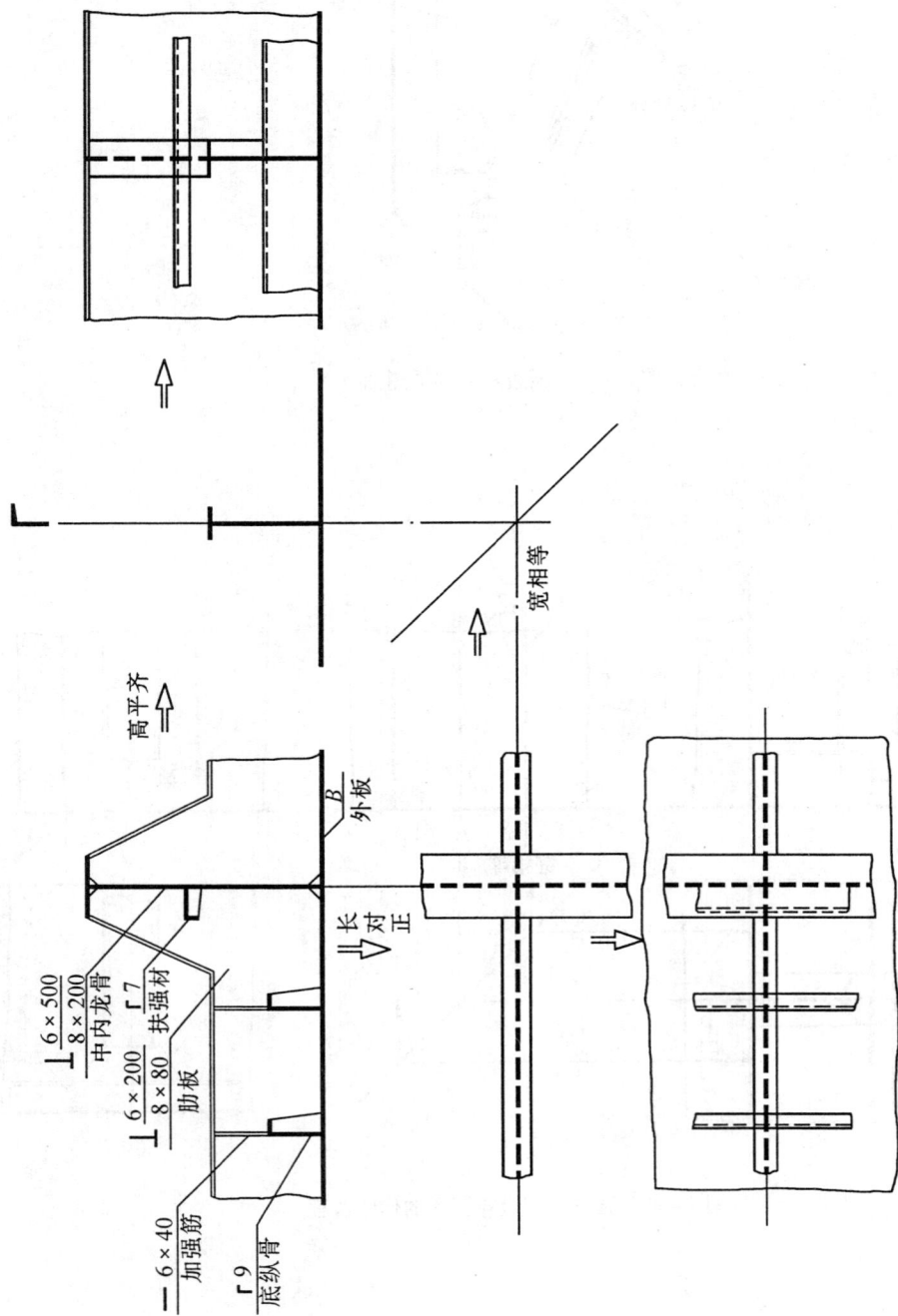

图3－41　画节点左、俯视图的过程

高平齐

宽相等

长对正

⊥ 6×500 ／ 8×200
中内龙骨

Г 7
扶强材

⊥ 6×200 ／ 8×80
肋板

－ 6×40
加强筋

Г 9
底纵骨

B

外板

习 题

一、填空题

1.钢质船体属于金属_____结构,它的各部分都是由_____和_____组成的板架结构。

2.板的尺寸有三种标注形式:标注( )×( )×( );标注( )×( );标注( )。

3.肋板分为无折边肘板、_____肘板和_____肘板三种。

4.船体结构中使用的型钢主要有:扁钢、_____、_____、_____和圆管等几种。

5.采用不等边角钢时,焊接到相连接板材上的是角钢的_____边。

6.船体结构图中的尺寸分为_____尺寸和_____尺寸两类。

7.船体构件尺寸常采用_____标注的形式. $\bot \frac{8 \times 340}{10 \times 80}$ 中,8×340是_____板的尺寸,10×80是_____板的尺寸。

8.标准切斜型式的型钢端部在图样中只标注_____,非标准形式的型钢端部要画出_____,标注_____。

9.船体结构上的小开孔有_____孔、_____孔、_____孔和型钢贯穿孔。

10.型钢贯穿孔分为_____和_____两类。

11.不按规定位置布置的基本视图应用箭头和字母表明_____方向和_____名称。

12.由于船体结构整体上的封闭和连续,大部分结构图都是将船体进行_____后画出的图形。

13.船体图中的剖面图是在某一位置剖切后画出_____构件和剖切平面附近_____的构件。

14.在纵剖面图中被剖切的有外板、甲板、横舱壁和各种_____构件,如_____等。

15.在横剖面图中被剖切的有外板、甲板、纵舱壁和各种_____构件,如_____等。

16.一般船体剖面图都应画出剖面符号,标明_____位置和_____方面。

17.符号"$^{\#}64_{\rightarrow}$"表示_____剖面,向船_____投影,剖切平面在_____和_____肋位之间。

18.重叠画法也称_____法,它是重叠画出不在该剖面表达范围内的构件。其可见轮廓线用_____表示。

19.构件的简化画法是用_____的图线代表船体的某类构件,如_____代表不可见的非水密板材构件。

20.结构节点是船体结构中_____以上构件连接的部位。在节点视图中,板在_____方向,型材在_____方向常采用断裂画法。

21.节点三视图应符合正投影中"_____、_____、_____"的投影关系。

22.画节点视图时,通常以主要的水平板材作为_____方向的基准,以横向板材作为_____方向的基准。

23.画节点视图时,一般先画_____构件,再画_____构件,最后画肘板等小构件。

24.节点视图的主视图应能比较完整而清晰地反映出构件的_____特征。

25.画节点视图可以主视图和其他视图相对照同时进行,也可先画_____,

再按＿＿＿＿＿＿＿＿＿＿＿＿＿＿关系画出其他视图。

二、写出下图中所指各船体构件的名称。

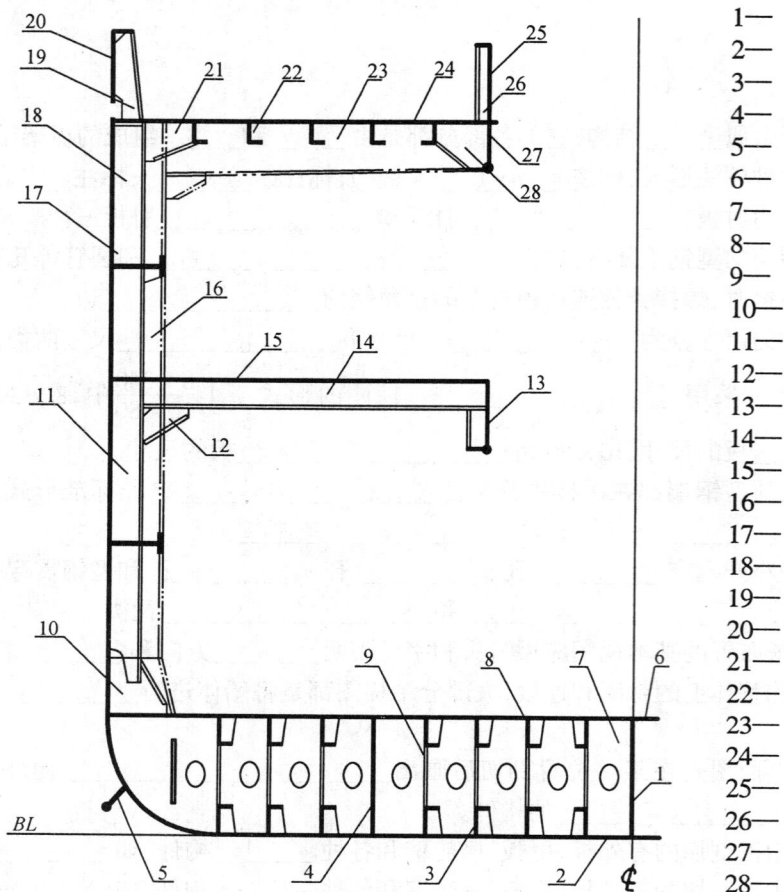

1—	
2—	
3—	
4—	
5—	
6—	
7—	
8—	
9—	
10—	
11—	
12—	
13—	
14—	
15—	
16—	
17—	
18—	
19—	
20—	
21—	
22—	
23—	
24—	
25—	
26—	
27—	
28—	

三、在下列各图中标注流水孔、透气孔和通焊孔的代号和尺寸。设圆孔直径为 40 mm，半圆孔半径为 40 mm，腰圆孔长度为 100 mm。

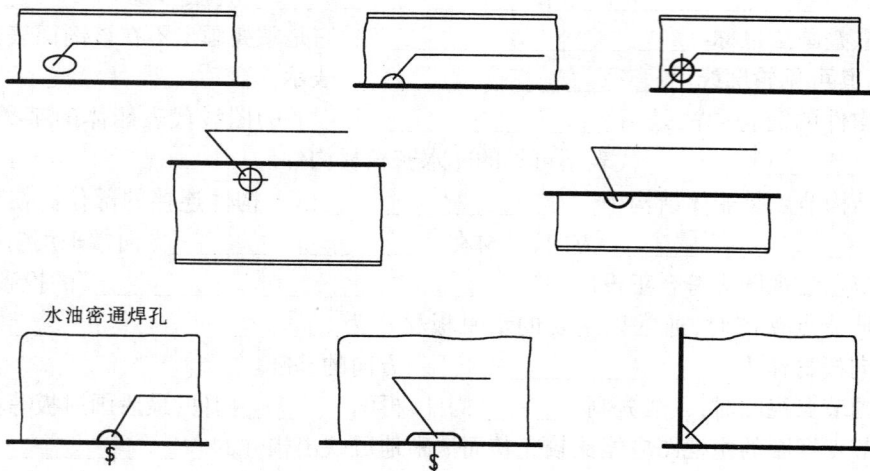

水油密通焊孔

四、画出板与板、板与型材连接用简化画法表示的俯视图。

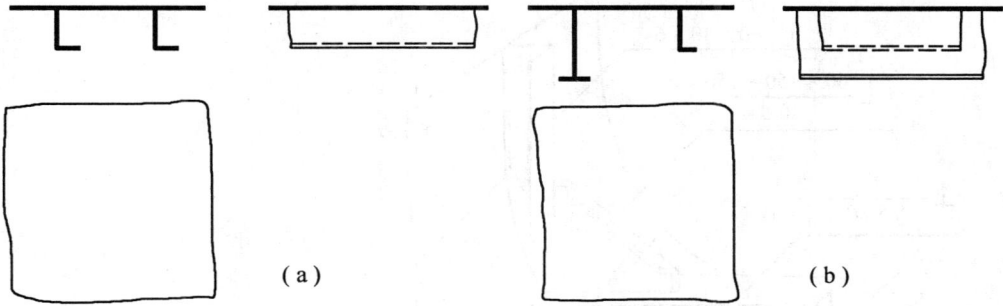

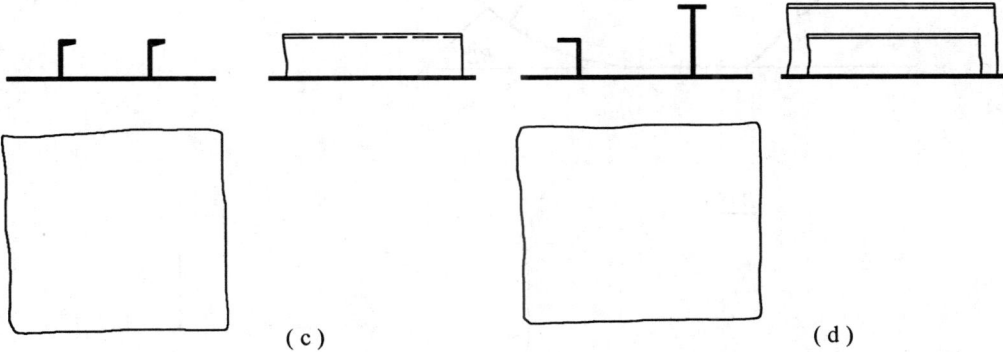

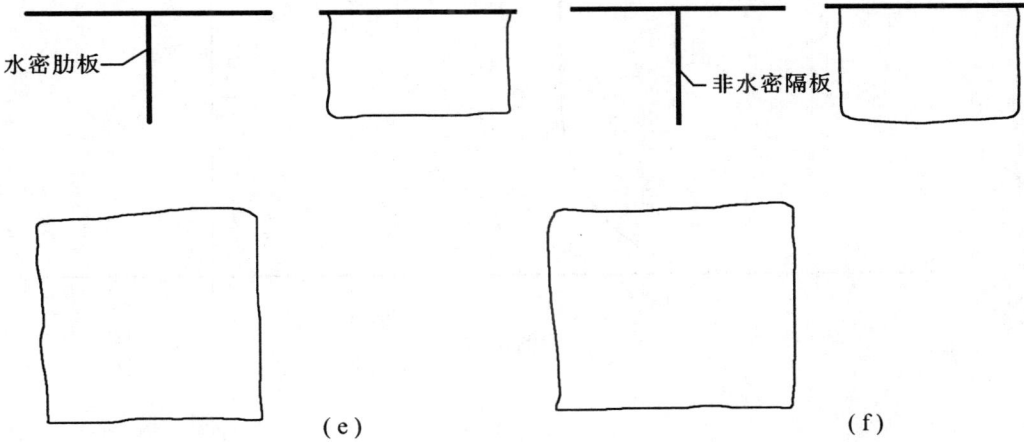

(a)

(b)

(c)

(d)

水密肋板

非水密隔板

(e)

(f)

五、根据轴测图画出各节点三视图,见习图 3 - 1(图册)。

六、根据轴测图画出节点投影图并标注尺寸。

1.根据习图 3-2 画出主视图和左视图(即 B 向和 A 向)

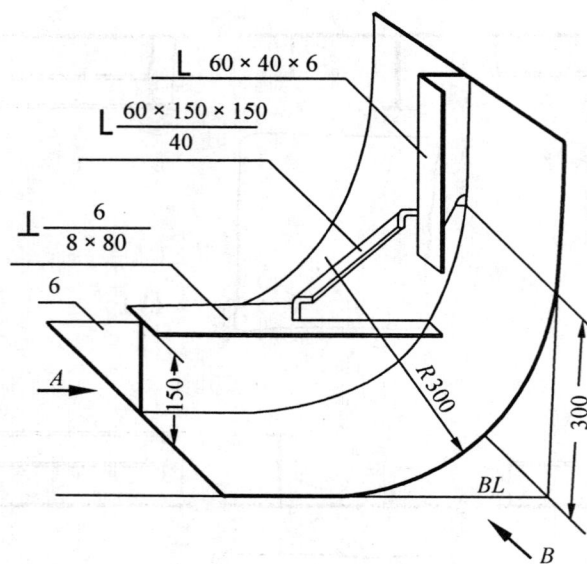

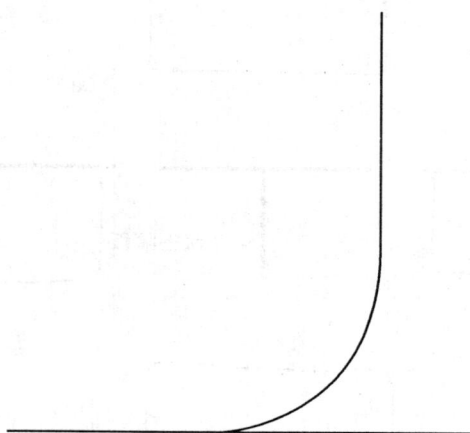

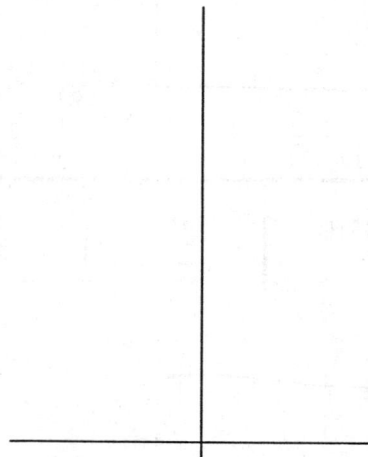

习图 3-2

2.根据习图 3-3 画出主视图和右视图。

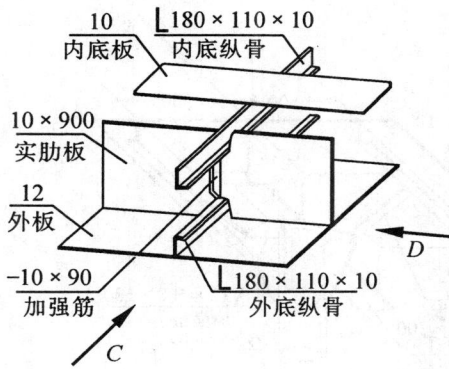

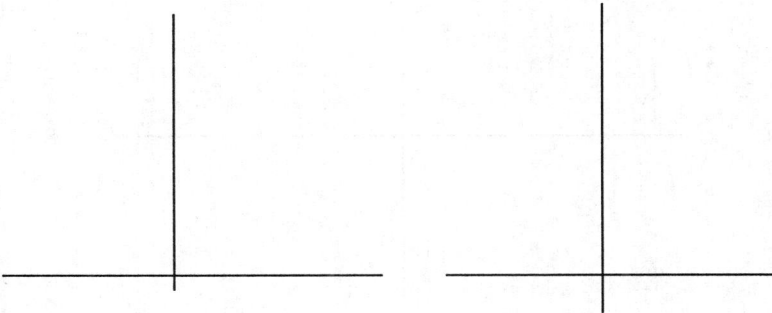

D 向　　　　　　　C 向

习图 3-3

3.根据习图3-4画出主视图和仰视图。

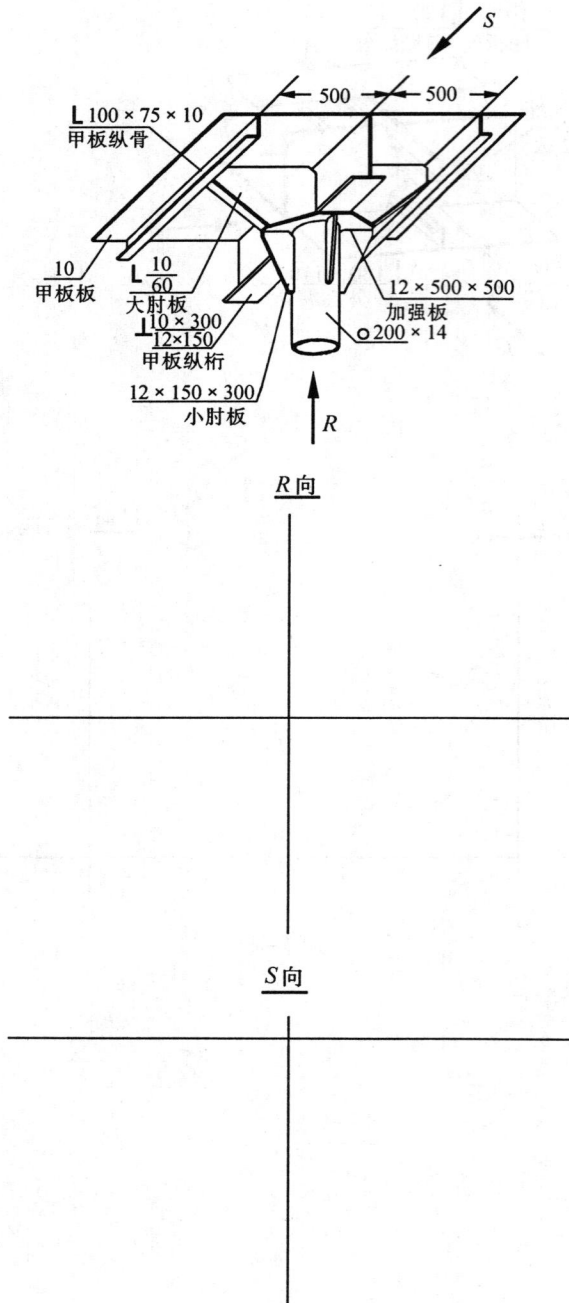

L100×75×10
甲板纵骨

10
甲板板

L 10/60
大肘板

10×300
甲板纵桁

12×150

12×150×300
小肘板

12×500×500
加强板

○200×14

R向

S向

习图 3-4

4.根据习图 3-5 画出主视图和右视图(只画中内龙骨)。

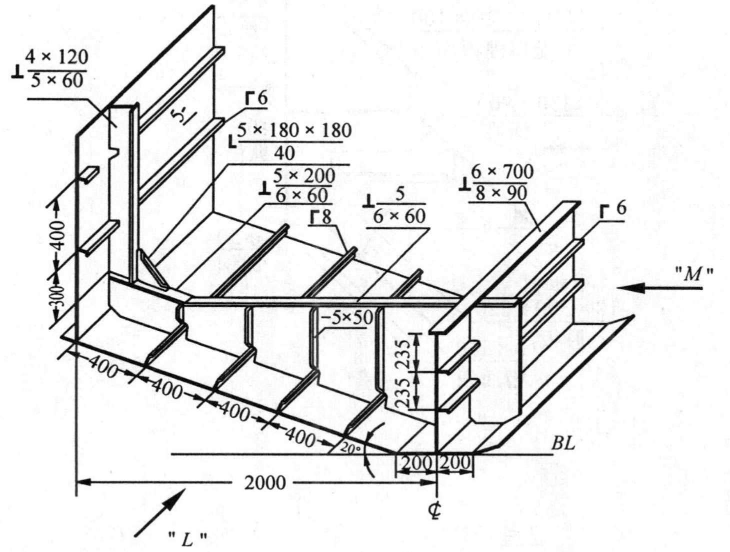

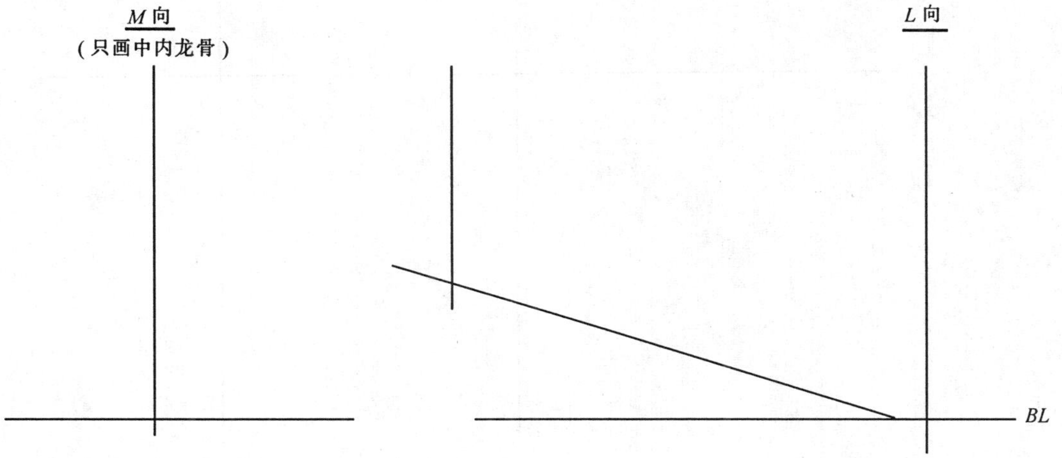

$\dfrac{4 \times 120}{5 \times 60}$

$\dfrac{5 \times 180 \times 180}{40}$

$\dfrac{5 \times 200}{6 \times 60}$

$\dfrac{5}{6 \times 60}$

$\dfrac{6 \times 700}{8 \times 90}$

┌6

┌8

┌6

"M"

-5×50

235 235

BL

400 400 400 400 20°

200 200

2000

¢

"L"

$\underline{M 向}$

(只画中内龙骨)

$\underline{L 向}$

BL

习图 3-5

5.根据习图 3 − 6 画出主视图和左视图。

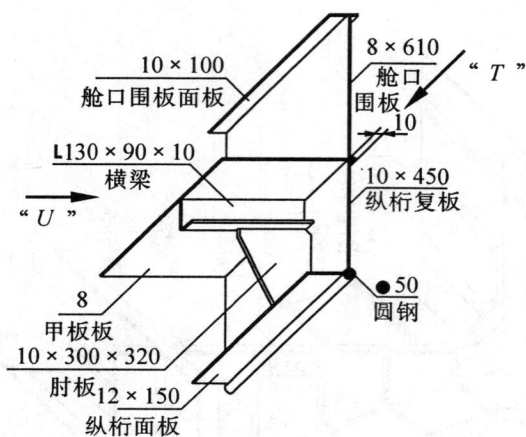

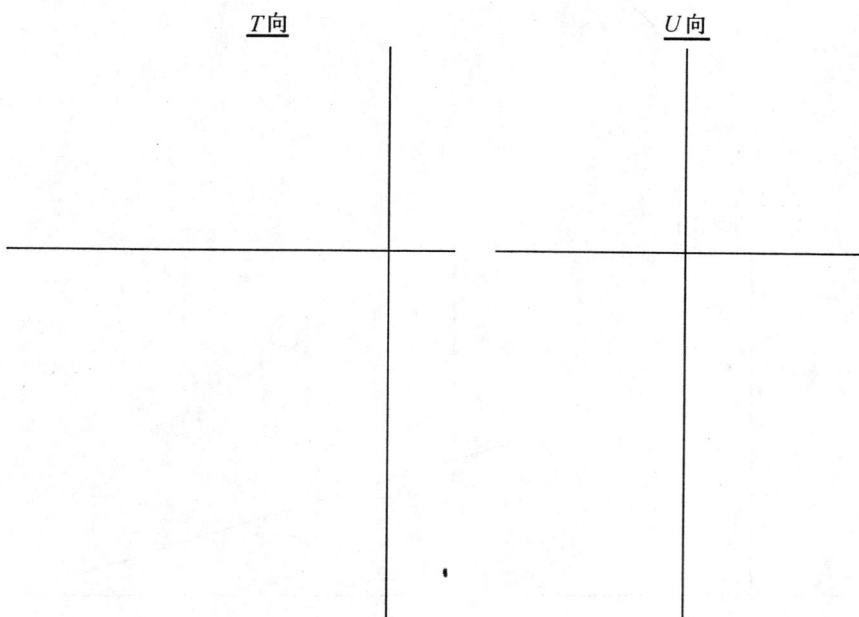

8 × 610
舱口
围板
10

"T"

10 × 100
舱口围板面板

L130 × 90 × 10
横梁
"U"

10 × 450
纵桁复板

● 50
圆钢

8
甲板板

10 × 300 × 320
肘板 12 × 150
纵桁面板

T向   U向

习图 3 − 6

七、识读节点视图。根据给定视图画出其他视图,并标注尺寸。

1.根据习图 3 − 7 画出左视图和俯视图。

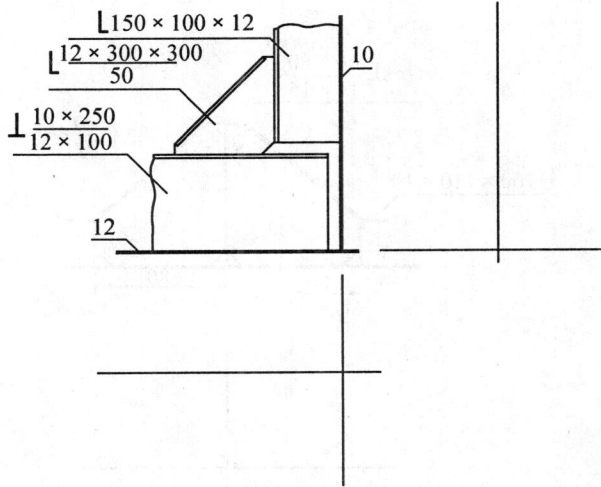

习图 3－7

2.根据习图 3－8 画出左视图和俯视图。

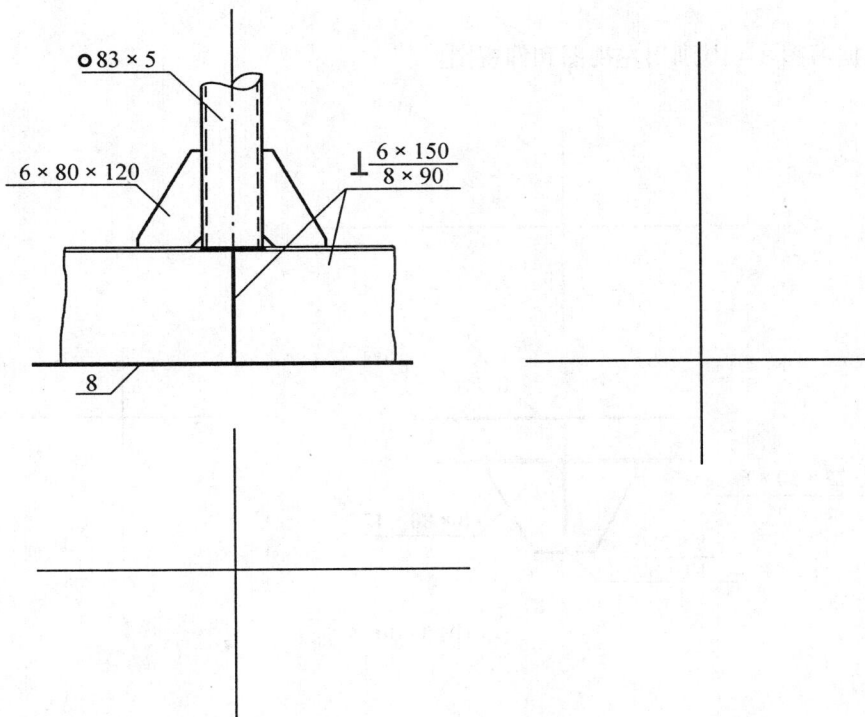

习图 3－8

3.根据习图 3-9 画出俯视图。

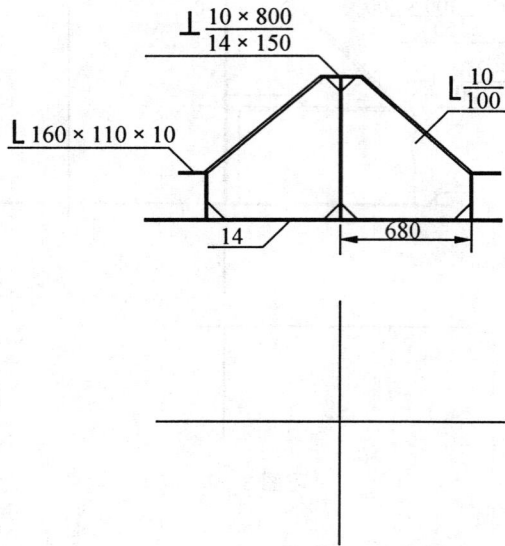

习图 3-9

4.根据习图 3-10 画出左视图和仰视图。

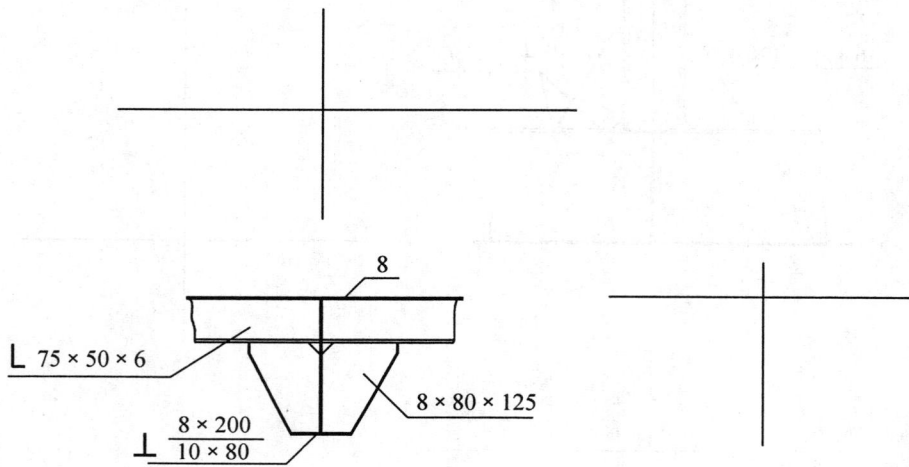

习图 3-10

5.根据习图 3 – 11 画出俯视图、右视图和 *B* – *B* 剖面图。

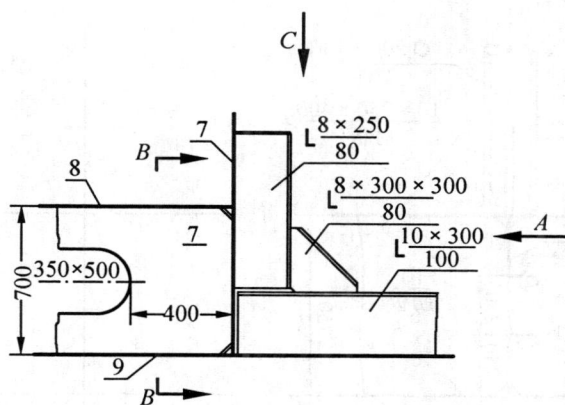

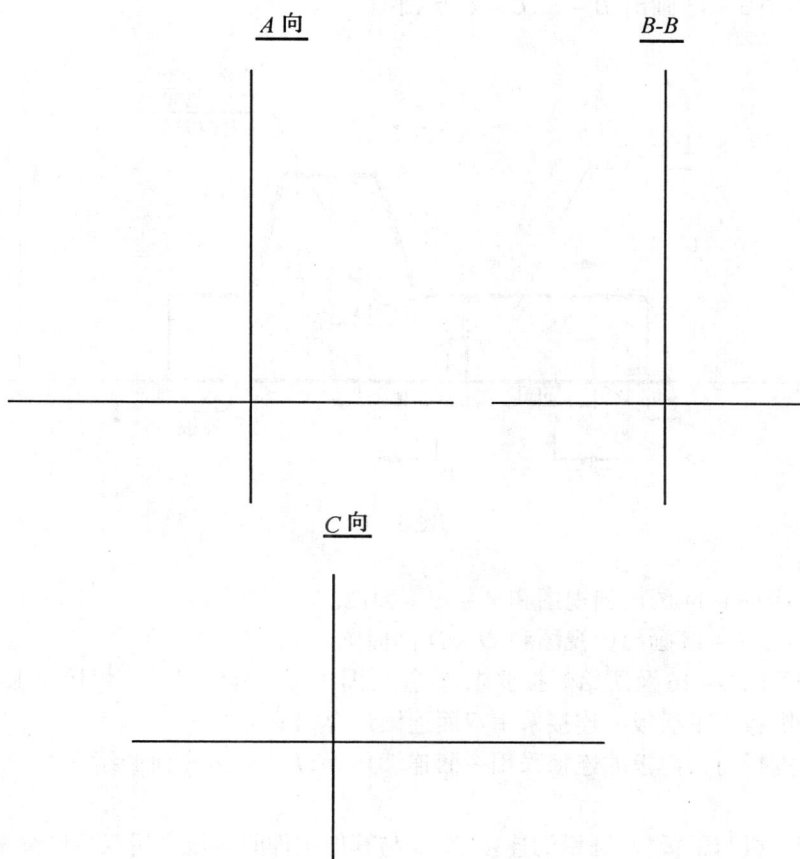

习图 3 – 11

6.根据习图 3-12 画出左视图。

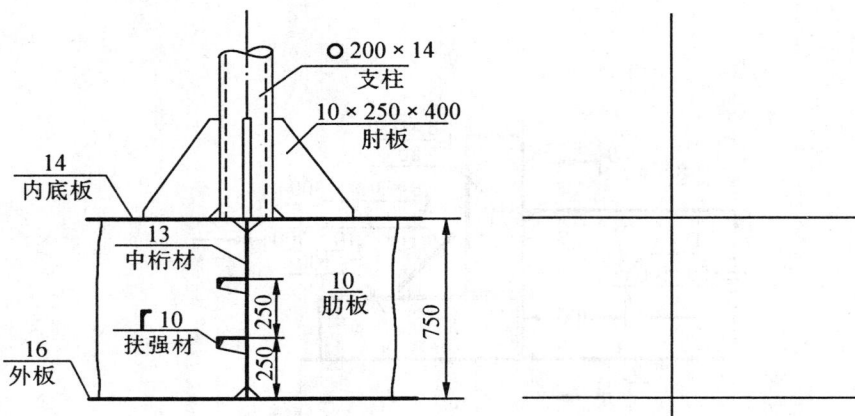

○ 200 × 14
支柱

10 × 250 × 400
肘板

14
内底板

13
中桁材

10
肋板

└ 10
扶强材

16
外板

习图 3-12

7.根据习图 3-13 画出 $B-B$、$C-C$ 剖面图。

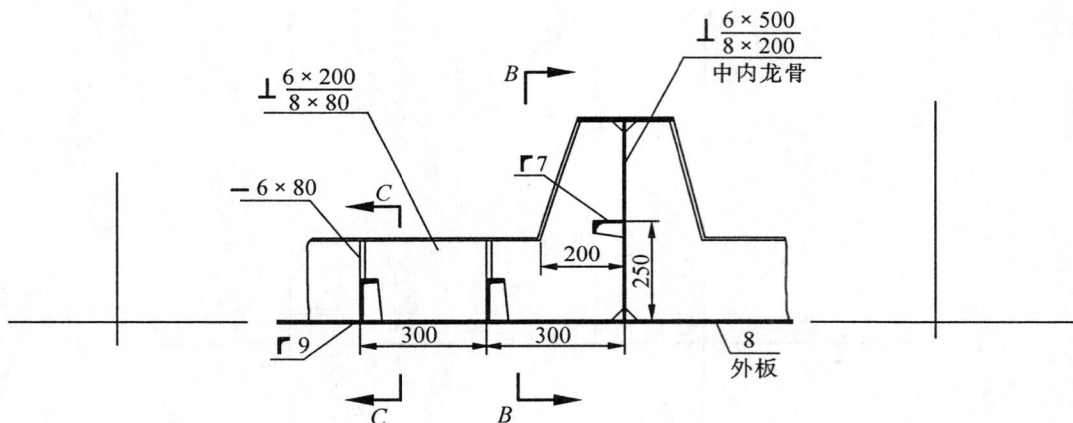

$\perp \dfrac{6 \times 500}{8 \times 200}$
中内龙骨

$\perp \dfrac{6 \times 200}{8 \times 80}$

└ 7

─ 6 × 80

200

250

└ 9

300   300

8
外板

习图 3-13

8.根据习图 3-14 画出俯视图和 $A-A$ 剖面图。

9.根据习图 3-15 画出俯视图和 $D-D$ 剖面图。

八、根据习图 3-16 及所给焊接要求,在左视图中标注焊缝代号。焊接要求如下所述。

(1)舱口围板与甲板板的连接采用双面连续角焊,$k=4$。

(2)舱口围板与其面板的连接采用一面连续角焊,$k=5$;另一面断续角焊,$k=5$,$l=75$,$e=75$。

(3)纵桁腹板与甲板板、圆钢的连接,肘板与其他构件的连接采用双面连续角焊,$k=5$。

(4)纵桁面板与圆钢的连接采用双面连续角焊,$k=6$。

(5)横梁与甲板板的连接采用单面半自动连续角焊,$k=4$。

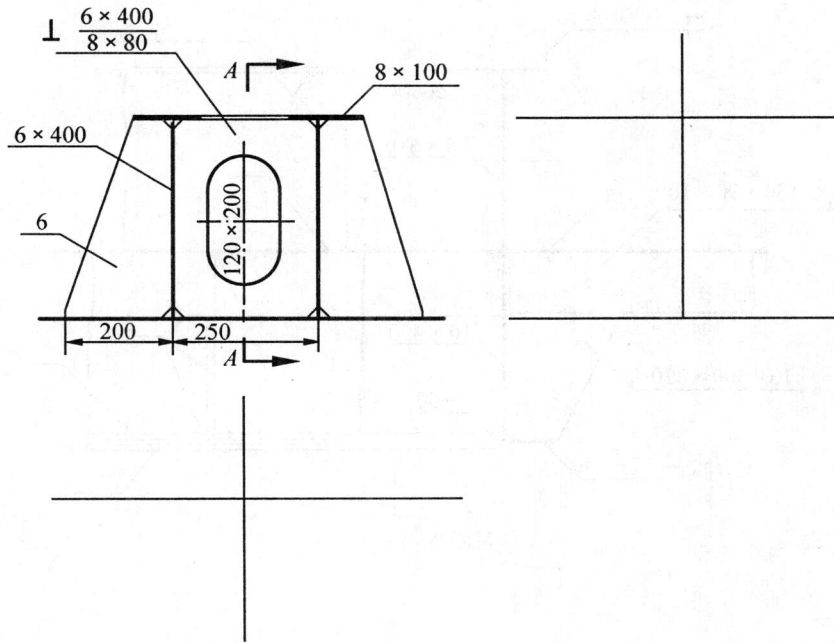

习图 3－14

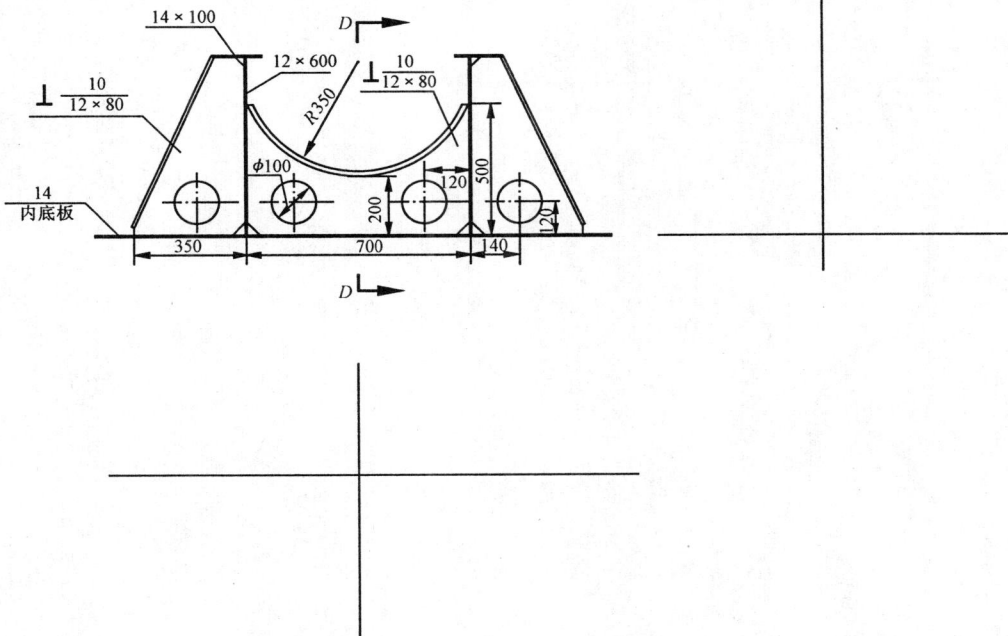

习图 3－15

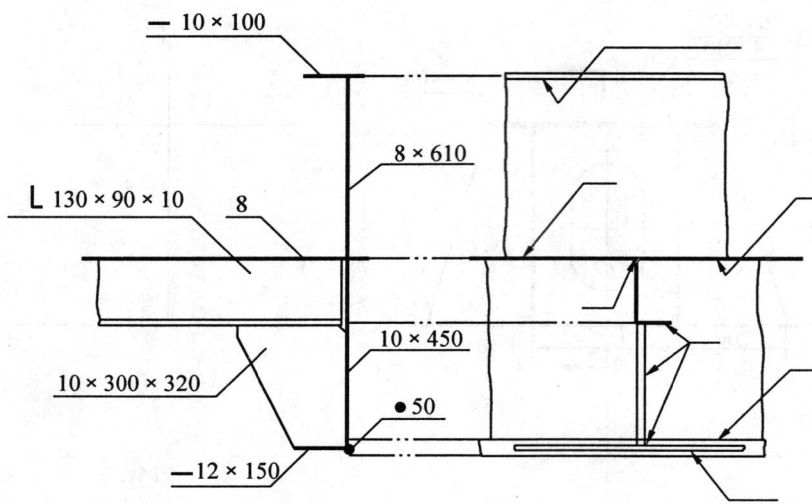

习图 3 – 16

第四章 型 线 图

第一节 型线图概述

1.外轮廓与型表面

船体表面是一个具有双重曲度的复杂曲面,如果用机械图中的方法,只将船体的外部形状分别投影到 V、H 和 W 面上,得到船体的主、俯、左三个视图,如图 4 – 1 所示。这三个投影图只是粗略地反映了船体的外形特征。它未能完整地表达出船体的准确形状和真实大小。

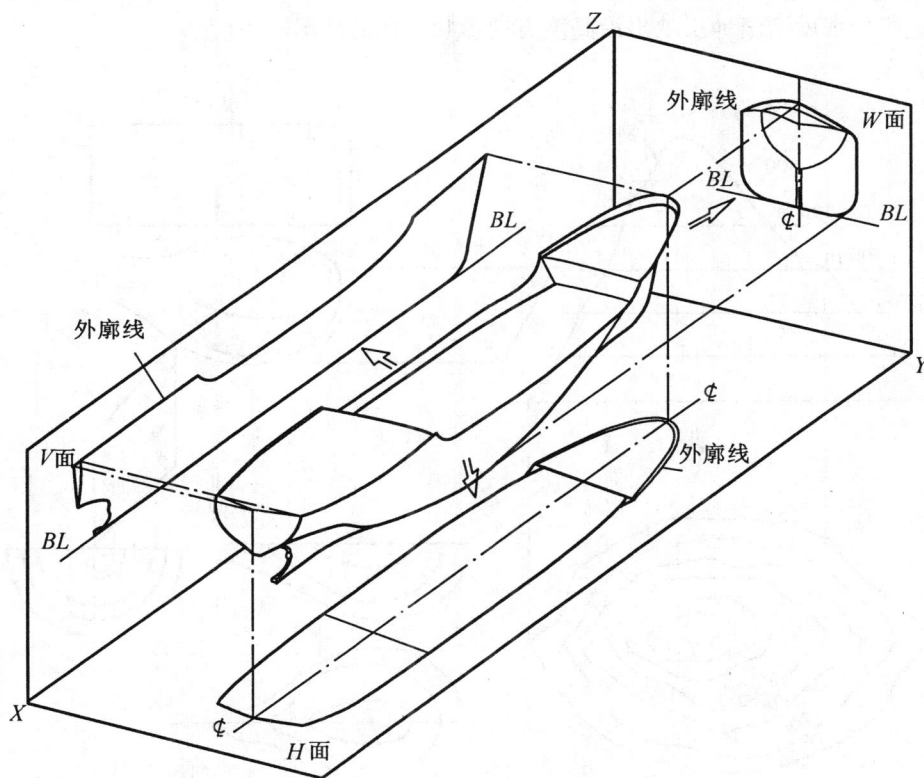

图 4 – 1 船体外轮廓的投影

型线图就是一张专门用来完整而准确地表达船体形状和大小的图样。它是在三个互相垂直的投影面上,不但画出船体外轮廓线的投影,同时画出一系列特殊平面与船体表面交线的投影。型线图是一张十分重要的船舶总体图样。它不但准确地表达了船体的形状和大小,同时还是计算船舶容积、重量和航海性能,以及绘制其他船舶图样和进行船体放样的主要依据。

船体的外板和甲板均为有一定厚度的钢板。所以,外板就有内外两个表面,甲板则有上下两个表面。对于金属船体而言,型线图所表达的曲面形状是外板内表面和甲板下表面的形状。这个表面称为船体型表面。平面与型表面的交线称为型线。虽然外板和甲板都是由不同厚度的钢板组成,船体型表面都是一个光顺的曲面,它既代表船壳板的内表面,也代表船体骨架的外缘面。

　　2.标高投影与平行剖切

　　船体型线图实际上是标高投影法和正投影法相结合的一种图示方法。标高投影主要被用来表示复杂或不规则的曲面,如船舶、飞机、汽车的外壳。在地理上则用于表示地形沿高度方向的变化情况。

　　标高投影如《投影与视图》一章所介绍的,是用一组平行于某一投影面的平面去剖切物体,把平面和物体表面的截交线投影到投影面上,并在截交线上标注各剖切平面到投影面的距离(即高度,称为"标高"),以确定截交线的空间位置。

　　图4-2(a)所示为一山体的标高投影图。图中以水平面作为基本投影面,由剖切所得到的一组截交线上标有0,100 m,200 m,300 m等数字,表示各剖切平面距离基准(投影面)的高度。这组曲线就清晰地反映出沿高度方向形状变化的情况。

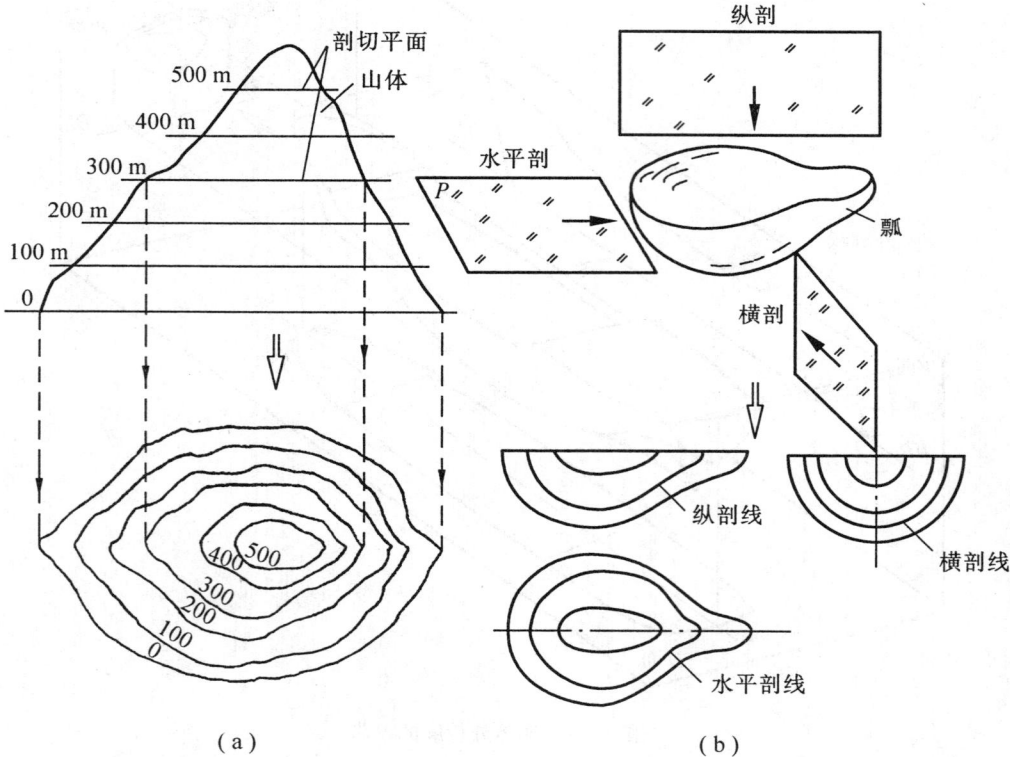

图4-2　标高投影与平行剖切
(a)标高投影;(b)瓢的三组平行剖面

　　对于具有复杂双曲表面的物体,则用三个不同方向的三组标高投影来表示。图4-2(b)为一水瓢的三组标高投影。实际上,它是标高投影法和正投影法的结合,是一种特殊形式的三视图。

第二节 型线图的三视图

图4-3(见图册)为一张船体型线图。它就是应用标高投影的方法,用一系列平行于基本投影面(V、H、W)的平面去剖切船体,将这些平面与船体型表面的截交线,连同船体外廓线,投影到三个基本投影面上得到的。

一、三个基本剖切平面

对船体进行剖切时,以下面三个平面作为基本剖切平面,见图4-4(a)。

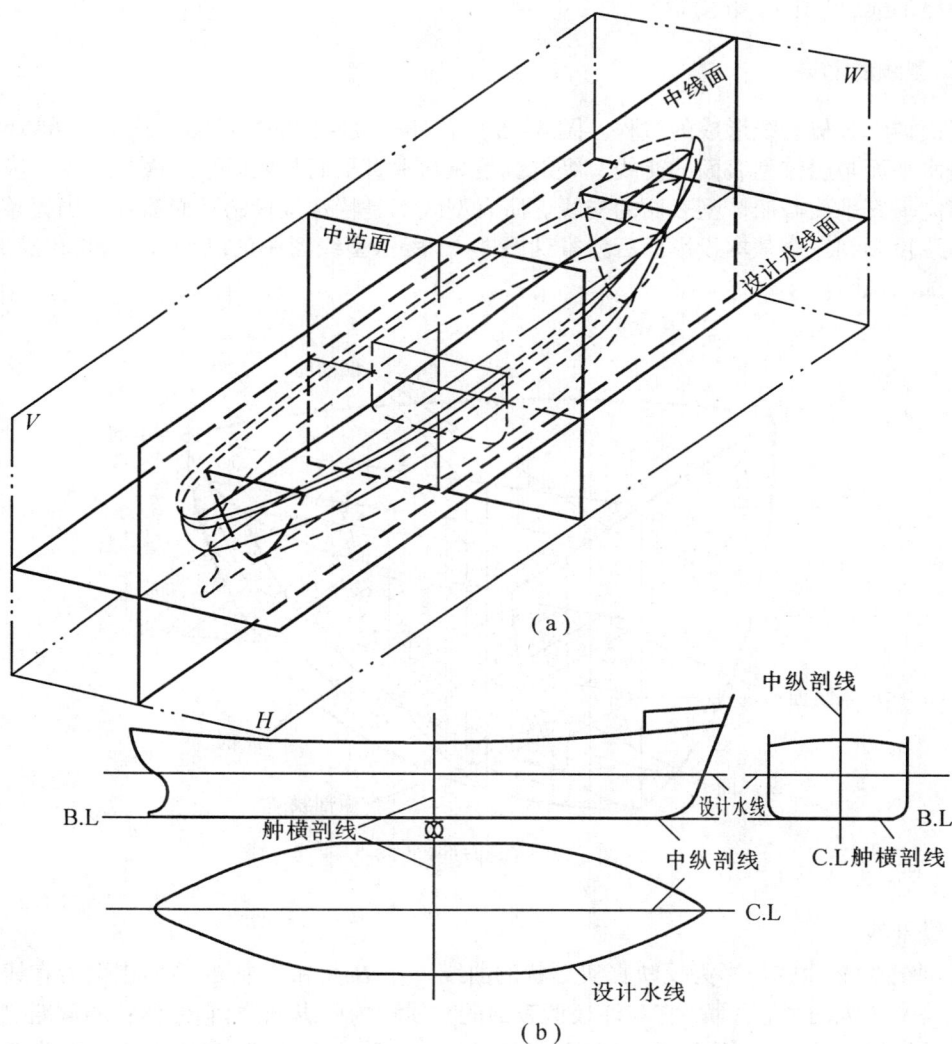

(a)

(b)

图4-4 型线图的三个基本剖切平面

(1)中线面

它是平行于 V 面,将船体分割为左舷和右舷对称两部分的纵向垂直平面。船体制图标准规定,画包括型线图在内的船体图样时,应使船首向右,船尾向左。船舶处于正浮状态,没有纵向和横向的倾斜。

(2)设计水线面

它是平行于 H 面,通过船舶设计吃水(通常即为满载吃水线)所作的水平面。在静水中,它把船体分为水下和水上两部分。

(3)中站面

它是平行于 W 面,通过船舶垂线间长中点所作的横向垂直平面。它把船体分为前体和后体两部分。

三个基本剖切平面相互垂直相交。它们与船体型表面的交线分别为中纵剖线、设计水线和中横剖线,见图4-4(b)。

二、型线的形成

下面详细分析型线形成的过程。图4-5为首部一段船体的立体图。从图中可以看到,水线是水平面与船体型表面的交线。纵剖线是纵向垂直平面与船体型表面的交线。横剖线则是横向垂直平面与船体型表面的交线。所有型线都是特殊位置的平面曲线。当完整船体的剖面线投影到三个基本投影面后就得到图4-3所示型线图中的纵剖线、水线和横剖线,现分别加以说明。

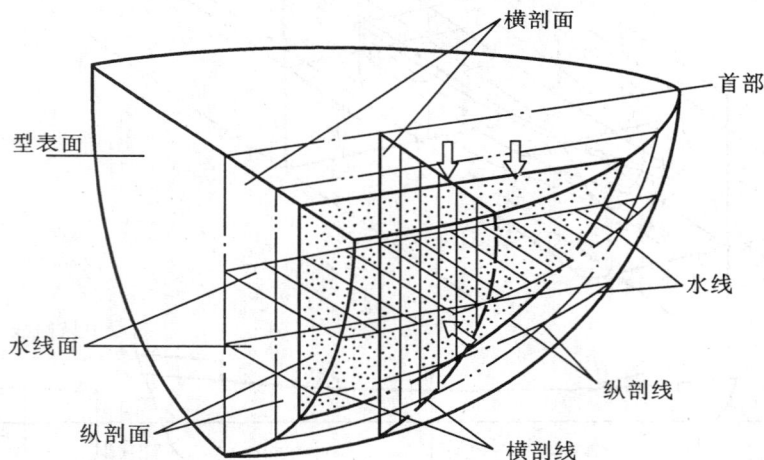

图4-5 船体型线的形成

1.纵剖线

纵剖线在 V 面的投影为反映真实形状的曲线。在 H 面和 W 面的投影积聚为直线。中线面也是一个纵向垂直平面,它与外板型表面的交线称为中纵剖线,它的形状和从船侧投影时的外轮廓线一致。中线面与外板型表面底部的交线称为龙首线,与船体首尾部分型表面的交线称为首尾轮廓线。中纵剖面在 H 面和 W 面的投影即为船体中线,以符号"$C.L$"或"$\Cancel$"表示。一组纵剖线就是船体型表面在 V 面上的标高投影,它反映出船体形状沿船宽方向的变化情况。

纵剖线的数量要根据船宽、船体形状以及对型线图的精确度要求而定。一般除中纵剖线外,再画出 2~4 根纵剖线。纵剖线间距可取船体半宽的等分值或水线间距的整数倍。在图 4-3 中,有 1 000 mm,2 000 mm,3 000 mm 共三条纵剖线。

2.横剖线

横剖线在 W 面上的投影为反映真实形状的曲线。在 V 面和 H 面上的投影积聚为直线。中站面也是一个横向垂直平面,它与外板型表面的交线称为中横剖线。中横剖面在 V 面和 H 面的投影即为中站面线,以符号"⊗"表示。

由于船体左右对称,同时为了避免横剖线在 W 面上的投影互相重叠影响图面清晰,规定在 W 面上,将中站面至船首的各横剖线画在中线的右边。将中站面至船尾的各横剖线画在中线的左边,如图 4-3 所示。各横剖线都只画对称的一半。一组横剖线就是船体型表面在 W 面上的标高投影,它反映出船体形状沿船长方向的变化情况。

横剖线的数量根据对船体形状表达的要求而定。一般是将垂线间长作 10 等分或 20 等分,过各等分点作横向垂直平面,画出 11 根或 21 根横剖线。各横剖面之间的距离称为站距。船体首尾部分形状变化较大,为了提高精确度,常再插入 $\frac{1}{2}$ 站或 $\frac{1}{4}$ 站横剖线。在图 4-3 中,画出了 $0,\frac{1}{2},1,\cdots,9\frac{1}{2},10$ 等共 15 根横剖线。

3.水线

水线在 H 面的投影为反映实形的曲线,在 V 面和 W 面的投影积聚为直线。由于船体左右对称,通常只画出左舷水线的水平投影,见图 4-3。一组水线就是船体型表面在 H 面上的标高投影,它反映出船体形状沿船深方向的变化情况。

在所有水平面中,通过设计吃水的水平面与外板型表面的交线称为设计水线。通过中站面与龙骨线交点所作的水平面称为基平面。这是一个重要的船体基准面。在 V 面上,基平面与中线面的交线,在 W 面上基平面与中站面的交线,均称为基线,以符号"BL"表示。它常被作为高度测量的基准。当龙骨线无倾斜时,在 V 面上基线和龙骨线是重合的。在 H 面上的船底线(即底平线),是船体型表面与基平面的相切线。

水线的数量根据型深和吃水,型线变化情况以及对精确度的要求而定。对于水面舰船,设计水线以下的船体型线变化较大,该部分形状直接影响船舶的航海性能,因此对形状表达精度要求较高,所作水线较多,一般不少于 6 根。设计水线以上的船体型线变化趋于平缓,所作水线较少,一般为 1~2 根。水线间距一般取设计吃水等分值,如出现小数,则可取归整后的数值,另外再加设计水线。图 4-3 中,除船底线即底平线外,画出了 250 mm,500 mm,1 000 mm,1 500 mm,…,3 500 mm 等共 9 根水线。

纵剖线、横剖线和水线,因为都是特殊位置的平面曲线,它们在 V、H、W 面上的投影均为一条反映实形的曲线和两条直线。直线组成了型线图中各个视图的格子线,如图 4-3 所示。在格子线上标注相应各型线的名称或序号。

4.甲板边线、外板顶线与舷墙顶线

型线图中除了纵剖线、横剖线和水线外,还要画出甲板边线、外板顶线和舷墙顶线。

(1)甲板边线　甲板边线是甲板型表面的边缘线,也是甲板型表面与外板型表面的交线。由于外板和甲板一般都具有纵向和横向的弯曲,作为两个双曲面交线的甲板边线,通常也是一条空间曲线,如图4-6所示。甲板边线在 V、H、W 面上的投影都是不反映实形的曲线。甲板边线在 V 面的投影为由中间向首尾升高的曲线。该曲线沿船长方向的曲度称为舷弧。

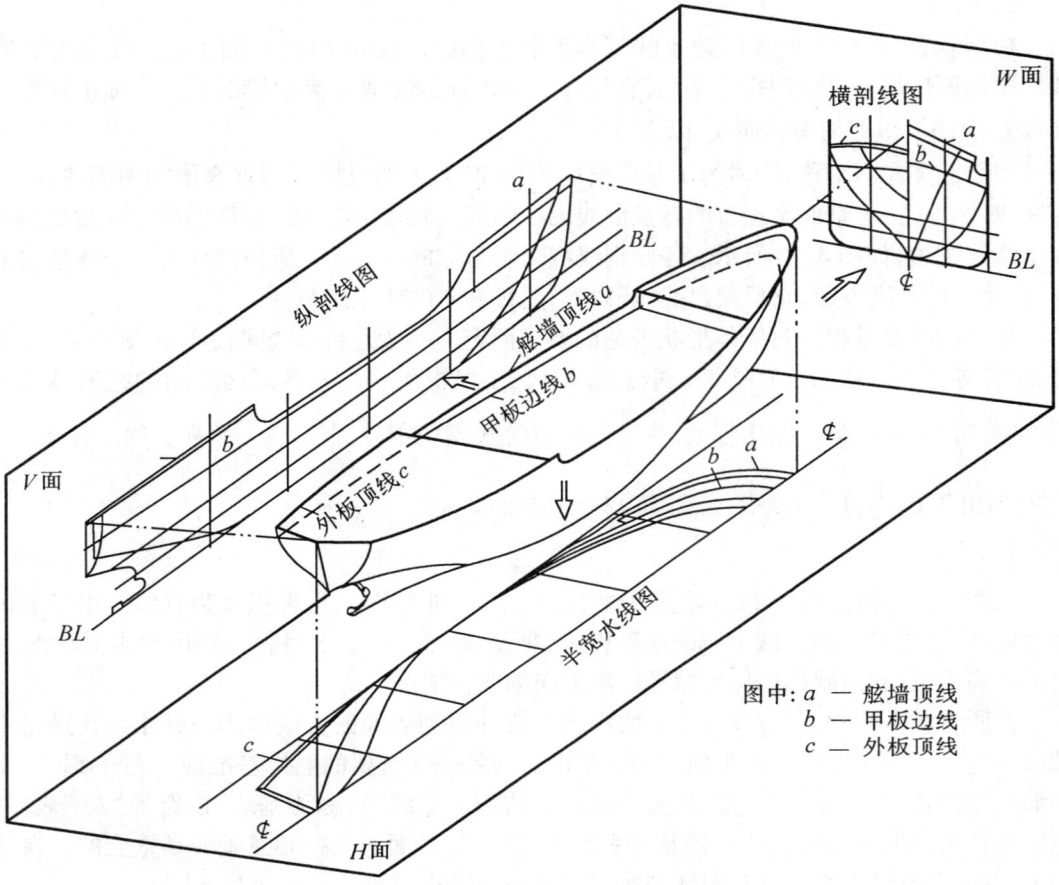

图 4-6 甲板边线、外板顶线和舷墙顶线的投影

(2)外板顶线 在船体无舷墙部分,外板型表面的上端边缘线称为外板顶线。它位于甲板边线上方,通常也是一条(一段)空间曲线,它在 V、H、W 面上的投影都是不反映实形的曲线。

(3)舷墙顶线 舷墙顶线是舷墙板内表面的上端边缘线,也是一条空间曲线。它在 V、H、W 面上的投影都是不反映实形的曲线。在有舷墙的部分,型线图中只画出舷墙顶线面不画外板顶线。甲板边线、外板顶线和舷墙顶线的投影见图4-3和图4-6。

5.甲板中心线和梁拱线

(1)甲板中心线 甲板中心线是中线面与甲板型表面的交线,它是一条平面曲线。甲板中心线在 V 面的投影反映出实形。其曲线沿船长方向首尾升高的曲度称为脊弧。甲板中线在 H 面和 W 面的投影为直线,和中线面线($C.L$)重合,见图4-3。

(2)梁拱线 梁拱线是横向垂直平面即侧平面与甲板型表面的交线,通常是平面曲线或折线,中间高,两舷低。中站面处梁拱线中间高于两舷的尺寸称为梁拱高度。

梁拱线在 W 面上的投影是反映实形的曲线或折线。由于梁拱线的形状全船都是相同的,只是在不同站面处宽度不同而已,所以只需在 W 面上画出船舶宽度最大处的梁拱线的投影。目前,型线图中一般都不画梁拱线,而是将它画在中横剖面图中。

三、型线图的三视图

由标高投影和正投影相结合绘制的船体型线图,由纵剖线图、横剖线图和半宽水线图共三个视图组成,见图 4 – 3。

1.纵剖线图

纵剖线、横剖线、水线以及甲板边线、外板顶线、舷墙顶线、甲板中线在 V 面(或中线面)上的投影形成的视图称为纵剖线图。

在纵剖线图中,纵剖线和甲板中线的投影为反映实形的曲线。横剖线的投影为垂直线,水线的投影为水平线,它们组成方格状图形,称为纵剖线图的格子线。格子线同时代表横剖线和水线剖切的位置。甲板边线、外板顶线和舷墙顶线的投影均为不反映实形的曲线。

2.横剖线图

纵剖线、横剖线、水线以及甲板边线、外板顶线、舷墙顶线、甲板中线在 W 面(或中站面)上的投影形成的视图称为横剖线图。

在横剖线图中,横剖线的投影为反映实形的曲线。纵剖线的投影为垂直线,水线的投影为水平线,它们组成方格状图形,称为横剖线图的格子线。格子线同时代表纵剖线和水线的剖切位置。如果画出梁拱线,也为反映实形的曲线或折线。甲板边线、外板顶线和舷墙顶线的投影均为不反映实形的曲线。

3.半宽水线图

纵剖线、横剖线、水线以及甲板边线、外板顶线、舷墙顶线、甲板中线在 H 面(或设计水线面或基线面)上的投影形成的视图称为半宽水线图。

在半宽水线图中,水线的投影为反映实形的曲线。纵剖线的投影为水平线,横剖线的投影为垂直线,它们组成半宽水线图的格子线,格子线同时代表纵剖线和横剖线的剖切位置。甲板中线的投影为直线,重合于中线面线。梁拱线的投影也是直线,重合于横剖线。甲板边线、外板顶线和舷墙顶线的投影为不反映实形的曲线。

综上所述,作为特殊位置剖切得到的平面曲线,包括纵剖线、横剖线、水线和甲板中线,在三个视图中的投影都是一条反映实形的曲线和两条直线。它们的投影特点可以归纳为"两直一曲"。而作为空间曲线的甲板边线、外板顶线和舷墙顶线,在三个视图中的投影都是不反映实形的曲线。这个特征反映在表 4 – 1 中。

表 4 – 1　型线图中各基本型线的投影特征

视图名称	基本型线名称及其在视图中的投影特征				
	纵剖线	水线	横剖线	甲板边线	舷墙顶线
纵剖线图	实形曲线	水平线	垂直线	非实形曲线	非实形曲线
半宽水线图	水平线	实形曲线	垂直线	非实形曲线	非实形曲线
横剖线图	垂直线	水平线	实形曲线	非实形曲线	非实形曲线

由于船舶形状的特殊,通常船舶总长要比型宽和型深大得多。为了减小图纸幅面的长度,合理利用图面,型线图的三个视图在图面上的配置有如图4-7所示的三种形式。其中(c)通常用在有较长平行中体的型线图上。无论以何种形式布置,不改变其各为 *V*、*H* 和 *W* 面上投影的性质。

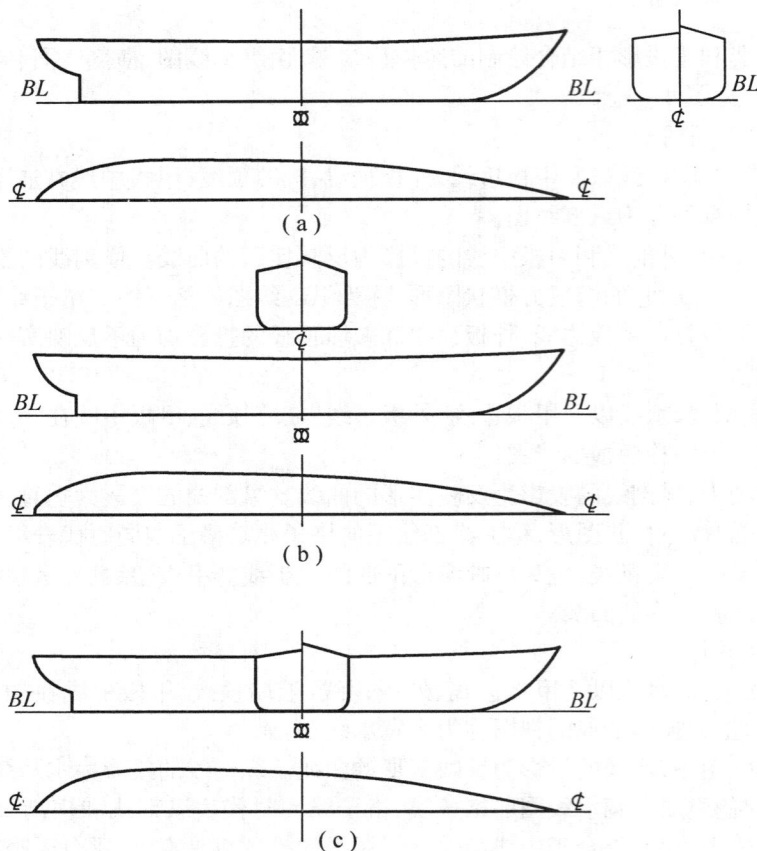

图4-7 型线图三视图的布置形式

四、三视图的投影关系

型线图中的纵剖线图、半宽水线图和横剖线图,相当于主视图、俯视图和左视图。它们之间应符合"主俯视图长对正,主左视图高平齐,俯左视图宽相等"的投影关系。

(1)在纵剖线图和半宽水线图之间,纵剖线和水线、外板顶线、舷墙顶线以及甲板边线的交点,符合"长对正"的投影关系,如图4-3中的 $A(a、a')$,$B(b、b')$ 和 $C(c、c')$ 点。

(2)在纵剖线图和横剖线图之间,横剖线和纵剖线、外板顶线、舷墙顶线以及甲板边线的交点,符合"高平齐"的投影关系,如图4-3中的 $D(d'、d'')$,$E(e'、e'')$ 和 $F(f'、f'')$ 点。

(3)在半宽水线图和横剖线图之间,横剖线和水线、外板顶线、舷墙顶线以及甲板边线的交点,符合"宽相等"的投影关系,如图4-3中的 $G(g、g'')$,$M(m、m'')$ 和 $N(n、n'')$ 点。

在型线图中,基线、中线和站线分别作为高度、宽度和长度方向投影的基准。

五、型线图的编号及标注

型线图中的各投影线都要进行编号或标注,见图 4-3。

(1)纵剖线的编号和标注 以纵剖线到中线面的距离(以毫米为单位)进行编号。如纵剖线若距中线面 1 000 mm,则该纵剖线编号即为 1 000 mm 纵剖线,依此类推。

纵剖线的编号,在半宽水线图中标注在格子线的首尾两端。在横剖线图中标注在基线下方。在纵剖线图中标注在对应纵剖线的首尾两处,编号沿着型线写在曲线的上方,字体与型线尽可能垂直。

(2)横剖线的编号和标注 横剖线从尾垂线开始至首垂线依次用 0,1,2,3,⋯,9,10(或 20)等数字表示。在首尾部分如增添 $\frac{1}{2}$ 站或 $\frac{1}{4}$ 站时,则用 $\frac{1}{4}$,$\frac{1}{2}$,$1\frac{1}{4}$ 以及 $8\frac{1}{2}$,$9\frac{1}{4}$,$9\frac{1}{2}$ 或 $18\frac{1}{2}$,$19\frac{1}{4}$,$19\frac{1}{2}$ 等标准。如果在尾垂线以后增添横剖线,则用 $-\frac{1}{4}$,$-\frac{1}{2}$,-1,-2,⋯表示,在首垂线之前则标注 $10\frac{1}{4}$,$10\frac{1}{2}$,11 或 $20\frac{1}{4}$,$20\frac{1}{2}$,21 等表示。

横剖线的编号在纵剖线图中标注在基线的下方。在半宽水线图中标注在中线的下方。在横剖线图中沿一条斜线标注在横剖线上方,字体与型线垂直。

(3)水线的编号和标注 水线以到基平面的距离(以毫米为单位)编号,以"WL"代表水线,如水线距基平面 500 mm,则该水线编号为 500WL,依此类推。

水线编号在纵剖线图和横剖线图中标注在格子线两端相应水线的上方。如果横剖线图重叠布置在纵剖线图中,则可不另行标注水线编号。在半宽水线图中,水线编号标注在对应水线的首尾两处,编号沿着型线写在曲线的上方,字体与型线垂直。

底平线或船底线只标注在半宽水线图中。

(4)其他曲线的标注 甲板中线、甲板边线、外板顶线和舷墙顶线在各视图中均以文字标注在曲线上方,字体尽可能与曲线垂直。如果在型线图中画出梁拱线,梁拱线只在横剖线图中用文字标注,其他视图中不需标注。型线图的标注见图 4-3。

第三节 型线图的尺寸标注

外板型表面和甲板型表面都是复杂的双曲面,不适合用一般方法标注其定形尺寸和定位尺寸。为了完整、简便而清晰地反映船体大小和型表面的准确尺寸,型线图中采用了以下几种形式的标注方法。

1.船体主尺度

船体主尺度是表示船体外形大小的基本量度,在型线图中逐项列出,置于型线图上方,见图 4-3。主尺度通常包括以下几种。

(1)总长 L_{OA} 船体型表面(包括上层建筑在内)最前端和最后端之间的水平距离。

(2)设计水线长 L_{WL} 设计水线与首尾轮廓线交点之间的距离。

(3)垂线间长 L_{PP} 首垂线与尾垂线之间的水平距离。首垂线是通过设计水线前端所作的横向平面与中线面的交线。尾垂线一般是指通过设计水线与舵杆中心线的交点所作的横向平面与中线面的交线。

(4)型宽 B　船体型表面之间垂直于中线面的最大水平距离。

(5)型深 H　船舶中站面处,甲板边线(若无特殊情况,通常指上甲板边线)至基线间的垂直距离。

(6)吃水 T　船舶中站面处,设计水线至基线间的垂直距离。

有的型线图主尺度中,还包括了一些其他项目,如梁拱和型排水体积等。

2.型值表

(1)船体型表面的形状在型线图中是由一系列曲线(型线)加以描述的。而曲线的投影是通过曲线上一定数量的点的投影得到的。在型线图中,我们取型线的交点作为描述曲线的特殊点。如横剖线与纵剖线、水线、外板顶线、舷墙顶线、甲板边线的交点。纵剖线与水线、外板顶线、舷墙顶线、甲板边线的交点等。

点的投影由表示点的位置的坐标值确定。决定船体型线空间位置的各点的坐标值称为型值,见图 4-8。为确定型值,选定中站面、中线面和基平面作为基准平面。中线面与基平面的交线定为 x 轴,这是船长方向的坐标轴。中站面与基平面的交线定为 y 轴,这是船宽

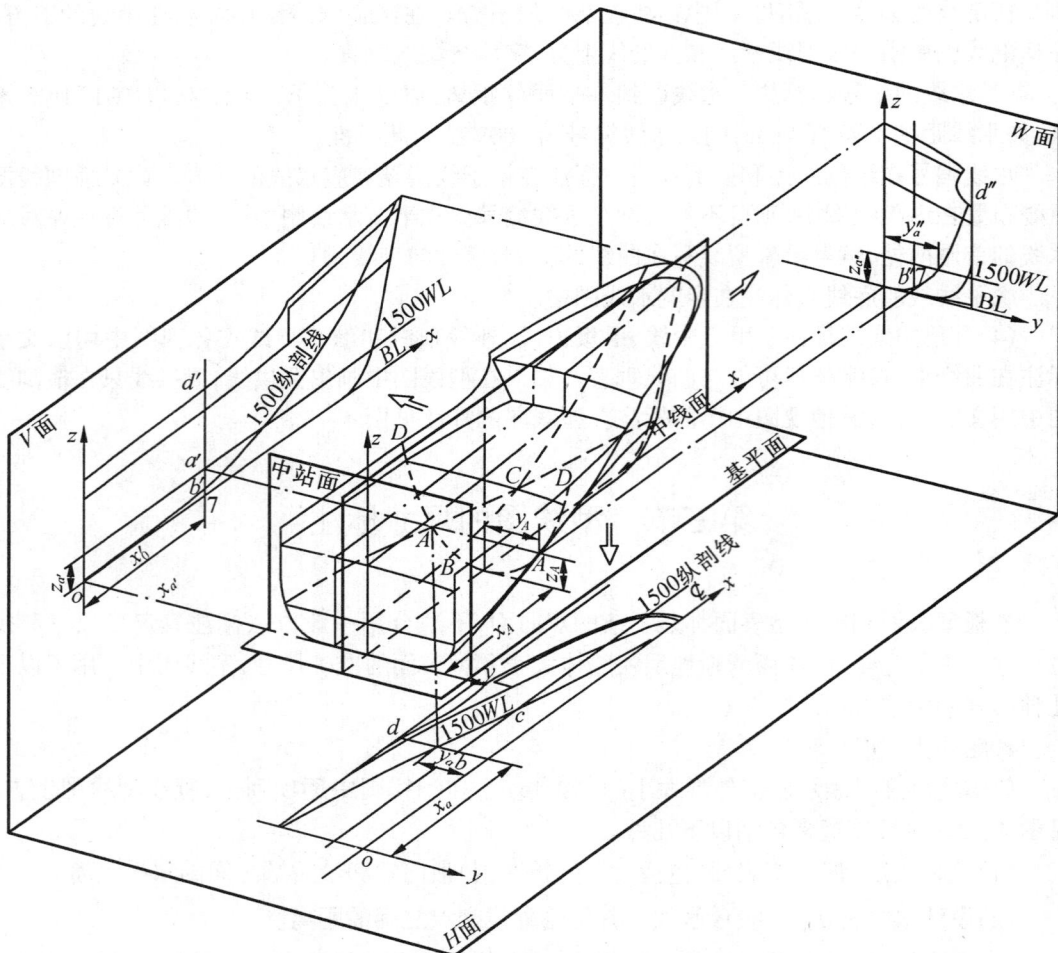

图 4-8　船体型表面上点的坐标(型值)

A,B,C,D ——型表面上的点;x,y,z ——坐标值

方向的坐标轴。中站面与中线面的交线定为 z 轴,这是船深方向的坐标轴。三条坐标轴的交点为坐标原点 O。在这样的直角坐标系中,船体型表面上任何一点的位置就可以由 x、y、z 三个坐标值确定。如图 4-8 中横剖线与水线的交点 A:

x_A 表示 A 点至中站面的距离,称为 A 点的长度值;

y_A 表示 A 点至中线面的距离,称为 A 点的半宽值;

z_A 表示 A 点至基平面的距离,称为 A 点的高度值。

根据点的投影规律,点在某一视图中的投影只需 x、y、z 三个坐标值中的两个就可以确定。如 A 点在纵剖线图中的投影 a' 只由 $x_{a'}$ 和 $z_{a'}$ 确定。A 点在半宽水线图中的投影 a 只由 x_a 和 y_a 确定。A 点在横剖线图中的投影 a'' 只由 $y_{a'}$ 和 $z_{a'}$ 确定。由此可以推论:在纵剖线图中确定点的位置只需 x、z 两个坐标值。在半宽水线图中只需 x、y 两个坐标值。在横剖线图中只需 y、z 两个坐标值。这和正投影中点的三视图的投影是相同的。

图 4-8 中 B、C、D 等点的坐标读者可自行分析。

由于型线图中的型线都是相交的,它们的交点是相交两条型线的共有点。如果提供纵剖线和水线交点的型值,那么这些型值既可用来确定纵剖线,又可用来确定水线。其他型线的交点也一样。这样,就可以用较少的点的型值来画出全部型线,而一系列的型线也就确定了整个船体的型表面。

(2)型值表

型值表是提供各型线交点型值的数据表,形式见表 4-2。型值表中提供的是两部分型值。一部分是横剖线与水线、甲板边线、外板顶线、舷墙顶线交点的半宽值(Y)。一部分是横剖线与纵剖线、甲板边线、外板顶线、舷墙顶线交点的高度值(Z)。与之对应,型值表分为左、右两个部分。在型值表的左边部分,表中的每一横栏提供了某一站号的横剖线与各水线、甲板边线、外板顶线、舷墙顶线交点的半宽值。表中的每一纵栏则提供了某一水线(或甲板边线、外板顶线、舷墙顶线)与各横剖线交点的半宽值。在型值表的右边部分,表中每一横栏提供了某一站号的横剖线与各纵剖线、甲板边线、外板顶线、舷墙顶线交点的高度值。表中的每一纵栏则提供了某一纵剖线(或甲板边线、外板顶线、舷墙顶线)与各横剖线交点的高度值。

型值表提供的只是横剖线与其他型线交点的半宽和高度两个型值。其长度坐标(X 值)由横剖线编号即站号确定。因为某一站号离中站面的距离是已经确定的。同样,纵剖线距中线面和水线距基平面的距离也都是确定的。所以,型值表中不需表示横剖线与纵剖线交点的半宽值以及横剖线与水线交点的高度值。

由此可见,由纵剖线、横剖线和水线的固定位置(即距中线面、中站面和基平面的距离),型值表给出的半宽和高度两个型值,完整地表达了型线交点在 X、Y、Z 三个方向的坐标,确定了各型线在视图中的投影。

纵剖线与各水线、甲板边线、外板顶线以及舷墙顶线交点长度方向的坐标值(X)在型值表中虽无数值,但它们在纵剖线图和半宽水线图之间仍应符合"长对正"的投影关系。如图 4-8 中的 $x_a = x_{a'}$。

3.视图中直接标注的尺寸

型线图中,有些尺寸难以包含在型值表中,这些尺寸就直接标注在视图中,如图 4-9 所示。主要有:首尾轮廓形状、倾斜船底的升高值、倾斜轮廓的倾斜值、舭部圆弧半径、型线突变处尺寸以及半宽水线图中各水线及各甲板首尾圆弧的半径等。

表4-2 型值表

站号	半宽值(mm)															高度值(mm)							
	船底	250 WL	500 WL	1000 WL	1500 WL	2000 WL	2500 WL	设计水线	3000 WL	3500 WL	上甲板边线	尾楼甲板边线	首楼甲板边线	外板顶线	舷墙顶线	1000纵剖线	2000纵剖线	3000纵剖线	上甲板边线	尾楼甲板边线	首楼甲板边线	外板顶线	舷墙顶线
尾封板	—	—	—	—	—	—	—	—	420	1390	2280	3080	—	3080	—	—	—	—	4170	6270	—	6345	—
0	80	—	—	—	—	—	180	845	1235	2075	2850	3615	—	3615	—	2890	3450	4300	4100	6200	—	6275	—
1/2	100	100	125	160	235	360	1000	1600	2010	2750	3360	4010	—	4010	—	2500	2990	3720	4070	6170	—	6245	—
1	100	340	500	675	905	1295	1900	2395	2695	3300	3810	4200	—	4200	—	1240	2580	3250	4050	6150	—	6225	—
1 1/2	380	875	1149	1500	1890	2260	2710	3050	3250	3690	4050	4250	—	4250	—	360	1700	2750	4020	6120	—	6195	—
2	950	1530	1900	2410	2795	3100	3390	3550	3670	3920	4150	4250	—	4250	—	60	580	1850	4000	6100	—	6175	—
3	2400	2890	3290	3740	3970	4075	4140	4165	4190	4220	4250	—	—	—	4250	50	99	300	4000	—	—	—	5450
4	3250	3625	3900	4200	4245	4250	4250	4250	4250	4250	4250	—	—	—	4250	50	99	180	4000	—	—	—	4900
5	2210	3160	3610	3975	4160	4240	4250	4250	4250	4250	4250	—	—	—	4250	50	100	198	4000	—	—	—	4900
6	1580	2220	2690	3220	3560	3800	3950	4010	4050	4120	4190	—	—	—	4250	50	160	790	4020	—	—	—	4950
7	615	1300	1740	2260	2650	2980	3205	3340	3420	3580	3800	—	—	—	4090	130	740	2050	4170	—	—	—	5100
8	200	540	840	1260	1600	1910	2175	2340	2440	2660	3150	—	—	—	3690	680	2170	4190	4440	—	—	—	5350
8 1/2	120	300	451	760	1050	1315	1575	1745	1840	2090	2675	—	3780	—	3880	1420	3320	5230	4610	—	—	—	6200
9	100	151	251	440	605	790	980	1110	1200	1330	2110	—	3200	—	3330	2530	4600	6360	4790	—	6690	—	6900
9 1/2	80	100	110	190	260	350	470	560	640	810	1510	—	2550	—	2705	3990	6030	—	5030	—	6880	—	7210
10	—	—	—	—	—	—	—	70	135	275	840	—	1740	—	1960	5690	—	—	5240	—	7140	—	7555

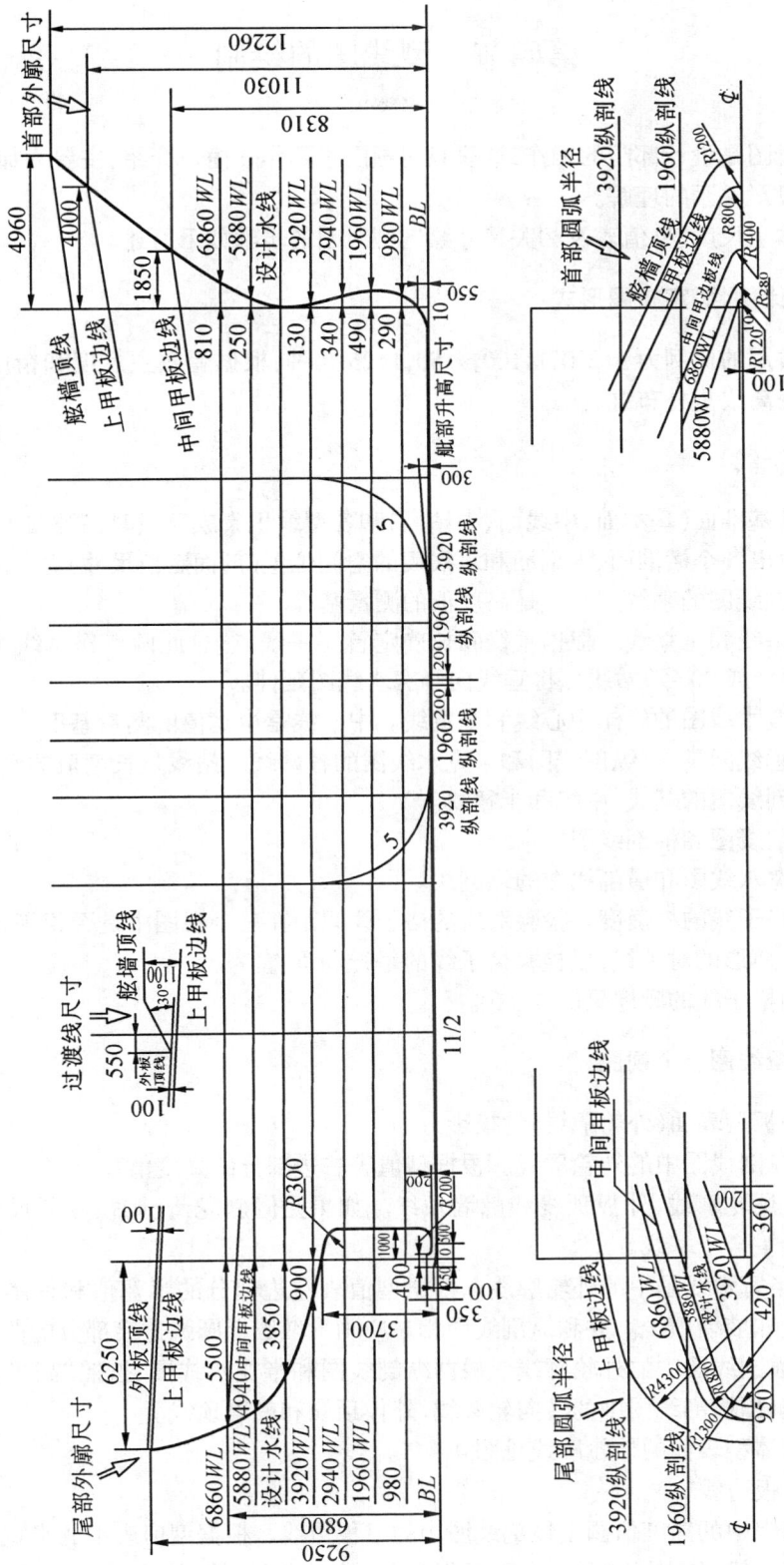

图4-9 首尾轮廓及其它相关尺寸

第四节　型线图的绘制

绘制型线图是设计部门的工作,这里只对画图步骤作一简单介绍,主要为加深对型线图及各视图间投影关系的理解。

根据船体主尺度、型值表及相关尺寸绘制型线图的步骤如下所述。

一、选取比例,确定布图形式

型线图常用的比例为1:200,1:100,1:50,1:25几种,根据船舶主尺度和精度要求选择,三个视图可分离或重叠布置。

二、作格子线

格子线是基准面(基本面、中线面、中站面)和各型线积聚成直线时在视图中的投影。格子线同时反映出各个横剖面、纵剖面和水线面的空间位置(剖面定位尺寸)。

(1)作纵剖线图的基线。基线是高度值的测量基准。

(2)作首垂线和尾垂线。根据垂线间长确定首尾垂线点,过此两点作基线的垂直线,即为0号和10号(或20号)站线。将垂线向半宽水线图延伸。

(3)作半宽水线图的船体中心线和半宽线。中心线是半宽值的测量基准。

(4)等分垂线间长,作纵剖线图和半宽水线图的各站线。站线是长度值的测量基准。

(5)作横剖线图的基线、中线和半宽线。

(6)作纵剖线图和横剖线图的水线。

(7)作半宽水线图和横剖线图的纵剖线。

(8)检验格子线的精确度。检验对应的格子线间距在三个视图中是否相等,测量由格子线形成的各个矩形的对角线,以检验格子线的平行和垂直。

作型线图格子线的顺序见图4-10。

三、绘制型线图各个视图

1.绘制外板型表面(外轮廓线)的投影

(1)画出纵剖线图中的外轮廓线。根据型值表右边部分的高度值和首尾尺寸,用几何作图的方法画首尾轮廓线、外板顶线和舷墙顶线。如果是倾斜龙骨,则按倾斜尺寸画出龙骨线。水平龙骨重合于基线。

(2)画出半宽水线图中的外轮廓线。根据型值表左边部分的半宽值和首尾部圆弧半径画出外板顶线和舷墙顶线。并和纵剖线图相对应画出舷墙上圆弧过渡部分的曲线。

(3)画出横剖线图中的外轮廓线。根据纵剖线图和半宽水线图,按照"高平齐,宽相等"的投影关系,画出横剖线图中的转向轮廓线、外板顶线和舷墙顶线。

画出的船体型表面的外轮廓线见图4-11。

2.绘制甲板边线

根据型值表中的高度值画出纵剖线图中的甲板边线。根据型值表中的半宽值及首尾端半径画出半宽水线图中的甲板边线,然后根据"高平齐,宽相等"的投影关系,画出横剖线图

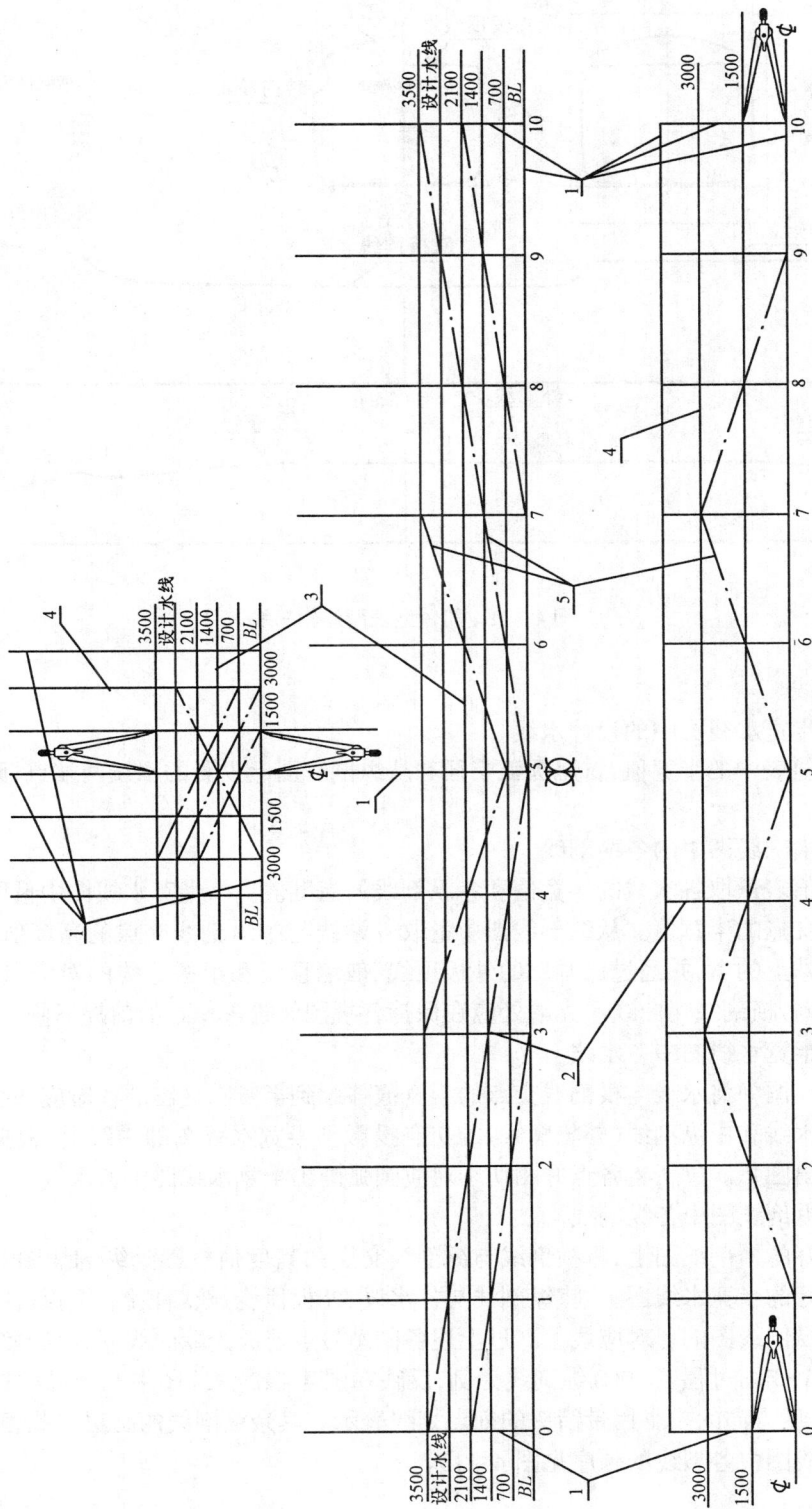

图 4-10 作型线图格子线的顺序

1—作基线，中线，首尾垂直线和半宽线；2—作站线；3—作水线；4—作纵剖线；5—量对角线检验格子线

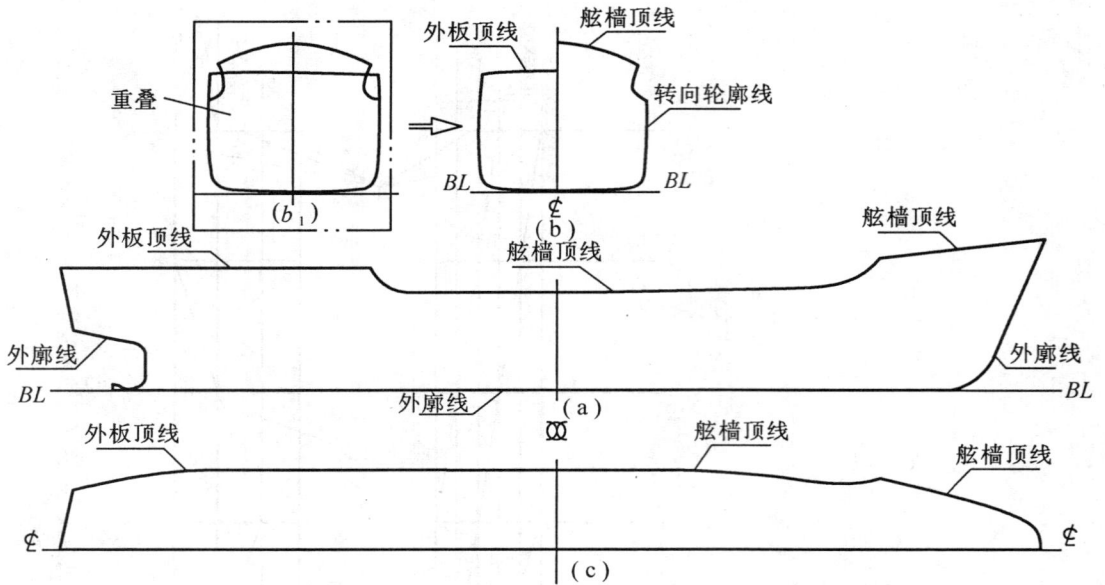

图 4 - 11　船体型表面外轮廓线

中的甲板边线。

3. 绘制半宽水线图中的设计水线

根据型值表中的半宽值,首尾圆弧半径和从纵剖线图上投影的水线两端点,画出设计水线。

4. 绘制横剖线图中的各横剖线

根据型值表量取各水线的半宽值和各纵剖线的高度值。从半宽水线图中量取设计水线与各横剖线交点的半宽值。从纵剖线图中量取各站线与中纵剖线交点的高度值到中线上。过所得各同站上的点,并经过已画出的外板顶线、舷墙顶线和甲板边线的对应点,连成光顺的曲线,即为各横剖线。曲线不光顺处应在保持各视图间投影一致的前提下修改光顺。

5. 绘制半宽水线图中各水线

从横剖线图中将水线与横剖线交点的半宽值移画到半宽水线图的各对应站线上。从纵剖线图上将水线和中纵剖线(外轮廓线)的交点投影到半宽水线图的中线上,根据水线首尾圆弧半径作出圆弧。过所得各点并相切于对应圆弧画出半宽水线图中各水线。

6. 绘制纵剖线图中各纵剖线

从已画好的横剖线图上,将横剖线与纵剖线交点的高度值投影到纵剖线图的对应站线上。从已画好的半宽水线图上,将纵剖线与各水线、外板顶线、舷墙顶线、甲板边线交点的长度值投影到纵剖线图的各对应线上。过上述各同站号点连成光顺曲线即为纵剖线图上的各纵剖线。这个作图过程以 3000 纵剖线为例,反映在图 4 - 12 中。图中利用样棒进行高度方向的投影,长度方向的投影用带箭头的细点划线表示。其余纵剖线的画法与此相同。

绘制型线图中各型线的顺序见图 4 - 13。

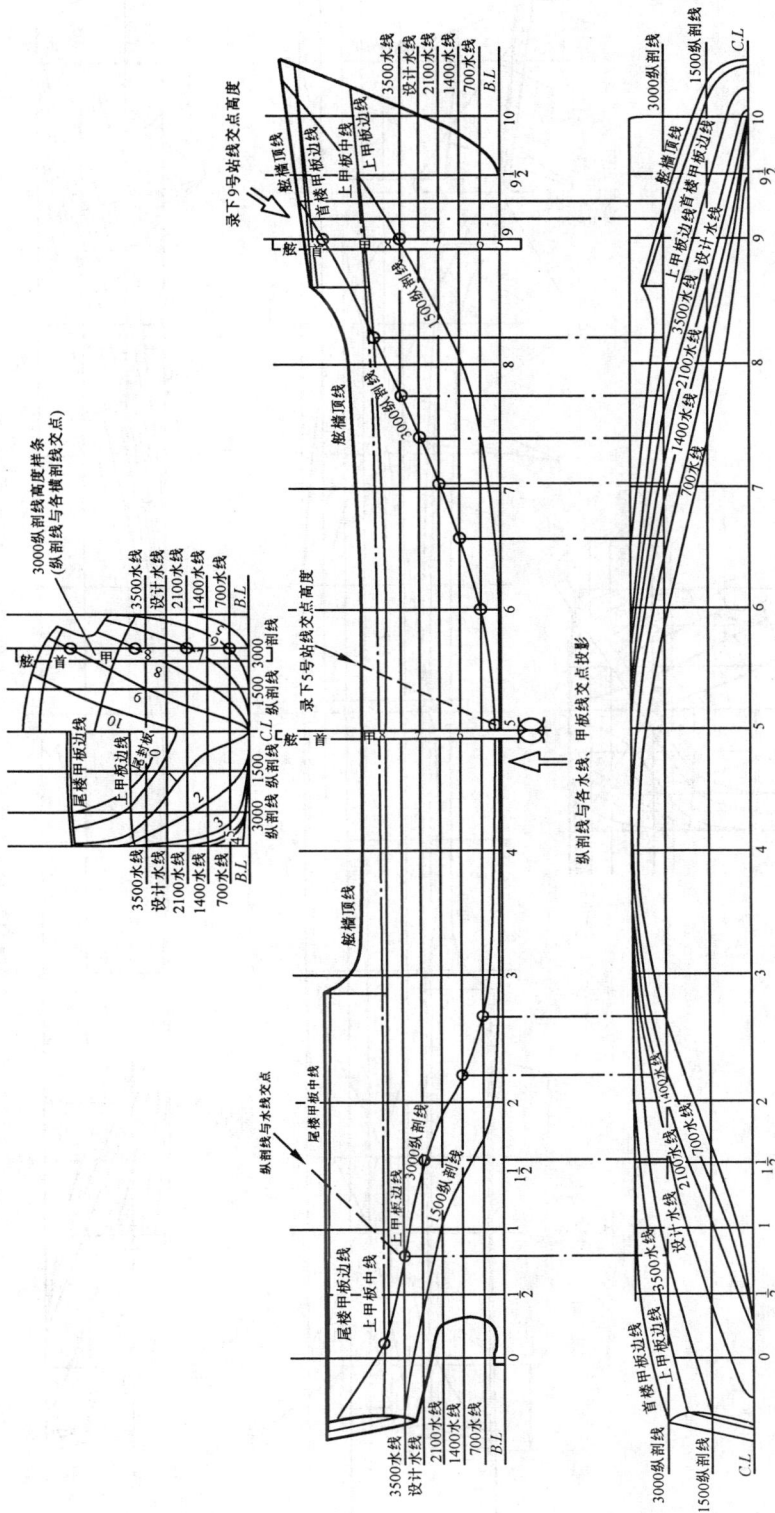

图4-12　绘画3000纵剖线

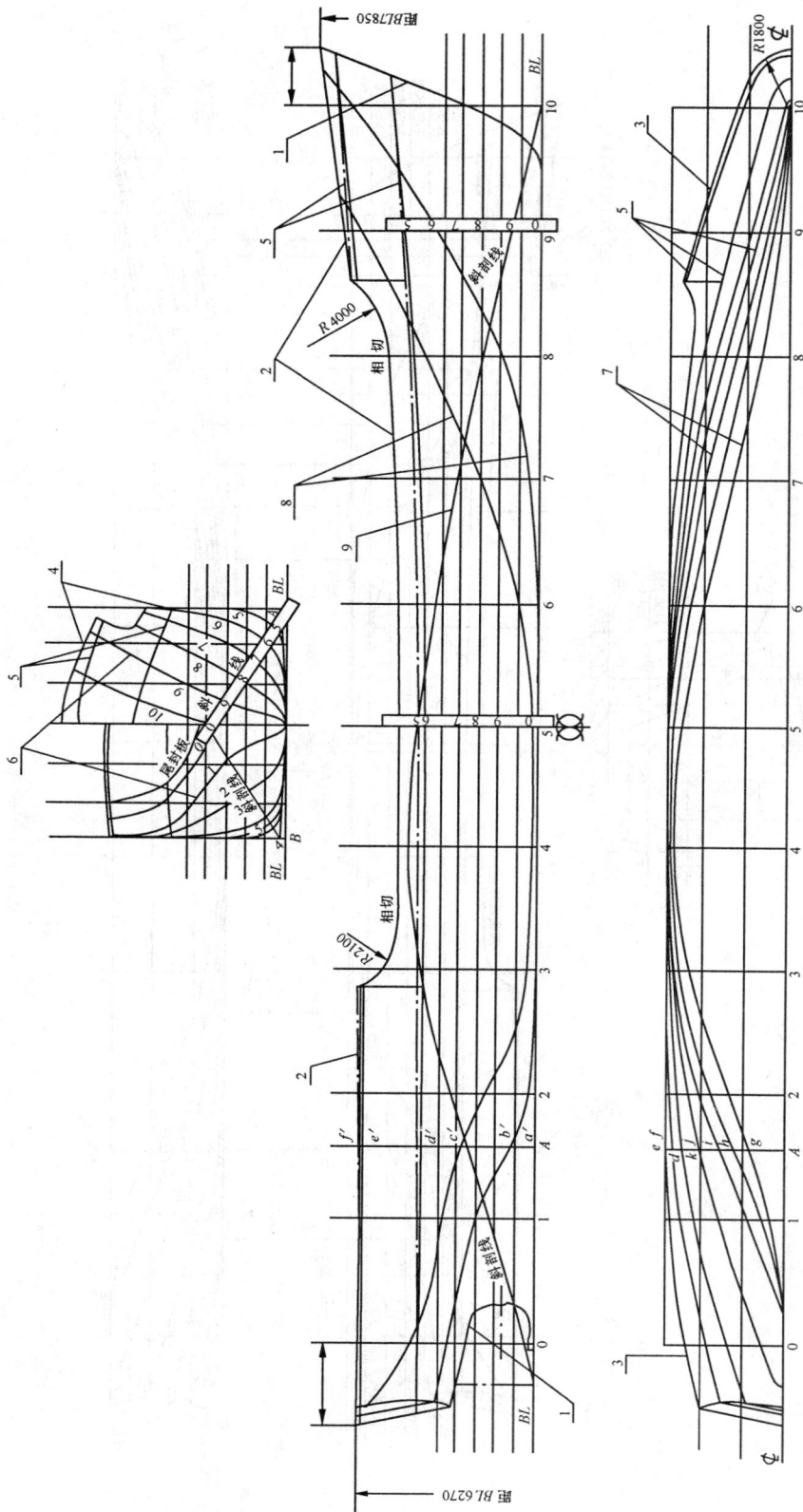

图4-13 绘制型线图中各型线的顺序

1—龙骨线，首尾轮廓线；2—纵剖线图的外板顶线，舷墙顶线；3—半宽水线图的外板顶线，舷墙顶线；
4—横剖线图型表面型面投影；5—甲板边板投影和设计水线；6—横剖线图的各纵剖线；7—半宽水线图的各
水线；8—纵剖线图各纵剖线及尾封板曲线；9—斜剖线

四、型线图的修改和检验

在绘制各组型线的过程中,如果通过已得各点不能连成光顺的曲线,就需改动不光顺处某些点的型值。此时应以已变动的型值修改相关视图中的对应点,以同时保证相关型线的光顺。

型线图绘制结束后,须对型线图的光顺性、协调性和投影一致性进行检验。

(1)光顺性 光顺性是指单根型线的曲率应作和缓而有规律的变化,不应出现折角或局部凹凸的现象(型线本身设计的折角除外)。

(2)协调性 协调性是指同组型线之间的距离大小应作有规律的变化,不应有时大时小的现象存在。

船体型线变化的特点:沿船长方向,中部变化平缓,首尾端型线变化较大。沿船深方向,越靠近船底型线变化越大。因此,反映在横剖线图中,站距相同的相邻两横剖线之间的距离,由船中向首尾逐渐增大。反映在半宽水线图中,间距相同的相邻两水线之间的距离,由上向下逐渐增大。根据这样的规律,可以通过目测检验型线的协调性。

(3)投影一致性 纵剖线图、横剖线图和半宽水线图是型线图的三视图,它们之间应符合"长对正,高平齐,宽相等"的投影关系。型表面上任何一点在三视图中的投影都应符合点的投影规律。通常都是以型线交点的投影来检验型线图投影的一致性。由于纵剖线、横剖线和水线的位置是既定的。因此,投影一致性对于纵剖线和水线的交点只需检验长度值。对于横剖线和水线的交点只需检验半宽值。对于纵剖线和横剖线的交点只需检验高度值。投影不一致的点必须加以修改,使其一致,符合投影关系。现以图 4-14 中的 1500 纵剖线为例加以说明。图中已画出的 1500 纵剖线的虚线表示的一段与 2100 水线的交点为 b_1',它和半宽水线图中的对应点 b 未保持"长一致"的投影关系。须将其改到 b' 点画出如实线所示的形状后,才符合视图间投影一致的要求。同理,1500 纵剖线虚线段和 8 号站线的交点 c_1' 也和横剖线图上的对应点 c'' 不符,须改到 c' 点才能满足视图间投影一致的要求。从图中可以看出,从虚线段改成实线后,1500 纵剖线成为一条光顺的曲线,这个修改过程见图 4-14。

(4)绘制斜剖线 光顺的船体型表面不仅平行于基本投影面剖切得到的纵剖线、横剖线和水线是光顺的。倾斜于基本投影面进行剖切时,也应得到光顺的曲线。

绘制斜剖线是型线图检验经常使用的方法。斜剖线是倾斜平面与船体型表面的交线。通常所取的倾斜平面是通过中线面与设计水线的交线所作的一个侧垂面。这个平面垂直于中站面(W 面),和中线面(V 面)和设计水线面(H 面)相倾斜。如图 4-15 所示,这个斜剖平面在横剖线图上的投影积聚为直线 MA 和 MB。这条处于倾斜位置的斜剖线在纵剖线图和半宽水线图中的投影都为不反映实形的曲线。为了得到斜剖线的实形,通常将斜剖面旋转到和 V 面平行,将实形画在纵剖线图中,参见图 4-3 的斜剖线。其作图过程是以 M 点为基准,依次量取 M 点至斜剖线与各横剖线交点之间的距离。在纵剖线图中,使 M 点与基线重合,在各站线上记下对应的交点。再将纵剖线图中设计水线与首尾轮廓线的交点投影到基线上,即为斜剖线的首尾端点。过所得各点连成的曲线就是斜剖线的实形。

如果画出的斜剖线是一条光顺的曲线,说明型线图精确度高,型表面光顺。如果斜剖线局部不光顺,就要修改相关型线上的某些点,直至曲线光顺为止。

型线图检验合格后,应标注型线和格子线的编号和名称。在图纸上方列出船体主尺度,在图纸空白处列出型值表。在图中标注首尾尺寸和其他相关尺寸,最后绘制并填写标题栏。

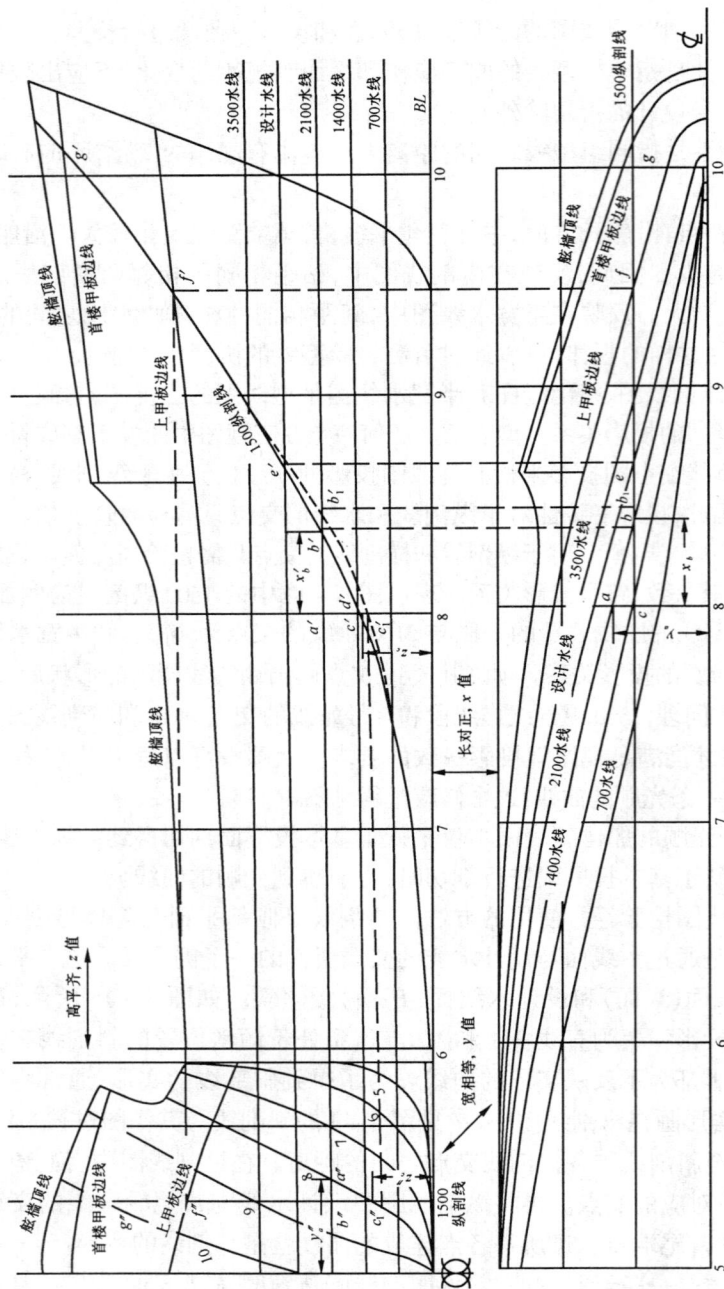

图4-14 型线的修改

虚线上的 b_1、c_1 点为投影不一致点；a、b、c、e、f、g 各点投影不一致所示的 b、c 点；应修改到实线所示的 b、c 点；a、b、e、f、g 各点投影一致

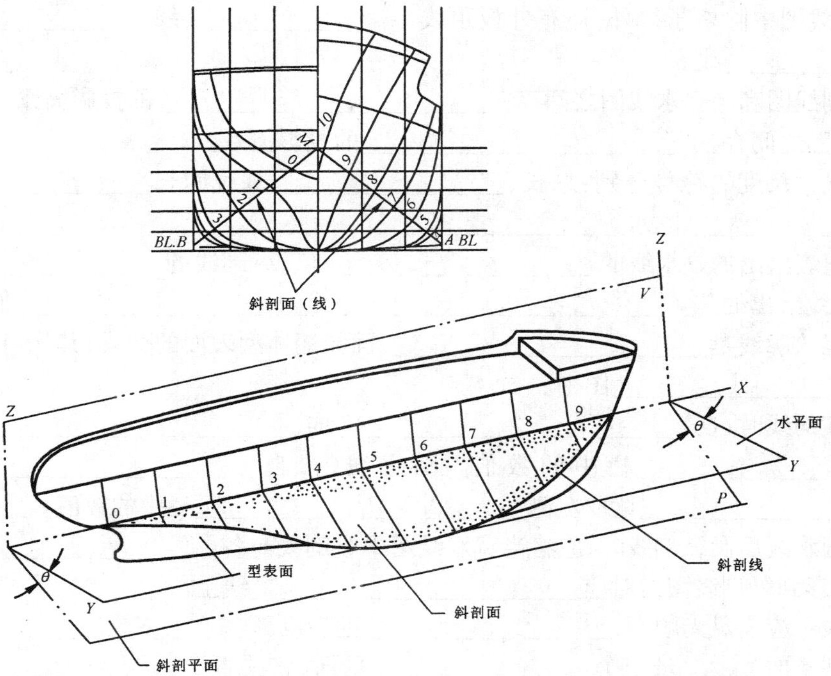

图 4 – 15　斜剖线

习　题

一、填空题

1.船体的型表面是指外板的_____表面和上甲板的_____表面。同时也是内部骨架的_____面。

2.型线是平行于_____面的平面与船体_____的交线,型线都是平面曲线。

3.型线图的三个基本剖切平面是:_____面、_____面和_____面。

4.甲板边线、外板顶线和舷墙顶线都是_____曲线,它在 V、H、W 面上的投影都是_____的曲线。

5.甲板中线是_____曲线,它是_____面和甲板型表面的交线。

6.梁拱线是_____面与甲板型表面的交线。梁拱值是船舶最宽处甲板中点_____两舷的数值。

7.型线图三视图的名称是_____图、_____图和_____图。

8.纵剖线图中反映实形的是_____线。甲板边线是_____

的曲线。

9.横剖线图中除格子线外,还有外板顶线、_____线、_____线和_____线。

10.纵剖线图和半宽水线图之间存在_____的投影关系、半宽水线图和横剖线图之间存在_____的投影关系。

11.船舶主尺度的符号分别:总长、_____、垂线间长_____、型宽_____、吃水_____。

12.型值表给出的是水线的_____值,纵剖线的_____值。甲板边线给出的是_____、_____值。

13.首尾轮廓线是_____面与船体型表面的交线,其几何尺寸反映在_____图中。

14.画横剖线时,自_____向_____读取_____栏中的数值。画水线时,自_____向_____读取左侧_____栏中的数值。

15.先画水线后画纵剖线时,应将半宽水线图中纵剖线与各_____线的交点投影到纵剖线图的对应_____线上。

16.型线图应满足光顺性、_____性和投影_____的要求。

17.斜剖平面实际上是一个_____垂面,它垂直于_____面,倾斜于基平面和_____面。

18.作图时是将斜剖面旋转到和_____面平行,使其与中线面的交线和基线重合,将斜剖线的实形画在_____图中。

二、绘制月牙形几何体型线图

习图 4－1(图册)为一月牙形几何体,该几何体的横剖面均为半圆,圆心即在纵剖线图的甲板边线上,圆心为 O_0、O_1、$\cdots$、O_{10},半径为 $R_0 \sim R_{10}$。依次画出下列各线:

(1)横剖线图和半宽水线图中的甲板边线;

(2)横剖线图中各横剖线;

(3)半宽水线图中各水线;

(4)纵剖线图中各纵剖线;

(5)在纵剖线图中画出斜剖线;

*(6)根据梁拱曲线画出纵剖线图中的甲板中线;

*(7)画出斜剖线 CP 和 DQ 的实形。

注:带"*"号为选作题。

三、根据横剖线图画出各纵剖线、各水线和斜剖线。在各引出线上标注型线的名称,见习图 4－2(图册)。

四、在习图 4－3(图册)中

(1)标注型线交点的另两个投影(A、B、C、D、E 五点),点在箭头所指方向。

(2)根据表 4－2 中的数据,在所指各点的引线上标出该点的型值(半宽、高度或半宽及高度)。

习图 4－1、4－2、4－3 均见图册。

第五章 总布置图

总布置图是表示全船总体布置的图样,它比较集中地反映了船舶的技术、经济性能,是重要的全船性图样之一。

总布置图的主要用途:

1.表示船舶主船体及上层建筑的形式,反映全船舱室、门、窗、通道以及各类设备的布置情况。军用舰艇还包括各类武备的布置;

2.是进行相关计算和设计的依据,如全船重量和重心位置的计算,船体结构和船舶设备的设计等;

3.作为绘制分布置图的依据,如各类设备、系统布置图;门、窗、扶梯布置图;木作绝缘布置图等。

通过识读总布置图,施工者可获得对所建造船舶的全面了解。

第一节 总布置图的组成和特点

图 5－1(图册)为一艘 1000 t 沿海货船的总布置图。总布置图由船舶主要量度栏和一组视图组成。

一、主要量度栏

主要量度栏中列有表明船舶技术、经济性能的一组数据,通常布置在图纸的右上方。民用船舶主要量度栏的内容一般有:船舶主尺度、排水量、载货量或载客人数、主机功率、主机转数、航速、船员定额、续航力、甲板间高度等。对于某些工程工作船舶,主要量度栏还包括一些专业性能项目。

二、总布置图的视图

总布置图中的视图有侧面图、甲板和平台平面图及舱底图三种,各自表达的内容如下。

1.侧面图

从船舶右舷向正投影面投影所得到的视图称为侧面图,见图 5－1(一)。这里的侧面图是船图中的习惯称谓,实际上应看作是总布置图的主视图。它和机械图中向侧投影面(W面)投影所得到的侧视图,在含义上是不同的。总布置图中的侧面图的基本内容如下。

(1)表示出船舶的侧面外貌。从侧面图中可以了解船舶的外型特征、首尾形状、龙骨线、舷墙、上层建筑、舷窗、烟囱、桅的布置以及舵和推进器的型式。

(2)表示了主要舱室的划分和布置。船体内部空间在高度方向由甲板和平台分隔成若干层。每层空间在长度和宽度方向又由舱壁或围壁分隔成不同用途的舱室。根据内底板、甲板、平台、舱壁及围壁的数量及设置的位置,可以确定全船舱室的划分情况以及这些舱室在船长和船深方向的具体位置。

(3)表达了船舶设备的布置概况。在侧面图中比较清晰地反映出锚、系泊、救生、起货及舵设备的布置情况。

(4)表达了门、窗、扶梯、通道等在船长和船深方向的布置情况。

对于舱室和设备较多的船舶,如战斗舰艇和大型客船,为了表达更加清晰,常以中纵剖面图代替侧面图。有时也同时画出侧面图和中纵剖面图。中纵剖面图虽是以中线面剖切船体向 V 面投影所得的视图,但各种设备不论是否被剖切,在图中一律只画设备的轮廓投影。对于船体构件,也只画出被中线面剖切到的横向构件(横梁、肋板、横舱壁等)的剖面形状和中线面内的构件(底中桁、甲板中桁材、中纵舱壁等)的投影,其余构件都省略不画。

2.甲板平面图和平台平面图

船舶每层甲板和每层平台都应单独绘制平面图。每一层甲板(平台)平面图,都是沿该甲板的上一层甲板下表面剖切船体后,向该甲板投影所得到的视图。在图 5 - 1(二)中,驾驶甲板平面图是沿罗经甲板下表面剖切后向驾驶甲板投影所得到的视图。对于最高一层甲板或平台(罗经甲板或驾驶室顶棚),则是该层甲板上方的俯视图。所以,某一层甲板平面图是表示该甲板与上一层甲板之间整个空间的布置情况的视图(平台平面图含义相同)。甲板、平台平面图表达的基本内容如下。

(1)甲板及平台上方舱室的划分(图中用粗实线表示舱壁或围壁的切断线),舱室的名称或用途。舱室内部设备、器具等的布置情况,反映出这些舱室和设备在船长和船宽方向的具体位置。

(2)甲板或平台上,舱室外部设备、机械的布置情况,反映出这些设备和机械在船长和船宽方向的具体位置。

(3)甲板或平台上的通道、门、窗、扶梯的布置及其位置。

3.舱底平面图

舱底平面图是沿最下层甲板或平台下表面剖切船体后所得的俯视图,见图 5 - 3(三)。舱底平面图表达的基本内容如下。

(1)双层底部分　表示了双层底上面的舱室、设备的布置情况以及双层底空间内液舱的布置。

(2)单底部分　表示了船底构件上方舱室和设备的布置情况。

对于舱室较多、设备复杂的船舶,为了把主要舱室中设备的布置表达清楚,有时还绘制横剖面图。横剖面图是在主要舱室部位进行横向剖切,把剖切平面附近的设备和船体构件向侧投影面(W 面)投影所得到的视图。在总布置图的横剖面图中,各类设备不论是否已被剖切,一律都只画其外形轮廓的投影。

总布置图中的侧面图、甲板(平台)平面图和舱底平面图,从不同方向反映出船舶的总体布置情况,它们之间保持对应的投影关系。看图时应互相对照。

三、总布置图的特点

总布置图是船舶总体图样,表达的内容繁多,涉及面广。为了便于使用,图纸幅面又不宜过大。因此图样采用了较小的比例。现代大型船舶,即使采用1∶200的小比例,总布置图的长度也都超过 1 m。在这种情况下,如果全船的设备、机械、器具和门、窗、扶梯等都按正投影方法绘制并标注尺寸,必然致使图面繁杂、图线密集。为了既把内容表达完整,又便于绘制和识读,总布置图中采用了一些特殊的表达方法。

(1)图形符号表示法　总布置图中的舱壁、门、窗、开口、扶梯、舱口、舱口盖、舷墙、栏杆以及锚设备、系泊设备、救生设备、航行设备,房间内的各类设施和器具等,在总布置图中都采用经简化的图形符号来表示。所用的图形符号由国家标准《船舶总置图图形符号》(GB3894-83)具体规定。图5-2为总布置图中所用图形符号举例。图5-2(a)为首楼甲板上锚机、止链器、导缆钳等锚和系泊设备布置图。图5-2(b)为船员居室内的床、桌、柜等家具布置图。图中的设备都以简化图形表示。识读总布置图,应熟悉附录四中所列常用图形符号的含义,以便能顺利识读总布置图。

标准中规定的基本图形符号可以组合使用。例如带有门柜和双层抽屉的单人床可用表示。凡是标准中未曾包含的特殊设备,可用与其实际形状相似的图形符号表示。

(2)图中不直接标注舱室、设备等的定形尺寸和定位尺寸　要在总布置图的各个视图中把全部舱室、设备、器具的定形尺寸和定位尺寸都标注出来是很困难的。再则,总布置图并非直接指导生产的施工图样,也不必标注详细尺寸。因此,总布置图中的绝大部分尺寸都省略不注。其粗略尺寸可以从相关视图中确定。设备、机械等的粗略外形尺寸可以用比例尺直接在图样中量取,它们的准确尺寸由设备明细表或相关图样提供。舱室和设备在船长方向的定位尺寸由肋骨号确定,在船宽方向的定位尺寸以中线为基准,用比例尺在图中直接量取。高度方向的定位尺寸由所在的甲板、平台确定。

四、总布置图中的图线

下面列举总布置图中的常用图线及其应用范围。

(1)细实线　主要作为可见轮廓线,如主船体、上层建筑、甲板、平台、开口以及各类设备的可见轮廓线。基线、中线、水线也画细实线。

(2)粗实线　作为板材、型材的剖面简化线。如表示船体外板、金属舱壁和围壁、船体构件的剖面。

(3)细虚线　作为结构和设备的不可见轮廓线。

(4)粗虚线　作为水密或非水密不可见板材的简化线。如不可见的甲板、平台、内底板、横舱壁、金属围壁和肋板等的简化线。

(5)细点划线　作为中心线、轴线、开口对角线、液舱范围线、系船索等。

(6)细双点划线　作为假想位置线,如上层建筑开口轮廓线,单底船的肋板边线等。

第二节　识读总布置图

识读总布置图的方法和步骤如下。

一、阅读标题栏和主要量度

通过标题栏(略)和主要量度,可了解船舶的类型、用途及主要技术性能。

该船为1 000 t沿海货船,总长64.96 m,设计水线长61.93 m,垂线间长59.23 m,型宽10.80 m,型深5.35 m,满载吃水4.20 m,结构吃水4.50 m,载货量(满载吃水)～1 020 t,排水量(满载吃水)1 774 t,船员27人,主机功率(额定)662 kW,试航速度(满载吃水)～11.5 kn。

见图 5 - 2(一)。

二、识读侧面图

识读侧面图的目的主要是了解船舶的外形、上层建筑的形式、船体的舱室和设备的布置概貌。

1. 了解船舶外貌

本船为倾斜式船首、方尾型、水平龙骨、单舵、单螺旋桨的尾机型船。设有首部升高甲板和尾楼,尾楼上有烟囱和装设天线、信号灯的桅。首部升高甲板上有三脚桅。两个货舱之间设有桅杆,桅杆上设有两副起货吊杆。

2. 了解主船体内舱室划分情况

本船主船体部分由上甲板和内底板分隔为船舱和双层底舱两部分。内底板设于 #6 至 #81 肋位之间。船舱中的 #6、#25、#54、#81、#88 五道横舱壁将主船体划分为尾尖舱(后压载水舱)、机舱、第二货舱、第一货舱、弹药舱和首尖舱(首压载水舱)等六个舱室。双层底舱由水密肋板划分为燃油舱、清水舱和多个压载水舱。

3. 了解上层建筑内舱室划分情况

本船首部升高甲板下为贮物舱和油漆间。尾楼设于船尾至 #29 肋位之间,由尾楼甲板、驾驶甲板和罗经平台划分为三层空间,各层空间的内部划分图中未作表示,可见相应的甲板或平台平面图。

4. 了解设备布置概况

罗经平台上布置有磁罗经、探照灯。桅杆上装有天线和信号灯。驾驶甲板上可见舷灯。尾楼甲板上布置有救生设备、烟囱、舷梯和尾部三脚桅。上甲板上设有起货设备、系泊设备、扶梯等。首部升高甲板上设有锚设备、系泊设备和首旗杆。各种设备详细布置情况可与相应的甲板或平台平面图联系起来看。

三、详细了解全船的布置情况

详细了解全船布置情况,可以逐层甲板,逐个舱室根据甲板平面图、平台平面图和舱底平面图对照侧面图详细识读。也可以根据需要,对某一类设备或某一部分内容进行详细分析和专门了解全船系泊设备的布置、扶梯的布置等。不论是全面了解,还是根据需要作局部了解,在识读时都必须使平面图与侧面图、平面图与平面图相互配合对照,找到同一设备或结构在不同视图中的投影,才能全面了解布置情况。下面举例说明识读的方法。

1. 了解首部锚及系泊设备的布置

首部锚设备及系泊设备布置在首部升高甲板上,见图 5 - 1(二)。从首部升高甲板平面图中可见:锚设备由起锚机、锚链、止链器、锚链筒和锚组成。它们对称于船体中线布置。起锚机链轮轴线位于 #89 肋位略偏船首,止链器位于 #92 ~ #94 肋位之间,锚链筒在甲板上开口的中心位于 #96 肋位处,对照侧面图,可知锚链筒外板上开口的中心位于 #97 和 #98 肋位之间。锚链将锚和起锚机联系在一起。首部的系泊设备由缆索卷车、带缆桩、双滚轮导缆钳和普通导缆钳组成。两部缆索卷车对称布置在中线两侧,其轴线位于 #84 肋位偏前。带缆桩共有两对,一对靠近船舷,中心位于 #86 肋位附近。另一对位于止链器外侧,中心位于 #92 肋位附近。一对双滚导缆钳位于 #100 肋位的两侧。一对普通导缆钳位于首部升高甲板的舷边。各设备在船宽方向的定位尺寸可在图中按比例量取。

2.了解船员房间的布置

主要是了解房间内家具设备、门窗位置的布置。以图5-1(二)驾驶甲板上的船长房间为例,从图中可见,房间里布置有单人床、写字台、椅子、衣柜和沙发等家具。在右舷侧壁上开有带圆窗的金属门,前围壁上开有木质门可通向海图室,在侧围壁上有一扇上下移动的方窗。其他船员房间的布置读者可自行分析。

3.了解扶梯、通道的布置

主要了解室内外出入通道和上下扶梯的布置情况。现以图5-1(二)中的救生艇甲板为例加以说明。从图中可见,在 #24肋位的甲板室侧壁上,布置有两扇带圆窗的金属门,以沟通室内外。通过这两扇门可从左右舷由艇甲板出入室内外。横向内通道位于 #23~ #25肋位之间。通道两侧有多扇木门通向各个船员房间和广播室等工作室。从图中可见,救生艇甲板上共有七台扶梯沟通上下层甲板之间的联系。在艇甲板前端两侧的两台扶梯用来沟通和上甲板之间的联系。扶梯上的箭头表示走向,"-"表示是从下层甲板上来的扶梯。这是两台室外扶梯。在室内通道的 #24肋位的中线处,有两台叠置的扶梯,一台向上通向驾驶甲板,一台向下通向上甲板。在 #15肋位附近的两台室外扶梯都向上通向驾驶甲板,在箭头所指方向标有"+"号。最后,在 #5肋位处有一台向下通向上甲板的扶梯。由于扶梯布置涉及上下层甲板,读图时将上下层甲板平面图互相对照,在两层甲板上可以找到同一台扶梯,分别标有"+"号和"-"号。

图5-1(二)中上甲板上系泊设备的布置,舱室划分、内通道、扶梯的分布以及门窗的设置,图5-1(三)中舱底图中底舱的分布,读者自行分析。

习　题

一、填空题

1.总布置图反映出主船体及＿＿＿＿＿＿＿＿＿＿＿的形式,全船＿＿＿＿＿＿＿＿＿＿＿的划分以及＿＿＿＿＿＿＿＿＿＿＿的布置情况。

2.总布置图中的＿＿＿＿＿＿＿＿＿＿＿栏比较集中地反映出船舶的经济技术性能。

3.总布置图是由＿＿＿＿＿＿＿＿＿＿＿和＿＿＿＿＿＿＿＿＿＿＿组成的。

4.总布置图的视图包括＿＿＿＿＿＿＿、各层甲板、平台平面图和＿＿＿＿＿＿＿＿＿＿图。

5.侧面图是从船舶＿＿＿＿＿＿＿＿＿＿＿舷,正对着船舶＿＿＿＿＿＿＿＿＿＿＿面投影得到的视图,它是总布置图的＿＿＿＿＿＿＿＿＿＿＿图。

6.主船体内部的分隔,甲板、平台的层数以及横舱的位置反映在＿＿＿＿＿＿＿＿＿＿图中。

7.甲板(平台)平面图反映了该层甲板以上＿＿＿＿＿＿＿＿＿＿＿空间里的设备布置情况。

8.双层底部分的舱底平面图表示了双层上舱室、设备的布置和双层底下＿＿＿＿＿＿＿＿＿＿＿的布置情况。

9.总布置图中一般不标注设备的＿＿＿＿＿＿＿＿＿＿＿尺寸和＿＿＿＿＿＿＿＿＿＿＿尺寸。

10.总布置图中设备的安装位置在船舶长度、宽度和高度方向分别以＿＿＿＿＿＿＿＿＿＿＿＿＿＿、＿＿＿＿＿＿＿＿＿＿＿＿＿＿＿＿＿＿和＿＿＿＿＿＿＿＿＿＿＿＿＿＿＿＿为基准确定。

11.总布置图中船舶和设备的可见轮廓线用＿＿＿＿＿＿＿＿＿＿＿＿＿＿＿＿线表示,不可见的板材用＿＿＿＿＿＿＿＿＿＿＿＿＿＿＿线表示。

12.识读总布置图的顺序:先看标题栏和＿＿＿＿＿＿＿＿＿＿＿＿,再识读＿＿＿＿＿＿＿＿＿＿图,后逐个识读各＿＿＿＿＿＿＿＿＿＿＿、＿＿＿＿＿＿＿＿＿＿＿平面图和舱底图。

二、识读习图 5－1(一),填空回答下列问题。

1.该船为＿＿＿＿＿＿＿＿＿＿＿＿首、球型尾、＿＿＿＿＿＿＿＿＿＿＿龙骨、半悬挂舵、单螺旋桨的＿＿＿＿＿＿＿＿＿＿＿机型船。

2.该船尾楼共有＿＿＿＿＿＿＿＿＿＿＿层甲板,和主甲板共同构成＿＿＿＿＿＿＿＿＿＿＿层空间。

3.尾楼的各层甲板,自上而下依次是罗经甲板、＿＿＿＿＿＿＿＿＿＿＿＿＿＿＿＿＿＿＿、＿＿＿＿＿＿＿＿＿＿＿＿＿、＿＿＿＿＿＿＿＿＿＿＿＿＿＿、＿＿＿＿＿＿＿＿＿＿＿＿＿和艇甲板。

4.本船尾楼设于船尾至＿＿＿＿＿＿＿＿＿＿＿肋位之间,尾尖舱舱壁设于＿＿＿＿＿＿＿＿＿＿＿肋位。

5.舵机舱设于船尾至＿＿＿＿＿＿＿＿＿＿＿肋位之间。机舱内共有＿＿＿＿＿＿＿＿＿＿＿层平台。

6.救生艇的位置约在＿＿＿＿＿＿＿＿＿＿＿ ~ ＿＿＿＿＿＿＿＿＿＿＿肋位间的艇甲板上。右舷可见＿＿＿＿＿＿＿＿＿＿＿个气胀式救生筏,吊艇架的中心线约在＿＿＿＿＿＿＿＿＿＿＿肋位。

7.罗经甲板上设有＿＿＿＿＿＿＿＿＿＿＿＿＿、各种信号灯、＿＿＿＿＿＿＿＿＿＿＿和标准罗经。

8.烟囱的位置在＿＿＿＿＿＿＿＿＿＿＿＿＿ ~ ＿＿＿＿＿＿＿＿＿＿＿肋位之间。

9.首防撞舱壁位于＿＿＿＿＿＿＿＿＿肋位。锚链舱设于＿＿＿＿＿＿＿＿＿ ~ ＿＿＿＿＿＿＿肋位之间,舱底略低于＿＿＿＿＿＿＿＿＿水线。

10.首楼内布置有＿＿＿＿＿＿＿＿＿＿＿＿＿＿间和＿＿＿＿＿＿＿＿＿＿＿＿＿＿室。

三、识读习图 5－2(二)首楼甲板平面图,填空回答下列问题。

1.对照侧面图,可知前桅安装在＿＿＿＿＿＿＿＿＿＿＿ ~ ＿＿＿＿＿＿＿＿＿＿＿肋位间的首楼甲板中心线上。

2.位于 230 ~ 233肋位间的梯子是向＿＿＿＿＿＿＿＿＿＿通向＿＿＿＿＿＿＿＿＿楼内贮藏室的,两侧的梯子是通向＿＿＿＿＿＿＿＿＿的。

3.首楼甲板上两台起锚机设置位置约在＿＿＿＿＿＿＿＿＿＿＿＿＿＿＿＿＿ ~ ＿＿＿＿＿＿＿＿＿＿＿＿＿＿肋位之间,止链器和锚链筒的甲板出口约在＿＿＿＿＿＿＿＿＿＿＿肋位处。

4.首楼甲板上共有＿＿＿＿＿＿＿＿＿＿＿台缆索卷车,其卷筒中心线约在＿＿＿＿＿＿＿＿＿肋位。

5.首楼甲板上共有＿＿＿＿＿＿＿＿＿＿个带缆桩、＿＿＿＿＿＿＿＿＿个导向滚轮和＿＿＿＿＿＿＿＿＿个三滚导缆钳。

6.首楼甲板上共有＿＿＿＿＿＿＿＿＿＿＿＿＿＿个双滚导缆钳和＿＿＿＿＿＿＿＿＿＿＿＿＿个导缆孔,其中一个安装在首端中心线上。

四、识读图 5－1(三)艇甲板平面图,填空回答下列问题。

1.艇甲板上甲板室的前后壁分别位于＿＿＿＿＿＿＿＿＿＿＿和＿＿＿＿＿＿＿＿＿＿＿肋位。机舱棚的前后壁分别位于＿＿＿＿＿＿＿＿＿＿＿和＿＿＿＿＿＿＿＿＿＿＿肋位。

2.甲板室的内通道位于 #_____ ~ #_____ 肋位之间。该层甲板上共有_____台扶梯。标有"DN"的是通向_____的扶梯,标有"UP"的是通向_____的扶梯。

3.该船配备的是两艘额定乘员 38 人的_____救生艇。艇甲板上还配置_____个气胀式救生筏。

4.由图中可见,由甲板室向外通向露天甲板的是_____门。由内通道进入各房间的是_____门。(指金属或木制门)

5.餐厅可容纳_____人就餐,餐厅靠贮藏室一角放置一台_____。

五、识读习图 5－1(四)起居甲板平面图,填空回答下列问题。

1.起居甲板上甲板室内通道的位置约在 #_____ ~ #_____肋位之间。此外,左右各有一条_____向内通道。

2.该层甲板上有_____台室内扶梯,_____台室外扶梯。标有"UP"的通向_____,标有"DN"的通向_____。

3.甲板室围壁上开有_____形窗。船员房间都设向_____开的_____门。

4.该起居甲板上共布置了_____间船员居室,每室住_____人。

5.船员卧室中的家具有_____、_____、_____、沙发和衣柜。各室均有单独卫生间。卫生间内有坐式大便器、_____和_____。

第六章　中横剖面图

中横剖面图也称典型横剖面图,它以数个有代表性的横向剖面图表示船体结构的基本情况,是主要的全船性结构图样之一。该图是校核船体强度和绘制其他结构图样的重要依据。

第一节　中横剖面图的组成和表达的内容

一、中横剖面图的组成

中横剖面图通常由肋位剖面图、局部剖面图和主尺度栏组成。

1.肋位剖面图

肋位剖面图是中横剖面图的主要组成部分。它表达了船体主要构件的布置、结构形式、构件尺寸和连接方式。肋位剖面图的数量要依据船舶类型和结构表达需要确定。通常选在结构典型、有代表性的部位。如普通货船取在机舱和货舱。油船取在机舱和货油舱。拖船取在机舱和船员舱,其中的一个肋位剖面应能包含船舶的上层建筑。图6-1(图册)为一普通货船的中横剖面图。

由于船体结构左右对称,所以肋位剖面图一般只绘制一半或略多于一半。肋位剖面图按肋位号顺序在图面上从左向右依次布置,即靠近船尾的剖面图布置在图纸的左面,靠近船首的剖面图布置在图纸的右面,见图6-1的#21和#42号肋位剖面图。肋位剖面图以其肋位号下的箭头表示视向。箭头向右为向船首方向投影,向左则为向船尾方向投影。

2.局部剖面图

对于某一舱室范围内仅有局部不同的结构,常用局部剖面图表示。譬如,仅底部少数肋位的结构不同于其他肋位,而舷侧和甲板等大部分结构都相同,这时就不必要另画完整的肋位剖面图,而只单独画出该肋位的底部结构就可以了。见图6-1(图册)右上方的几个局部剖面图。

局部不同结构的另一种表达形式是采用重叠画法。把局部不同的结构用双细点划线表示在肋位剖面图的相应位置上,如图6-1 #42肋位剖面中的强肋骨和强半横梁。

3.主尺度栏

中横剖面图的右上方布置主尺度栏(本例略去),列出船体主尺度及有关数据,如总长、垂线间长、型宽、型深、吃水、肋骨间距和梁拱等。

某些船舶的中横剖面图上,还对船体结构设计的依据、设计时考虑的一些特殊因素和注意点用文字作简要说明,作为中横剖面图的附注。

二、中横剖面图表达的内容

中横剖面图表达的内容有:

(1)横向构件(如肋板、肋骨、横梁等)的形状、尺寸和连接方式;

(2)纵向构件(如纵桁、纵骨和舭龙骨)的尺寸及布置情况;

(3)外板、甲板、平台、内底板的纵缝位置及各列板的厚度;

(4)主机基座的结构、尺寸及主轴中心的位置;

(5)上层建筑纵向围壁的位置,纵缝位置及各列板的厚度、纵壁扶强材尺寸;

(6)舱口宽度及舱口结构和尺寸;

(7)双层底、船舱和甲板间舱的高度及各层甲板梁拱值。

除结构图形外,中横剖面图上所标注的尺寸也有两种,一种是构件的定位尺寸,它以"金属船体构件理论线"的规定为依据,以中心线和基线为基准标注其半宽和高度,如图 6 – 1 $^\#$42肋位剖面图中,舱口围板距中线的半宽为3 500 mm,由底板距基线的高度为900 mm。$^\#$21肋位图中,第二甲板距基线4 900 mm,驾驶室侧壁距中线4 700 mm,这些都是结构的定位尺寸,图 6 – 2 中所标注的就是主要构件的定位尺寸。另一种是构件的定形尺寸,主要标注材料断面尺寸,通常采用集中标注的形式,如普通肋骨为角钢 $\llcorner$ 180 × 110 × 10,强横梁为焊接

T 型材 $\perp \dfrac{14 \times 420}{20 \times 250}$。

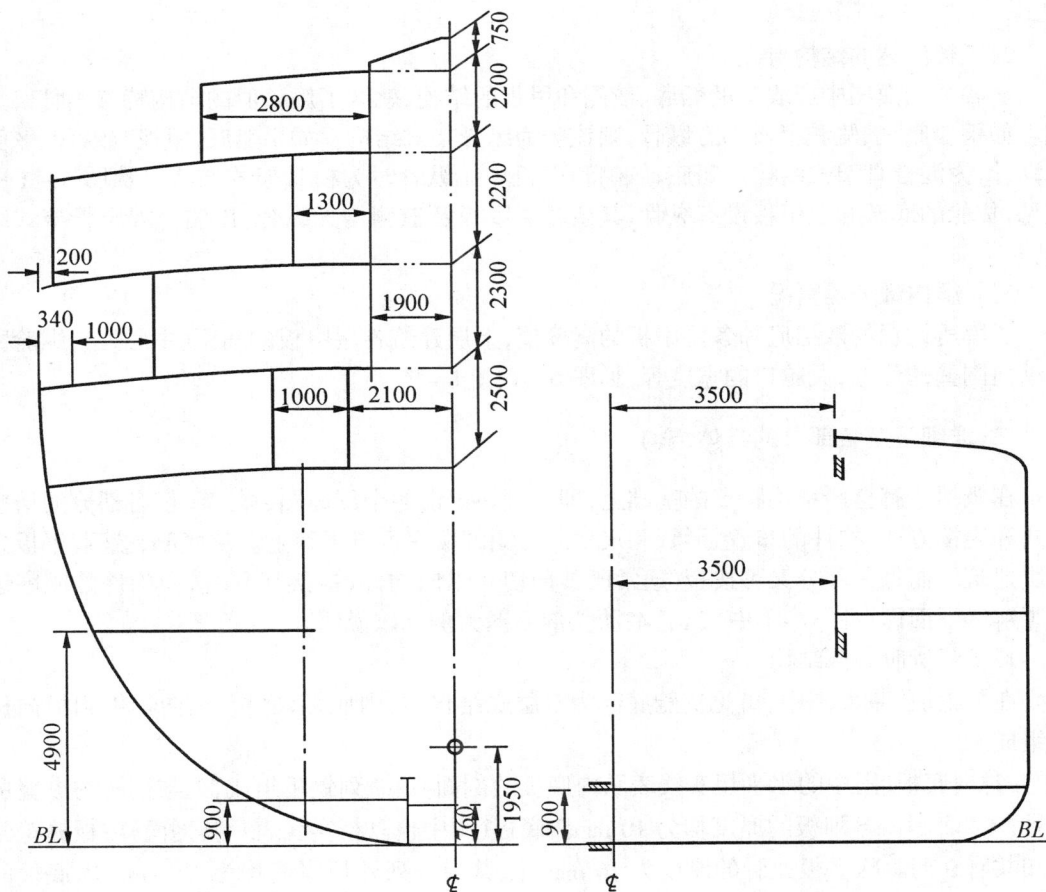

图 6 – 2　中横剖面中的定位尺寸

个别构件有时在图中采用文字说明其设置位置。如图 6-1 #21 剖面图中机舱内支柱设置在 #27 和 #33 肋位。凡是由船体型线确定的构件形状尺寸,如肋板和肋骨的曲线形状,在图中都不需标注尺寸。

第二节　识读中横剖面图

由于中横剖面图是全船性的结构图样,根据图样的组成和表达的内容,识读中横剖面图的目的是对全船主要结构获得一个概括的了解。主要是了解甲板、平台的层数和高度、骨架型式,纵向构件的布置和尺寸,以及横向构件的形状、尺寸和连接形式。

下面以图 6-1 为例,说明识读中横剖面图的方法和步骤。

一、对全船结构作概括了解

首先了解船舶的用途、结构特点以及船体内部空间在深度和宽度方向的分隔情况。

1. 了解船舶的用途

由标题栏和各肋位剖面所在舱室的名称,就能知道该船的名称、用途和船舶的主要尺度。

2. 了解船体的结构特点

从各个剖面图中所表达的船底、舷侧和甲板的结构,就能了解该船的结构特点和骨架型式。如果船底、舷侧和甲板都有纵骨,则该船为纵骨架式结构。如果船底、甲板有纵骨、舷侧无纵骨,为混合骨架式结构。船底、舷侧和甲板均无纵骨时为横骨架式结构。从图 6-1 中可见,货舱的底部和上甲板设有纵骨,其余各层甲板及舷侧均无纵骨,该船为混合骨架式结构。

3. 了解内部分隔情况

了解所设置的双层底和各层甲板的高度值,上层建筑各层甲板的间距(中心处),纵舱壁和纵向围壁的位置,大舱口的宽度等,见图 6-1、图 6-2。

二、详细了解各部分的具体结构

在概括了解全船结构特点的基础上,即可逐一识读各个剖面图,详细了解各部分的结构形式和连接方式、构件的布置、形状和尺寸。看图的顺序可自下而上。从底部、舷侧、甲板到上层建筑。而每一部分又可按板(通常已被剖切)、纵向构件(被剖切)到横向构件的顺序逐个了解。下面即以图 6-1 中 #21、#42 肋位剖面图为例加以说明。

1. 了解货舱底部结构

在 #42 肋位剖面图中,可见货舱底部为双层底结构,由内底板、底板、纵向构件和横向构件组成。

(1)内底板(图中的水平粗实线表示内底板的剖面)由 7 列钢板组成,列与列间的纵缝由符号"⊻"表示。各列板的厚度均为 10 mm。底板(图中也以粗实线表示其剖面)由板缝符号可知共有 9 列。除平板龙骨的厚度为 16 mm 外,其余各列外板厚度均为 12 mm。内底板的高度为 900 mm。

(2)该船货舱底部为纵骨架式结构。纵向构件在中横剖面图均被剖切,画粗实线。图中可见,底中桁材厚度12 mm,底旁桁材厚度9 mm,距中3 500 mm。底纵骨和内底纵骨均为球扁钢,尺寸为⌐ 180×40×9。舭部设有舭龙骨,由12×300的板材和⌐ 180×40×9球扁钢组合而成。

(3)横向构件图中所示为实肋板。实肋板每隔三挡肋位设置,板厚10 mm。肋板上装有加强筋,尺寸为-10×100。肋板上开有腰圆形人孔(350×500)和圆形减轻孔(ϕ350)。肋板上、下开有纵骨贯穿孔。不设实肋板的肋位,于中桁材两侧和舭侧设有肘板,见上方局部视图。纵骨贯穿肋板的切口尺寸见上方详图。

2.货舱舷侧结构

由图6-1可见,舷侧外板共有4列钢板组成,用板缝符号"◂⋖"分界,厚度分别为16 mm和12 mm。舷侧外板上除了舱口端梁下面设强肋骨外(尺寸分别为$\llcorner\frac{10\times300}{16\times180}$和$\llcorner\frac{10\times200}{16+120}$),其余肋位分别尺寸为⌐ 160×100×10和⌐ 140×90×8的普通肋骨。普通肋骨上端用折边肘板(尺寸为$\llcorner\frac{8\times250\times250}{50}$)与普通横梁连接。下端用折边舭肘板(尺寸为$\llcorner\frac{10}{100}$)与内底板连接。图中强肋骨因不在#42肋位,采用重叠画法画细双点划线。

3.货舱甲板结构

图6-1 #42肋位剖面图中表达了上甲板和第二甲板的结构。上甲板板的厚度为14 mm。甲板纵骨为角钢,尺寸为⌐ 125×80×8,强横梁为T型材,尺寸为$\llcorner\frac{8\times240}{12\times100}$,舱口端处的强半横梁也为T型材,尺寸为$\llcorner\frac{8\times400}{12\times120}$,因不在#42肋位,采用重叠画法,用梁肘板连接舷侧强肋骨。第二甲板板的厚度为8 mm。其上普通横梁尺寸为⌐ 140×90×8,强横梁尺寸为$\llcorner\frac{10\times400}{12\times120}$。

舱口是甲板结构中比较复杂的部位。图6-1 #42肋位剖面图中表示了上甲板和第二甲板上的舱口结构。为便于识读,先对上甲板上的舱口结构作一介绍,见图6-3的舱口结构立体图。在甲板上方为舱口围板,由腹板和面板组成,有的在围板内侧上缘还焊有半圆钢,如图6-1所示。在甲板下方为舱口纵桁,由腹板、面板和圆钢组合而成。舱口纵桁与甲板半横梁间用肘板连接。

在图6-1 #42肋位剖面图中,上甲板的舱口围板厚12 mm,在围板上缘内侧装有尺寸为⬤ 60×30的半圆钢,外缘装有水平扶强材,尺寸为- 60×30 25×250。舱口围板下缘与甲板角接。纵向围板上装有尺寸为⌐$\frac{12}{75}$的折边肘板。在横向围板上的肘板,图中用粗虚线表示,间隔为1 200 mm。甲板下的舱口纵桁为焊接球扁钢,从图中可知尺寸为$\llcorner\frac{14\times400}{16\times30\phi80}$。下甲板的舱口纵桁也为焊

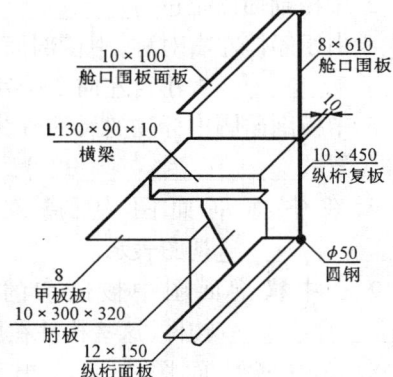

图6-3 舱口结构立体图

图中标注:
10×100 舱口围板面板
8×610 舱口围板
L130×90×10 横梁
10×450 纵桁复板
8 甲板板
10×300×320 肘板
ϕ50 圆钢
12×150 纵桁面板

接球扁钢,尺寸为 $\llcorner \dfrac{14 \times 760}{20 \times 450 \phi 80}$,以尺寸为 $\llcorner \dfrac{14}{75}$ 的肘板与普通横梁连接。

4.舷墙结构

从 #42肋位剖面图中可以看到,组成舷墙的构件有:舷墙板,板厚 7 mm,整个舷墙高度为 1 100 mm。舷墙板的上缘装有尺寸为 $\ulcorner$ 180×40×9 的水平型材。连接舷墙和甲板的折边肘板尺寸为 $\llcorner \dfrac{8}{90}$,距舷墙板下端 80 mm 处的内侧装有加强扁钢。

5.上层建筑结构

在 #21肋位剖面图中表示了机舱和上层建筑的结构。如在上甲板和尾楼甲板之间,两道纵壁分别距中线 2 100 mm 和 3 100 mm。壁板板厚分别为 6 mm 和 3 mm。其上垂直扶强材分别为角钢 $\llcorner$ 90×54×8 和 $\llcorner$ 60×40×5。尾楼侧壁和外板平齐,板厚8 mm。前围壁板厚 8 mm,后围壁板厚 6 mm。尾楼甲板板厚 7 mm,横梁为角钢 $\llcorner$ 100×63×5。其余舱室构件尺寸可自行分析。自上甲板向上,各层甲板的梁拱均为 280 mm,图中以中线处的 R280 半圆表示。

经过从船底到上层建筑的看图分析,综合后即可对货舱、机舱以及上层建筑的整个结构有了一个全面的了解。

习　题

一、填空题

1.中横剖面图主要由若干个典型部位的＿＿＿＿＿＿图和＿＿＿＿＿＿栏两部分组成。

2.普通货船中横剖面图中的肋位剖面通常选在＿＿＿＿＿和＿＿＿＿＿部位。

3.中横剖面图是进行＿＿＿＿＿计算和绘制其他＿＿＿＿＿的主要依据。

4.由于船体左右对称,中横剖面图都只画＿＿＿＿＿。各个剖面图在图面上按＿＿＿＿＿大小自左向右排列。

5.中横剖面图中标注的尺寸分为两类:表示构件大小的＿＿＿＿＿尺寸和表示构件位置的＿＿＿＿＿尺寸。

6.在中横剖面图中,局部不同的结构可采用＿＿＿＿＿画法或＿＿＿＿＿视图表示。

7.在中横剖面图中被剖切的构件有外板、各层＿＿＿＿＿、纵壁和全部＿＿＿＿＿构件,这些构件在图中用粗实线表示剖面。

8.在中横剖面图中反映出真实形状和大小的是＿＿＿＿＿构件,如＿＿＿＿＿、＿＿＿＿＿等。

9.识读中横剖面图的步骤是先＿＿＿＿＿了解全船结构,再自下而上＿＿＿＿＿各部分结构。

10.识读船底、舷侧等各部分结构时,都可按先看外板等＿＿＿＿＿构件,再看＿＿＿＿＿构件,后看＿＿＿＿＿构件的顺序。

二、识读习题6-1(图册)中横剖面图,并填空回答下列问题。

1. 该船货油舱部分为 _____ 壳体结构,中线面处设有槽形 _____,将货油舱分为左右两舱。

2. 该船底部、舷侧、01甲板、1甲板上均有 _____,为 _____ 骨架式结构。

3. 龙骨底板的厚度为 _____ mm,其余各列底板的厚度均为 _____ mm。舷侧外板的厚度为 _____ mm。

4. 内底板的厚度为 _____ mm,内壳板的厚度有 _____ mm和 _____ mm。

5. 01甲板的厚度为 _____ mm,1甲板除甲板边板的厚度为 _____ mm外,其余均为 _____ mm。

6. 箱形龙骨纵桁板厚为 _____ mm,内部框架(组合式)肋板为T型材,尺寸分别为$\perp \frac{10 \times 350}{15 \times 100}$和 _____、_____。

7. 底纵骨为L型钢,尺寸为 _____,内底纵骨为L型钢,尺寸为 _____。

8. 舷侧纵骨和内侧(壳)板纵骨均为 _____ 钢,尺寸有 _____ 和 _____ 两种。

9. 肋板厚度为 _____ mm和 _____ mm。肋板上有尺寸为 _____ 的人孔,孔四周扁钢加强筋的尺寸为 _____。

10. 甲板纵骨均为球扁钢,尺寸为 _____。

11. 甲板纵桁和强横梁均为焊接T型材,其尺寸为 _____。普通横梁的图中采用 _____ 画法用 _____ 线表示,其尺寸为 _____。

12. 槽形中纵舱壁板厚为 _____ mm。舱壁上工字形垂直桁材的尺寸为 _____。桁材上装有尺寸为 _____ 的水平扁钢。

13. 图中符号"$"表示 _____ 接缝。符号"⚓"表示的是 _____ 接缝。

三、识读习题6-2,并填空回答下列问题。

1. 该船为 _____ 骨架式结构,底部、舷侧和甲板上均无 _____ 骨。

2. 图中用重叠画法表示的结构有 _____ 和 _____。

3. 图中所标高度方向的定位尺寸的基准是 _____ 或 _____。

4. 驾驶室的半宽为 _____ mm,中心高度为 _____ mm;舷墙的高度为 _____ mm。

5. 图中货舱内支柱的安装位置和上层建筑围壁和扶强材的尺寸是用 _____ 的形式标注。

6. 图中所示的肋板有 _____ 肋板和 _____ 肋板两种,肋板上人孔尺寸为 _____。

7. 平板龙骨的厚度是 _____ mm,舷顶列板的厚度为 _____ mm,大部分外板的厚度为 _____ mm。

8. 上甲板和驾驶甲板上的纵桁的尺寸为 _____。

9. 主肋骨的尺寸是 _____,强肋骨的尺寸是 _____。

10. 舱口围板和舱口纵桁的材料都是焊接 _____,扁钢尺寸分别为 _____、_____,圆钢直径为 _____ mm。

第七章 基本结构图

基本结构图也是一张全船性结构图样,它是用一个中纵剖面图和若干个水平剖面图(或俯视图)表示船体结构的基本情况。基本结构图与中横剖面图合在一起,就组成了表示全船结构的三向视图。基本结构图也是绘制其他结构图样(如分段结构图等)的依据之一。

识读基本结构图可以获得对船体结构的全面而完整的了解。有利于识读分段结构图等施工图样。

第一节 基本结构图的组成和表达的内容

基本结构图由一组视图和主尺度栏两部分组成。视图包括:中纵剖面图、各层甲板、平台平面图和舱底图。图 7-1(图册)为一小型普通货船的基本结构图。

一、中纵剖面图

图 7-1(一)为中纵剖面图,它是以中线面作为剖切平面,纵向剖切船体后向 V 面投影得到的视图。

中纵剖面图所表达的内容如下。

(1)位于中线面上的船体构件,如底中纵桁、中内龙骨、甲板中纵桁、中纵舱壁及其上的扶强材等,这些构件的形式、大小及和相邻构件的连接方式。中线面上的这些构件都不作剖切处理,图中用细实线和细虚线表示这些构件轮廓的投影。

(2)位于中线面和舷侧之间的构件,如机舱口、货舱口的纵向围板、甲板纵桁、支柱等。这些构件在图中采用重叠画法。

(3)位于舷侧板上的构件,如舷侧纵桁、强肋骨、普通肋骨和中间肋骨。这些构件在图中采用简化画法。以粗点划线表示舷侧纵桁和强肋骨的可见投影,以细点划线表示中间肋骨的可见投影,普通肋骨在图中常省略不画。

(4)穿过中线面的构件,如外板、内底板、甲板、平台、横舱壁、上层建筑横向围壁、肋板和横梁等。在图中这些构件以粗实线表示其剖面。

(5)位于甲板上的烟囱、机舱棚和桅。图中以粗实线表示其剖面,以细双点划线表示其可见轮廓线的投影,反映出上述结构的形式和位置。

纵剖面图是基本结构图的主视图,它完整而清晰地反映出全船的结构,表示出内底、甲板、平台和横舱壁的设置位置。

二、甲板、平台平面图

它是用水平剖切平面沿着甲板或平台的上表面剖切船体所得到的剖面图,所表示的主要内容如下。见图 7-1(二)、(三)。

(1)甲板板或平台板的布置(板缝位置)和各张板的厚度,加强复板和开口的位置及尺寸。图中用细实线表示板缝和开口的形状。加强复板则以复板的轮廓投影线加斜栅线表示，以区别于甲板上的开口。

(2)普通横梁、强横梁、甲板纵桁和甲板纵骨的分布。甲板下的这些构件均采用简化画法。以粗双点划线表示强横梁和甲板纵桁的不可见投影，以细虚线表示普通横梁和甲板纵骨的不可见投影。

(3)甲板上方的纵、横舱壁及围壁图中以粗实线表示其剖面。以轨道线表示甲板下方的水密舱壁和水密围壁。以粗虚线表示甲板下方非水密的舱壁和围壁。舷边肘板及其他加强肘板的不可见投影也画粗虚线。

三、舱底图

舱底图的表达形式有两种：一种是在最下层甲板与底部构架之间选取一水平剖切平面剖切船体后所得到的视图；另一种是靠近底部构架上缘用阶梯剖面剖切船体所得到剖视图。采用这种图示方法时，双层底部分取靠近内底板上表面作为剖切位置。单底部分取靠近肋板上缘作为剖切位置。前一种剖视图可以同时表达出靠近船底的部分舷侧结构。后一种剖视图的图形比较简明。舱底图见图 7 - 1(四)。

在舱底图的双层底部分，通常在左舷部分表示内底板的板缝布置和板厚，右舷部分用局部剖视表示双层底舱内的结构。

舱底图表达的主要内容是如下。

(1)内底板的板缝布置和各张板的厚度，内底板上加强复板和开孔的位置、形状及尺寸，其表达方法与甲板平面图相同。

(2)底部构件的布置、尺寸及连接方式，这些构件包括：底中纵桁、旁纵桁、中内龙骨、旁内龙骨、底纵骨、内底纵骨、水密肋板、实肋板、组合肋板以及基座纵桁等。双层底部分的构件采用简化画法，其余部分采用板和型材的常规画法。

基本结构图中的构件定位尺寸也是以《金属船体构件理论线》为依据来度量的。高度方向以距基线的尺寸表示，宽度方向以距船体中心线的尺寸表示。长度方向以构件所在的肋位号或以距某号肋位的尺寸表示。

基本结构图中的定形尺寸(主要是板材和型材的规格尺寸)一部分直接标注在图形内，一部分分区域集中标注在图形外面。凡是由船体型线确定的尺寸，图中均不需标注。

四、主尺度栏

基本结构图作为全船性结构图样，除了一组视图外，还以主尺度栏的形式表明船舶主尺度及相关数据，其内容通常是总长、设计水线长、垂线间长、型宽、型深、吃水、肋骨间距、各层甲板间高度等。

第二节　识读基本结构图

识读基本结构图的要求和中横剖面图相似。而看图的步骤又和总布置图相似。一般是先看中纵剖面图，再依次看各层甲板、平台平面，最后看舱底图。看中纵剖面图时，先主船体，后上层建筑，从底部到甲板，从船尾到船首。甲板、平台平面图则是逐层识读。也可以根据需要,识读某一舱室或某一局部结构。看图时,应将平面图和纵剖面图互相对照,需要时还可参照中横剖面图,形成某一部分结构的三视图,以便完整地了解全船的结构。

下面以图7-1为例,说明识读基本结构图的方法和读图时当注意的问题。

一、了解全船结构概貌

以中纵剖面图为主,初步对照各个平面图,了解全船结构概貌。如甲板的层数和位置,双层底设置的区间、主船体内纵、横舱壁的设置以及大开口(机舱口、货舱口)的位置。

从图7-1中纵剖面图中可以看出。

(1)全船有一层连续甲板,即主甲板。尾部有罗经甲板、驾驶甲板和尾楼甲板,它们与主甲板构成尾部上层建筑的三层空间。首部有首楼甲板,与主甲板形成首楼空间。各层甲板在图中均以粗实线表示其剖面。

(2)内底设置在 #21～#64 肋位之间(图中以水平粗实线表示)。从舱底图中内底板的排列可以看出,内底还向船尾延伸到 #17 肋位。其余部分为单底。

(3)主船体于 #1、#5、#21、#26、#47、#70 和 #73 设置横舱壁,沿船长方向、由尾向首将主船体划分为舵机舱、尾压载水舱、机舱、冷冻机舱、后货舱、前货舱、清水舱、锚链舱和首压载水舱。横舱壁以垂直粗实线表示其剖面。对照主甲板图可以看出, #1、#5、#26、#47、#70、#73是水密舱壁,甲板平面图中以轨道线表示, #21 是非水密舱壁,图中以粗虚线表示。

(4)在 #1～#5、#70～#73 肋位之间的中线面内设有水密纵舱壁,在主甲板图中以轨道线表示。该舱壁将尾压载水舱和清水舱分隔成左、右两个部分。在 #73～#73^{+900}(尺寸反映在主甲板图中)之间的中线面内没有非水密舱壁,该舱壁在首楼甲板图中以粗虚线表示,在主甲板图中以粗实线表示其剖面,它把锚链舱分成左、右两部分。锚链舱纵舱壁从首部平台向上穿过主甲板通至首楼甲板。舱壁上有半圆形开孔,作为人员上下锚链舱的踏脚口。在 #73^{+900}～#79 肋位之间的中线面内设有制荡舱壁,在主甲板图中以粗虚线表示。舱壁上开有圆形流水孔和兼有流水孔作用的腰圆形人孔。

(5)对照主甲板图可以看出: #7～#15 肋位之间开有机舱口、#34～#38 肋位之间以及 #56～#60 肋位之间开有货舱口。

此外,从主视图中可以看到,在 #45～#49 肋位之间的主甲板上设有桅房,桅杆设于 #47 肋位,向下延伸至内底板。烟囱位于 #5～#9 肋位间的尾楼甲板上。

这样,主要通过中纵剖面图的识读,对全船结构概貌,尤其是船体内部空间的分隔情况,有了一个全面的了解。

二、详细了解各个部分的结构

这个阶段要详细了解各部分构件的布置、结构形式、尺寸和连接方式。读图时,可以根据需要,按底部结构、舷侧结构、甲板结构、上层建筑结构、首尾结构的划分来进行、也可以按舱室如货舱结构、机舱结构、驾驶室结构等的划分来进行。

下面以图7-1中的后货舱为例,说明详细识读的方法和读图中应当注意的问题。

1.了解后货舱的位置,由中纵面图中可知,后货舱设在 #26～#47 肋位之间。

2.了解舱底结构。主要根据舱底图、对照中纵剖面图,参考中横剖面图进行。主要了解以下内容。

(1)内底板的排列及各张板的厚度。内底板的排列由舱底图左舷部分的板缝线确定(图中以细实线表示),板的厚度已直接标注在图中。

(2)内底板上开孔的位置和尺寸。图中可见,#27～#28、#28～#29、#42～#43、#44～#45以及#45～#46等肋位之间都开有人孔,尺寸均为400×500 mm,左右对称,具体位置见图中标注的定位尺寸(居中时不标)。

(3)内底面上面的构件的位置和尺寸。由舱底图对照中纵剖面图可以看到,#32、#38肋位设有支柱,左右对称设置,距中线1 650 mm。支柱为φ89×8钢管,支柱下端有圆形加强覆板(图中用其投影轮廓线加斜栅线表示)。参照中横剖面图,可知加强覆板厚度为10 mm,直径为200 mm。

(4)内底板下面的构件的布置和尺寸。内底面下面的构件,左舷部分采用简化画法,右舷部分以剖切形式表示。读图时要根据线条含义,所标尺寸,并结合中横剖面图来确定构件的位置和结构形式。后货舱底部中线面上设非水密中桁材,厚度10 mm,舱底图中用粗虚线表示。距中线1 650mm左右各设一道水密旁桁材,图中左舷用轨道线表示为不可见水密板材。右舷在局部剖切后用粗实线表示,厚度为9 mm。#26肋位设油密肋板,#47肋位设水密肋板,#45肋位局部设油密肋板,厚度均为9 mm。#29、#32、#35、#41肋位设实肋板。#45肋位局部设实肋板(图中左舷画粗虚线,右弦画粗实线),厚度均为7 mm。其余肋位为组合肋板(图中左舷画细虚线,右舷画细点划线)。

3.了解舷侧构件的布置和尺寸。由中纵剖面图和舱底图并参阅中横剖面图可以知道,后货舱舷侧为单一肋骨结构形式(中纵剖面中舷侧部分无图线表示,舱底图中的粗实线表示肋骨剖面),各肋位的肋骨均为角钢∟100×63×6。肋骨尺寸标注在中纵剖面图的下方。

4.了解甲板结构。了解甲板结构要以甲板图为主,结合中纵剖面图进行。

(1)甲板板的排列和各板的厚度。甲板板的排列由图中用细实线表示的板接缝线确定,板厚已直接标注在图中。

(2)甲板开口的位置和尺寸。在图7-1中,#34～#38肋位之间开有货舱口,其开口尺寸则可根据肋距大小和甲板纵桁的位置求得。在#46肋位处的右舷开有大小为480×480的方孔,孔的中心距船体中线1 150 mm,孔的前边距#47肋位200 mm。

(3)甲板上面构件的位置和尺寸。图7-1中,货舱口四周设有舱口围板,甲板图中以粗实线表示其剖面,围板四角圆弧的半径R=350 mm,它的结构形式和大小要从中纵剖面图和中横剖面图中确定。在#45肋位处设有油泵室围壁,它的板厚和扶强材尺寸反映在中纵剖面图中。在#47号肋位上桅杆穿过甲板处有左、右对称的两块圆形加强覆板,尺寸为10×φ800。

(4)甲板下面构件的布置和尺寸。甲板图中,甲板下的构件采用简化画法,读图时要根据图线含义来确定各类构件,了解其布置情况。图中#26、#47肋位的轨道线代表水密横舱壁。#32、#38和#43肋位画的是粗双点划线,说明该处为强横梁。其余肋位画的都是细虚线,代表的是普通横梁。这些构件的剖面形状反映在中纵剖面图中。甲板下构件的尺寸,一部分可由集中标注在甲板图图形下方的尺寸中查得,一部分则标注在中纵剖面图中。

甲板上下构件的连接方式反映在中纵剖面图中,如甲板纵桁与横舱壁、强横梁、普通横梁的连接。由于基本结构图的各视图和中横剖面图共同组成了船体结构的三视图,有时需互相对照才能获得对结构的全面了解。

习 题

一、填空题

1.基本结构图是_____结构图样,它和中横剖面图一起组成了表示全船结构的_____视图。

2.基本结构图的一组视图包括一个_____图、若干个_____图和_____图。

3.反映出全船构件沿船舶长度方向和高度方向的布置情况的是_____图。

4.甲板图中反映出甲板上下构件沿船舶_____方向和_____方向的布置情况。

5.在中纵剖面图中被剖切的构件,除外板、甲板、平台和内底板外,还有穿过中线面的构件,如_____、_____、_____等。

6.中纵剖面图中投影的构件可分三个层次:_____面内的构件、位于中线面和舷侧之间的构件以及位于_____的构件。

7.甲板(平台)图表示了板的_____和_____。反映出板上_____和覆板的位置和尺寸。

8.基本结构图的简化画法中,_____线代表水密舱壁和肋板。粗双点划线代表_____、_____等。

9.舱底图采用阶梯剖面时,双层底部分剖切在靠近_____上面,单底部分剖切在靠近_____上缘。

10.舱底图的双层底部分,左舷表示_____的结构、右舷表示_____内的结构。

11.基本结构图中的定位尺寸的标注,在船长方向以_____作为基准。

12.基本结构图中的构件定形(材料规格)尺寸,一部分_____标注在图形中,一部分分区域_____标注在图形外。

13.识读基本结构图中各视图的顺序:先看_____图,再看各甲板平面图,后看_____图。

14.识读中纵剖面图时,可按从_____到_____逐个舱室,从_____到上层建筑逐层空间进行。

二、识读图7-1(二)中的尾楼甲板图,并填空回答下列问题。

1.尾楼甲板室设置在#_____~#_____肋位之间。甲板室宽度为_____mm。

2.图中的粗实线表示_____的围壁,粗虚线表示甲板下的_____。

3.尾楼甲板共由_____张板组成,板的厚度为_____mm。甲板纵桁的尺寸是_____,设置在#_____~#_____肋位。

4.甲板上共有_____个开口,最大开口尺寸为_____,最小开口尺寸为_____。

三、识读习图 7-1,并填空回答下列问题。

1.该船的尾尖舱舱壁位于 # _____ 肋位。上甲板以下,向首共有 _____ 层平台,向尾共有 _____ 层平台。其中机舱平台距基线 _____ mm。

2.该船的 # 0 肋位和 _____ 线重合。主轴中心线高度为 _____ mm。球型尾后端距 _____ 为 4 100 mm。

3.内底板距基线的高度为 _____ mm,内底向船尾延伸至 # _____ 肋位。

4.上甲板和 A 平台上的甲板纵桁尺寸为 _____ ,图中符号 ◄├ 表示纵桁在该处 _____ 。

5.尾尖舱内肋板厚度大部分为 _____ mm,其上符号 ⊿ 表示肋板上的 _____ 。

6.中线面上的纵向隔板大部分板的厚度为 _____ mm。其上共开有 _____ 个腰圆形孔。开孔有 _____ 、 _____ 等不同尺寸。

7.尾尖舱内主肋骨和甲板间肋骨的尺寸分别为 _____ 和 _____ 。肋骨在中纵剖面图中用 _____ 线表示。

8.尾尖舱向首部分 A 平台纵桁上所画的细点划线表示 _____ ,符号 S 表示型材端部 _____ ,符号 W 表示 _____ ,符号 B 表示该处为肘板连接。

9.在中纵剖面图中,被剖切的除外板、内底板、甲板、平台之外,主要被剖切的构件还有 _____ 、 _____ 、 _____ 和横舱壁。

10.该船首防撞舱壁设于 # _____ 肋位,其厚度自下而上分别为 _____ mm、 _____ mm 和 _____ mm。

11.上甲板以下首部共有 _____ 层平台,其中 _____ 平台距基线 12 080 mm。首楼甲板前端距基线高度为 _____ mm。

12.首尖舱内中线面上的制荡舱壁板厚自下而上分别为 _____ mm、 _____ mm、 _____ mm、 _____ mm。其上开有 _____ 形人孔和尺寸为 _____ 的流水孔。

13.首尖舱内的中内龙骨尺寸为 _____ ,中内龙骨板在肋板处 _____ ,这由底部 R_{100} 的流水孔(通焊孔)可以看出。

14.首楼甲板、上甲板以及 5 000 平台上的中纵桁尺寸分别为 _____ 、 _____ 和 _____ 。

15.首部主肋骨、中间肋骨和强肋骨的尺寸 _____ 标注在 _____ 外面。舷侧纵桁的尺寸为 _____ 。

16.首柱中心筋板尺寸为 _____ ,筋板在上甲板处 _____ ,而在 14 480 平台和 12 080 平台处连续。

17.制荡纵壁上的细点划线表示可见的 _____ ,符号"B"表示该处设 _____ 。

18.图中符号" ⊞├ "表示 T 型材 _____ ,开孔处有 _____ 板。

第八章　肋骨型线图与外板展开图

肋骨型线图和外板展开图既是全船性的结构图样,也是作为船体放样、构件展开依据的施工图样。

第一节　肋骨型线图

一、肋骨型线图的用途

肋骨型线图是表示船体肋位剖面形状、外板板缝排列及甲板、平台和各纵向构件布置的图样,它的主要用途如下。

(1)船体放样时作为肋骨型线、外板接缝线和结构线放样的依据。

(2)作为船体外板和内部结构展开的依据。

(3)绘制外板展开图时,作为伸长肋骨型线、求取肋骨线实长和确定构件位置的依据。

(4)绘制其他船体图样和布置图时,作为选取或经剖切求得所需相关形状的依据。

由此可见,肋骨型线图既是船体建造中的施工图样,又是绘制其他图样的原始资料。

二、肋骨型线图的表达内容

肋骨型线中的图形与型线图中的横剖线图相似,见图 8－1(图册),其区别:横剖线是 10 等分或 20 等分船舶垂线间长,以过各等分点的横向平面作为剖切平面剖切船体型表面的所得到交线。肋骨型线则是以型线图为依据,用通过实际肋位的剖切平面剖切船体型表面所得到的交线。它表示出各肋位平面内船体型表面的真实形状。

肋骨型线图中的线条,除了由基线、中线、水线和纵剖线形成的格子线外,可以分为以下四类,见图 8－1。

1.肋骨型线

它是肋骨平面与船体外板型表面的交线在中站面(W 面)上的投影,反映了肋骨型线的真实形状。由于船体左右对称,同时为了避免肋骨型线在图中的重叠和干扰,肋骨型线都只画一半。在中线的左面画船尾至中站面之间的各肋骨型线。在中线的右面画中站面至船首之间的各肋骨型线。大型船舶的肋骨数量较多,如果全部画出,图中的肋骨型线会过于密集,为了保持图面清晰,一般每隔一档肋位绘制一根,习惯上是只画双号肋位肋骨型线,见图 8－1。在图 8－2 中为便于说明和图面清晰,只画出 #94～#112 肋位之间的 4 根肋骨型线。但在船舶首尾部分,由于形状变化急剧,有的肋骨型线图首尾部分每档肋骨型线都画,其余部分仍只画双号肋骨型线。应当注意,型线图中的零号站线(即尾垂线)和肋骨型线图中的零号肋骨线不一定是重合的。肋骨型线表示了全船横向构件如横舱壁、肋板、肋骨、横梁等的真实外形,也反映出各张外板在肋位处的横剖面的实形。

2.外板接缝线

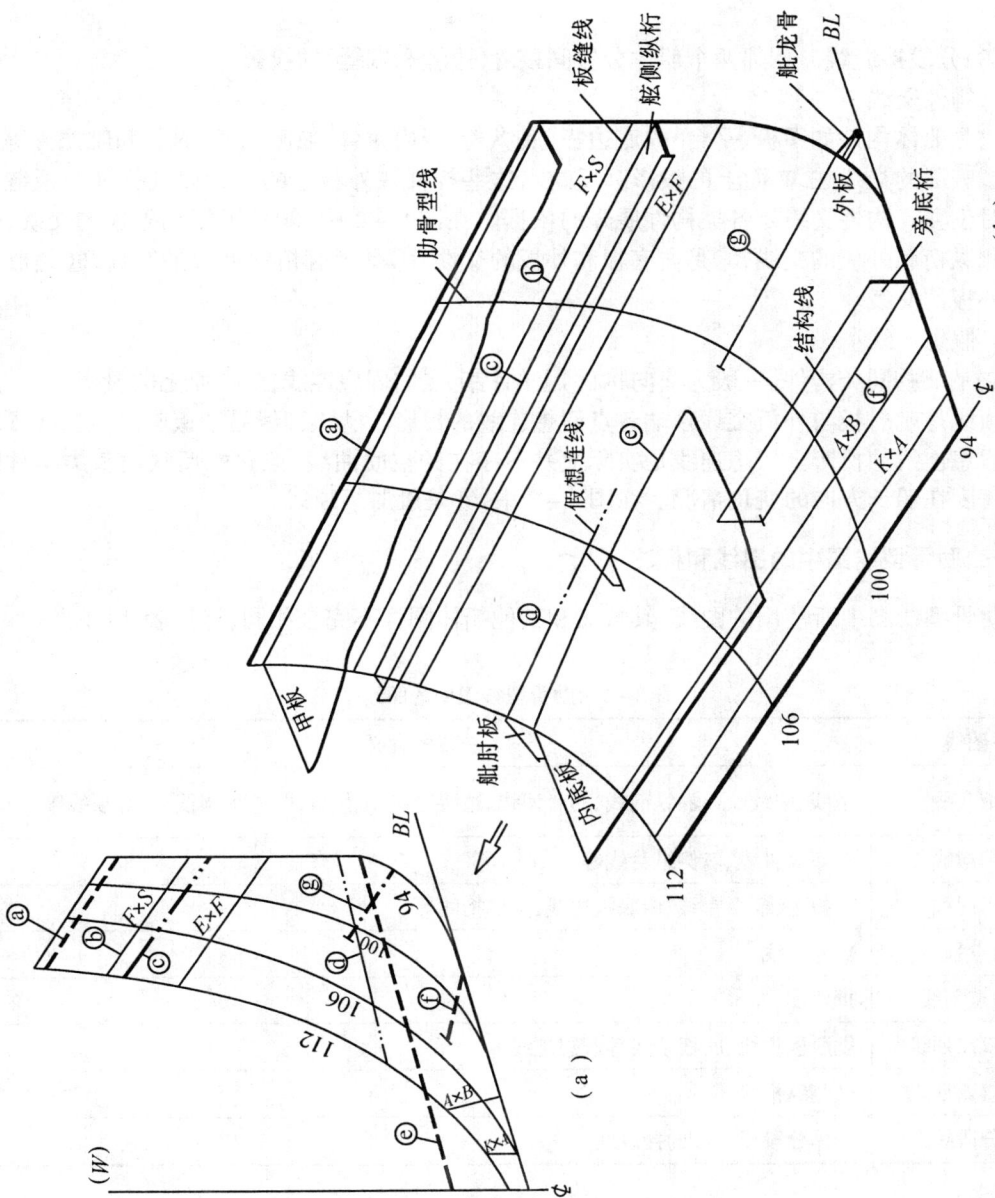

图8-2　肋骨型线图投影示意

（a）肋骨型线图中的图线；（b）结构立体图(示意)

它是各张外板之间的连接线在 W 面上的投影,反映出全船外板的排列情况和各张外板的投影形状,同时,它也是外板展开时的依据。外板接缝线有以下三种。

(1)边接缝线 相邻两列外板间接缝的投影,也就是外板纵向接缝的投影。如图 8–1 中的 $K \times A$,$A \times B$,$E \times F$,$F \times S$ 等。

(2)端接缝线 同一列外板中相邻两张外板间接缝的投影,也就是外板横向接缝的投影。

(3)分段接缝线 相邻两个船体分段间接缝(边缝和端缝)的投影。

3.构件交线

它是船体构件如甲板、平台、内底边板、底纵桁、旁内龙骨、舷侧纵桁、纵骨和舭龙骨等与外板型表面的交线在 W 面上的投影。反映出这些构件在外板上的位置以及构件与板缝间的相对位置。构件交线是各类构件展开的依据。在图 8–2 中,ⓐ是甲板和外板的交线,ⓒ是舷侧纵桁和外板的交线,ⓔ是内底板和外板的交线,ⓕ是旁底桁和外板的交线,ⓖ是舭龙骨和外板的交线。

4.假想连线

它是某些同类构件(一般为横向构件)上的特定点的假想连线在 W 面上的投影。如:舭肘板顶线是舭肘板与外板交线顶端各点假想连线的投影。肋板顶线是肋板与外板交线顶端各点假想连线的投影。假想连线是实际上并不存在的空间曲线,但它能反映出某类构件距基线高度在船长方向的变化情况。在图 8–2 中,ⓓ是舭肘板顶线。

三、肋骨型线图中的图线和标注

肋骨型线图中所使用的图线,其含义和其他船体图样不完全相同,详见表 8–1。

表 8–1 肋骨型线图中的图线

图线	图线的含义
细实线	基线、中线、水线、纵剖线、肋骨型线、边接缝线、端接缝线、外板顶线、舷墙顶线等
细虚线	船底纵骨线、舷侧纵骨线等
粗虚线	甲板边线、平台线、内底板边线、旁底桁线等
粗点划线	舭龙骨线
细点划线	折角线
细双点划线	舭肘板顶线、肋板顶线等假想连线
粗双点划线	舷侧纵桁线
分段线	船体分段或总段的接缝线

为了便于识读,图中标注出了全部肋骨型线的编号(肋位号),同时还标注出构件交线和假想连线的名称以及外板接缝线的符号,如图 8–1 中的"首部平台边线"、"舷侧纵桁"、"$C \times D$"、"$D \times S$"等。

有些纵向构件的位置即构件的设置范围在图面上不易表达清楚,除了用尺寸表示其位置外,还注明构件的起点和终点。如图 8–1 中,旁底桁距中线 1 650 mm,安装在 #25 ~ #47

肋位之间。

四、识读肋骨型线图

识读肋骨型线图之前,应先了解型线图、中横剖面图和基本结构图,熟悉船体形状和全船结构,并清楚肋骨型线图中各种图线的含义。

识读肋骨型线图的步骤如下。

1.了解横向构件的形状

由于肋骨型线就是肋骨剖切平面与船体型表面的交线。所以,从肋骨型线图及其编号就可以了解各肋位处横向构件的形状。横舱壁、肋板和肋骨在肋骨型线图都反映出真实形状。

2.了解外板的布置和数量

板缝线是肋骨型线图的主要组成图线之一,从板缝线可以了解外板的布置,计算外板的数量,从分段接缝线可看出船体分段的划分情况。

相邻两条边接缝所形成的一列外板,称为列板,由边接缝的数目可以确定外板的列数。GB4474－84《金属船体制图》中规定用 $K,A,B,C,\cdots$ 字母来命名各列外板。其中平板龙骨定为 K 列板,舷顶列板定为 S 列板。其余各列外板依次用 $A,B,C,\cdots$ 命名。平板龙骨两侧的船底列板称为 A 列板,与 A 列板相邻的称为 B 列板,依此类推。K 列板和 A 列板之间的边接缝称为 $K\times A$ 缝,其他边接缝依次为 $A\times B$ 缝、$B\times C$ 缝等,见图 8－1(图册)。由于船体横剖面自船中向首尾逐渐缩小,为避免板列过窄,所以向首尾延伸时板列会出现合并减少的情况。依次找出各部分的边接缝即可确定该处的外板的板列数。

在每一列外板中,相邻两条横向接缝构成一张外板。从一列外板中的横缝数目就可以确定该列外板的张数。将各列板的张数相加就得到全船外板的数目。

3.了解外板的形状

肋骨型线图中的外板接缝线就是各张外板的轮廓在 W 面上的投影。所以,图中相邻两条纵缝和相邻两条横缝所围成的图形表示了一张外板的投影形状。在图 8－1(图册)中,$C\times D$ 缝、$D\times S$ 缝和 $^{\#}60$、$^{\#}70$ 号附近的横缝所围成的图形,即为 D 列板中的一张外板在 W 面上投影形状。外板轮廓投影内的一段肋骨型线反映出该外板的横向弯曲形状,各段型线之间间隔距离的大小则反映出该外板纵向弯曲的情况。

4.了解构件的分布及其位置

由肋骨型线图中的结构线(即各构件和外板型表面的交线)和假想连线,可以了解构件在外板上的布置情况及其具体位置。如内底板距基线的高度,旁底桁材距中线的半宽,以及上述构件设置的起点和终点位置等。

识读肋骨型线图可以通读全图,了解全船的情况,也可以专看某一部分,了解局部的内容。从图 8－1(图册)中可以看到:该船的肋骨型线编号为 $^{\#}-3\sim^{\#}82$。对照基本结构图可知尾封板倾斜于基平面,它在肋骨型线图中的投影不反映实形。由图中所标注的外板边缝符号,可知外板共有 9 列,分别为 K、A、B、C、D、S、E 和 F 列板。向尾延伸时 B 列板和 C 列板合并为 B 列,向首延伸时 B 列板和 C 列板合并为 C 列。在 $^{\#}4\sim^{\#}6$、$^{\#}14\sim^{\#}16$ 肋位之间以及 $^{\#}70$、$^{\#}80$ 肋位附近等处可以看到外板横缝(这里也是分段缝)。相邻两条边缝和横缝所围成的图形即为一张外板在 W 面上的投影形状。图中还可以看到,内底板距基线 800 mm,设置在 $^{\#}17\sim^{\#}65$ 肋位之间。首部平台距基线 3 100 mm,设置在船首至 $^{\#}73$ 肋位之间。舯龙骨设置在#24～#49肋位之间。舭肘板顶线图中用细双点划线表示,距内底板高度为 420 mm,设置在#17～#69肋位之间。旁底桁距中线 1 650 mm,设于#25～#47 肋位之间。机座纵桁距中线 450 mm,设于#5～#21 肋位之间。其他结构在图中都可一一找到。

第二节 外板展开图

一、外板展开图的用途

外板展开图是一张完整地表示全船外板结构的图样,它的主要用途:

(1)与肋骨型线图配合,确定外板的边、端接缝和外板并板的位置,作为船体放样时的依据;

(2)统计组成全船外板所需要的钢板数量和规格,供订货和备料使用;

(3)作为计算船体重量和重心位置的依据之一;

(4)作为绘制分段结构图的参考。

二、外板展示图的表达特点和内容

为表示全船各张外板下料时的实际大小和形状,最理想的应该是把整个船体外壳完全"摊平",画出它的展开图形。但是船体外壳通常是一个具有双重弯曲的复杂曲面,在几何上属于不可展的表面,实际上是不可能将整个外板完全摊平的。为了解决这一矛盾,船图中采用了一种独特的表达方法。这就是只展开船体表面的横向曲度(即只把肋骨型线伸直),纵向曲度不予展开,仍维持原来在 V 面上的投影长度,肋距和首尾轮廓形状都不改变。这样就得到了船体外板的近似展开图。这个展开过程见图 8－3。这样得到的外板展开图,虽然

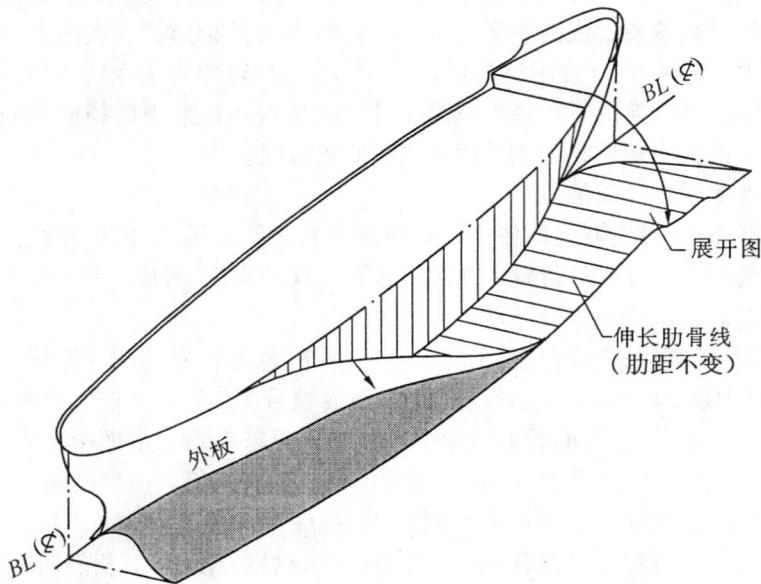

图 8－3 外板近似展开示意图

不表示每张外板展开后的真实形状,但仍能直观地反映出全船外板的结构和板缝的分布情况。由于船体形状和外板排列都对称于中线面,所以外板展开图只画全船展开图形的一半,习惯上只画右侧外板的展开图。实际上它是一张从船外进行投影的右侧视展开图,外板上的构架在图中都是不可见的。

求取各张外板展开后的真实形状,作为下料的依据,则是在船体放样时解决的。

外板展开图所表达的内容主要如下。

(1)根据船体的分段划分、外板的厚度、板材的规格以及工艺和结构方面的要求,和肋骨型线图相配合,排列全船外板的接缝线。在外板展开图中比较直观地反映出外板的结构和各张板的厚度。

(2)根据相关图样提供的尺寸,在图中画出了外板上的开口及加强覆板的位置和大小,对左右舷不对称的开口予以注明。

(3)根据结构图样,表示了与外板直接相连接的纵横构件的类型和位置,反映出这些构件与板缝及外板上开口的相对位置。在设计过程中,也以此检查板缝和开口的布置是否满足工艺和结构上的要求。

在外板展开图中,纵向和横向构件采用简化画法,图中常用图线的含义见表8-2。

表8-2　外板展开图中常用的图线及其含义

图线名称	图线的含义
细实线	首尾轮廓线、外板顶线、舷墙顶线、外板接缝线、外板上开口的轮廓线
细虚线	普通肋骨、船底纵骨、舷侧纵骨简化线
粗虚线	非水密的舱壁、平台、肋板、旁底桁材等板材结构的简化线
轨道线	水密或油密的甲板、平台、内底边板、舱壁、肋板等板材结构的简化线
细点划线	甲板转圆线等
细双点划线	护舷材轮廓的投影线、肋板边线等假想连线
粗点划线	舭龙骨等简化线
粗双点划线	强肋骨、舷侧纵桁、旁内龙骨、基座纵桁等构件的简化线
斜栅线	两分段分界处的外板接缝线

表中各图线的应用详见图8-4,这是首部局部外板的展开图。从图中可以看到,其首轮廓线的形状和总布置图、基本结构图中的形状是相同的。肋距不变,船体在长度方向不展开,只是在横向将肋骨线伸长展开。

此外,目前见到的有些外板展开图上还画有少量局部详图。这些详图用来表示舷墙和舭龙骨的具体结构、外板接缝的典型坡口。有的外板展开图还附有说明全船外板板材规格及数量的明细表。

三、识读外板展开图

外板展开图和肋骨型线图之间关系密切、互相配合、互为补充、共同反映出全船外板的结构和布置情况。因此,识读外板展开图要与肋骨型线图互相对照,以加深对图样所表达内

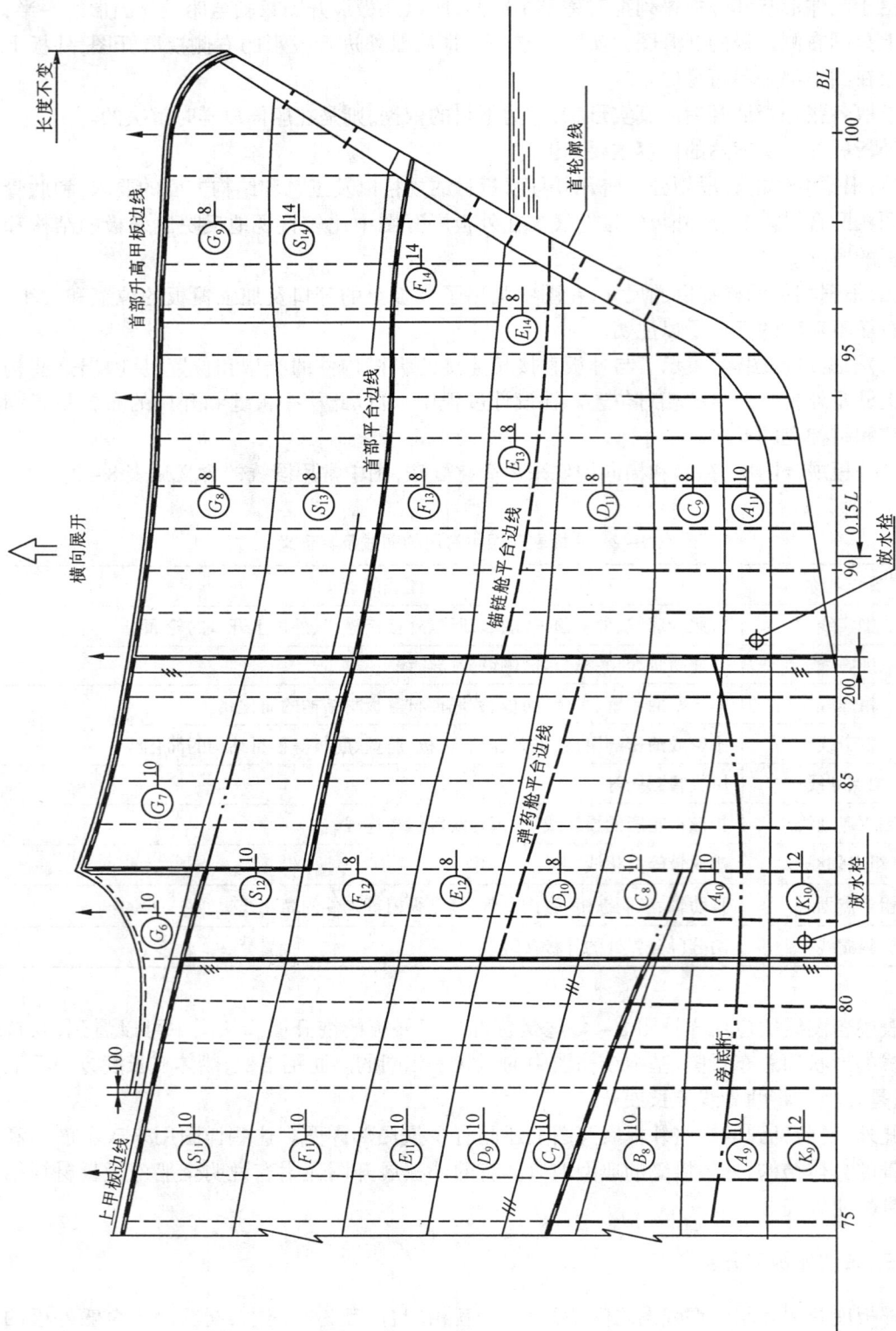

图 8-4　局部外板展开图

长度不变

横向展开

首部升高甲板边线

首部平台边线

锚链舱平台边线

弹药舱平台边线

旁底桁

上甲板边线

首轮廓线

BL

放水栓

放水栓

G_9 | 8

S_{14} | 14

F_{14} | 14

E_{14} | 8

G_8 | 8

S_{13} | 8

F_{13} | 8

E_{13} | 8

D_{11} | 8

C_9 | 8

A_{11} | 10

G_7 | 10

S_{12} | 10

F_{12} | 8

E_{12} | 8

D_{10} | 8

C_8 | 10

A_{10} | 10

K_{10} | 12

G_6 | 10

S_{11} | 10

F_{11} | 10

E_{11} | 10

D_9 | 10

C_7 | 10

B_8 | 10

A_9 | 10

K_9 | 12

100

95

0.15L

90

200

85

80

100

75

· 160 ·

容的理解。现以首段外板展开图为例,说明识读的步骤和要求。

1. 了解外板的排列和尺寸

和肋骨型线图相同,外板展开图中也用相同的英文字母 $K,A,B,\cdots$ 表示外板的板列,作为板列符号,以字母右下角的数字表示同列板中各张板由尾向首排列的序号。在字母右方的短线上标注板的厚度。板列符号写在细圆圈内,如"$\left(F_{12}\right)\dfrac{8}{}$"。$K$ 列板因对称于中线布置,仅画一半,故图中只由一条边缝和两条端缝围成一张龙骨底板。其余每一张外板都由两条边缝和两条端缝围成。在图 8 – 4 中,$^\#75 \sim {}^\#81$ 肋位之间的外板由 $K_9,A_9,B_8,C_7,D_9,E_{11},F_{11}$ 和 S_{11} 共 8 张板组成。除平板龙骨 K_9 为一张外,其余都是左右舷各一张。K_9 厚 12 mm,其余各张板厚度均为 10 mm。每张板的近似长度可由所占肋位数和肋距估算,其近似的宽度可用比例尺量得。在 $^\#81$ 肋位附近向首,A 列板和 B 列板合并。

2. 了解外板上开孔及加强覆板的位置和大小

自 $^\#75$ 向首的外板上无加强覆板。仅在 $^\#81,{}^\#82,{}^\#88 \sim {}^\#89$ 肋位间的 K_{10} 和 A_{11} 板上各开有一个放水栓孔,左右舷对称。

3. 了解内部结构的布置情况

图中可见,甲板、平台、内底边板和横舱壁用轨道线表示。锚链舱平台、弹药舱平台和肋板图中画的是粗虚线。旁底桁画的是粗双点划线。图中可清晰地看到纵向构件和外板边缝之间的距离。

习　题

一、填空题

1. 肋骨型线图既是全船性的 ＿＿＿＿＿＿＿＿ 图样,又是船体建造中的 ＿＿＿＿＿＿＿＿ 图样。

2. 肋骨型线图中反映实形的是船体 ＿＿＿＿＿＿＿＿ 向构件,每张外板则只是该板在 ＿＿＿＿＿＿＿＿ 面上的投影,并不反映实形。

3. 肋骨型线图中标注的尺寸主要是构件的 ＿＿＿＿＿＿＿＿ 尺寸,其基准是 ＿＿＿＿＿＿＿＿ 线和 ＿＿＿＿＿＿＿＿ 线。

4. 肋骨型线图中的线条可分为 ＿＿＿＿＿＿＿＿、板缝线、＿＿＿＿＿＿＿＿ 和构件假想连线四类。

5. 肋骨型线是通过各实际 ＿＿＿＿＿＿＿＿ 位置的横向剖切平面与船体 ＿＿＿＿＿＿＿＿ 的交线。

6. 肋骨型线图中的零号肋骨线和型线图中的 ＿＿＿＿＿＿＿＿ 不一定是重合的。

7. 外板接缝线包括 ＿＿＿＿＿＿＿＿ 接缝线、＿＿＿＿＿＿＿＿ 接缝线和 ＿＿＿＿＿＿＿＿ 接缝线三种。

8. 平板龙骨的代号是 ＿＿＿＿＿＿＿＿,舭顶列板的代号是 ＿＿＿＿＿＿＿＿,D 列板和 E 列板的边接缝的符号是 ＿＿＿＿＿＿＿＿。

9. 肋骨型线图中的结构线是同外板 ＿＿＿＿＿＿＿＿ 连接的构件与外板型表面的 ＿＿＿＿＿＿＿＿。

10.纵向构件设置的范围(区间)以构件_____端的_____号表示。

11.肋骨型线图中的肋板顶线是_____连线,它是肋板与外板型表面交线的_____点连线的投影。

12.外板展开图是横向将_____伸直(展开)、纵向保持_____长度不变画出的近似展开图。

13.外板展开图是一张_____侧视展开图,只画出对称展开图形的_____。

14.外板展开图反映出全船外板的_____和每张板的_____,外板上开口及加强覆板的_____和尺寸。

15.外板展开图中的结构线都采用_____画法,_____代表普通肋骨和纵骨,粗双点划线代表_____。

二、识读习图 8 – 1,并填空回答下列问题

1.该图中共有_____条肋骨型线,从尾向首由_____号到_____号,从图中可见该船为_____螺旋桨。

2.在 #12 肋位处,外板共有_____列,在 #128 肋位处,外板共有_____列(以一舷计算)。

3.首部总段和其相邻分段的接缝线在 #_____ ~ #_____肋位之间。在 #118 肋位处,底部分段和舷侧分段的接缝线在_____ WL 和_____ WL 之间。

4.与上甲板相连接的这列外板的代号是_____,设相邻板列为 F 和 G,该列板的上下边接缝符号分别是_____和_____。

5.图中的内底板边线,平台边线用_____线表示,舷侧纵桁画的是_____线。

6.第二甲板距基线高度为_____ mm,设置在 #_____至 #_____肋位之间。

7.内底板首端距基线高度为_____ mm,设置在 #_____ ~ #_____肋位之间。

8.船底侧桁材距中线_____ mm,设置在 #_____ ~ #_____肋位之间。

9.距中 4 200 mm 的底纵骨设置在 #_____ ~ #_____肋位之间。

三、识读习图 8 – 2,并填空回答下列问题

1.图中共画了自 #_____ ~ #_____共_____条肋骨型线,图中只画_____号肋位的肋骨型线。

2.图中可见该船的上甲板自船尾至 #_____肋位, #_____肋位向首为首部升高甲板。首部平台设在自 #_____至 #_____肋位之间。

3.首部总段的端缝线在 #_____ ~ #_____肋位之间。

4.锚链舱设在_____肋位向首的区间,距基线的高度为_____ mm。图中画的是_____线。

5.舭龙骨设置的范围是在_____肋位向首的区间在#_____ ~
#_____肋位之间。

6.底旁桁材距中线的半宽是_____ mm,设在#_____ ~ #
_____肋位之间。

7.舵机舱设在#_____ ~ #_____肋位之间,距基线的高度为
_____ mm。

8.图中内底板边线、甲板边线画_____线,舷侧纵桁画_____
线,舭龙骨画_____线。

四、识读习图8-3,并填空回答下列问题

1.图中可见外板最多共有_____列,张数最多的是_____列、
_____列和_____列板。全船以一舷计算共有_____张
外板。

2.外板最大厚度为_____ mm,最小厚度为_____ mm。

3.救生艇甲板下的外板上开有_____个尺寸为_____的图形舷
窗。

4.测深仪开孔在#_____ ~ #_____肋位之间,其加强覆板的尺
寸为_____。

5.#22 ~ #23肋位间的开孔距中线_____ mm,仅开在_____舷,
其加强覆板的尺寸为_____。

6.舭龙骨图中用_____线表示,设置在#_____ ~ #
_____肋位之间。

7.#16和#21肋位的粗双点划线表示的构件是_____。

8.内底板边线图中以_____表示,设置在#_____ ~ #
_____肋位之间。

9.锚链舱平台和弹药舱平台图中都用_____线表示,说明为
_____结构。

10.首尖舱内船底放水栓开孔在_____板上,左右舷_____。

第九章　分段划分图与余量分布图

第一节　分段划分图

　　船体分段划分图是表示全船分段划分情况的图样。从分段划分图中可以了解全船分段的数量、分段接缝位置和分段的理论重量。某些分段划分图中还标注分段余量和分段在船台上的吊装顺序。

　　船体分段划分图还是其他结构图样绘制分段接缝位置的依据，也是船台装配时分段吊装、定位以及调配起重、运输设备的依据。

一、分段划分图的组成

　　分段划分图主要由一组视图和分段明细栏两部分组成，见图9－1。

　　（一）分段划分图的视图

　　分段划分图的视图应能完整、清晰地表达出分段上包括板和内部骨架的接缝位置。

　　1.视图

　　分段划分图中的视图主要有如下几种。

　　（1）侧面图　从船体右舷向 V 面投影所得到的视图，见图9－1上方的视图。它表示了船体分段沿船长和船深方向的位置。侧面图是分段划分图的主视图，较全面地反映了全船分段的划分情况。

　　（2）甲板平面图　是沿甲板上面剖切所得到视图。它表示了船体分段沿船长和船宽方向的位置。甲板平面图主要用来表示甲板分段或甲板与部分舷侧组成的 L 形、F 形分段以及边水舱分段等以甲板为主的分段的位置，见图9－1中间的视图。

　　（3）舱底图　沿船底部构架上表面剖切得到的视图，它主要表示底部分段沿船长和船宽方向的位置，见图9－1下方的视图。

　　除上述视图外，由于船舶大型化，分段数量的增加，结构的复杂，以及船体分段的板和内部骨架的接缝有时不在同一平面内，分段划分图中有时还会有下列视图。

　　（4）纵剖面图　纵向平面剖切船体所得到的剖面图，它表示了剖切平面处分段的板和内部纵向骨架沿船长方向的分段接缝线的位置。

　　（5）横剖面图　横向平面剖切船体所得到的剖面图，它表示了剖切平面处分段的板和内部横向骨架沿船宽方向的分段接缝位置。

　　分段划分图中视图的种类和数量，要根据船舶类型、大小、分段划分的情况以及板和骨架的接缝位置是否相同而定。只要能完整、清晰地表达出分段位置，应尽可能减少视图的数量。

　　2.视图中尺寸的标注

　　分段划分图中标注的尺寸主要有如下几种。

　　（1）船体主尺度　通常标有总长、垂线间长、型宽、型深、吃水和肋距等。标注方式和其

主 尺 度

总　　长　　71.82 m
垂线间长　　66.00 m
型　　宽　　12.80 m
型　　深　　6.20 m
吃　　水　　4.80 m
肋　　距　　0.62 m

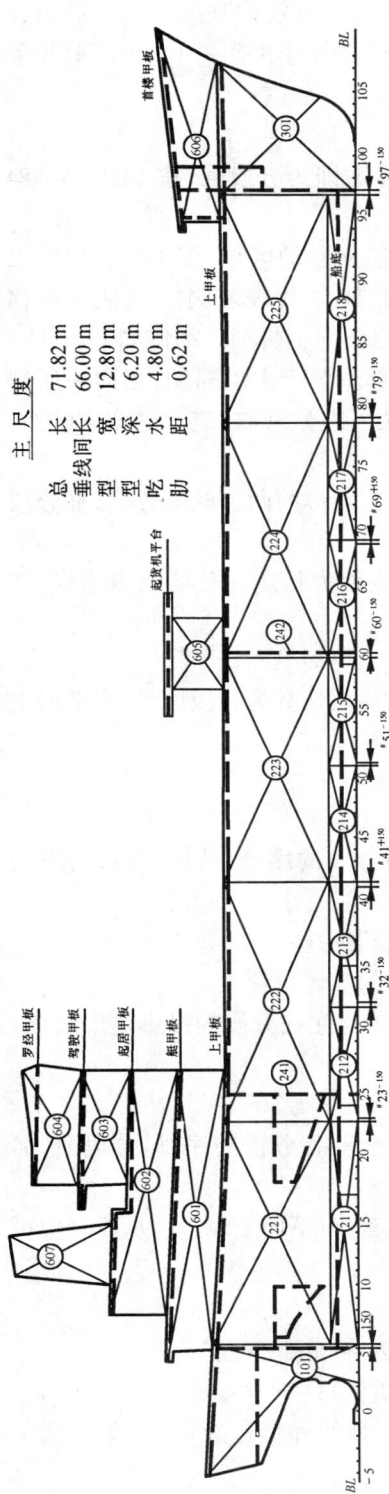

首楼甲板
上甲板
船底
起货机平台
罗经甲板
驾驶甲板
起居甲板
艉甲板
上甲板

上甲板平面图

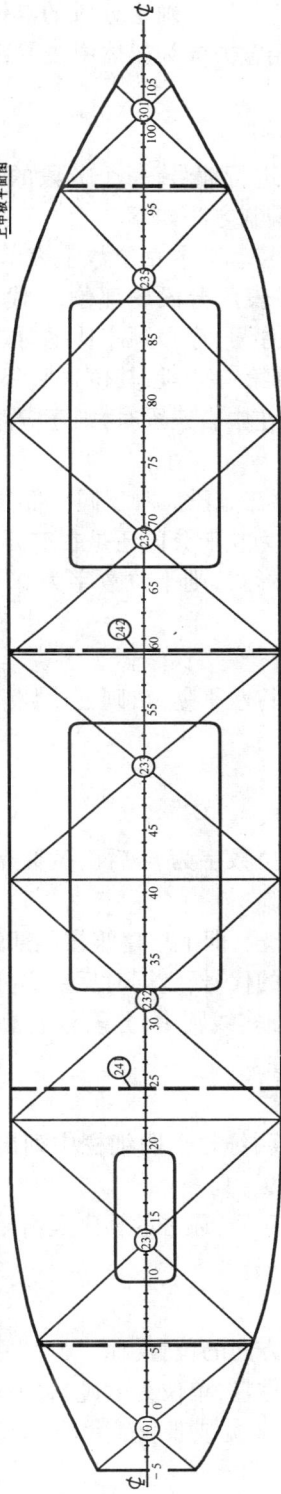

船底图

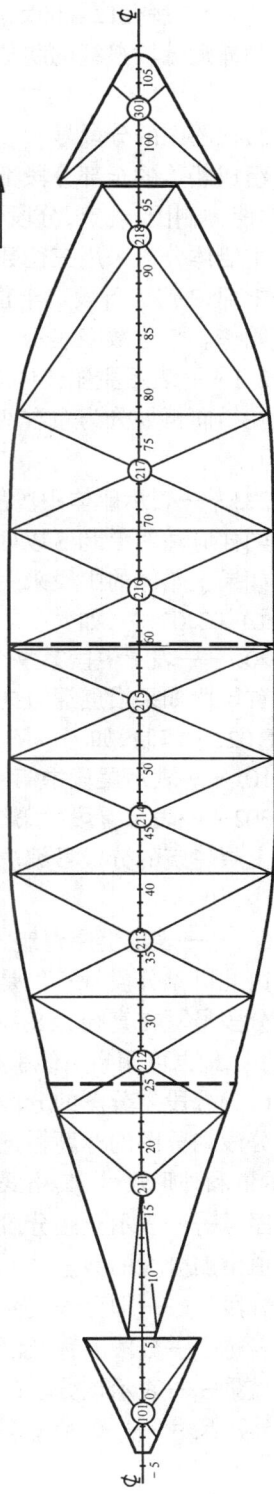

图9-1　船体分段划分图

他总体性图样相同。船体主尺度置于图纸右上方。

（2）分段接缝位置的定位尺寸　用以确定分段的具体位置。其定位基准分别是沿船长方向为靠近分段接缝的肋位，沿船宽方向为船体中线，沿船深方向为甲板、平台、内底等相关构件。

3．视图中的分段号

组成船体的全部分段都必需进行编号，每个分段的编号数即为分段号，按 GB4476－84《金属船体制图》规定，分段号的编制方法如下。

主船体分段采用三位数字编号。其中百位数字表示分段所在的区域，用 1 代表尾段、2 代表中部、3 代表首段。十位数字表示分段的部位，1 代表底部，2 代表舷侧，3 代表甲板，4 代表舱壁。个位数字表示分段的序号，序号顺序从尾向首，自下向上排列。举例如下。

211——表示主船体中段底部第一分段，其位置紧邻尾部。对于大型船舶，当同一底部分段在横向再划分为左右两段或左中右三段时，则还应注明 P（左）、S（右）或 P（左）、C（中）、S（右）。

223——表示船体中段舷侧第三分段。对于同一部位左右对称的两个舷侧分段，在分段号上同样应注明 P 和 S 以区分其为左舷分段还是右舷分段。

如果主船体的中段采用总段形式，则十位数字为 0，个位数为从尾向首的总段序号，依次为 01，02，03，…，如

201——表示中段第一个总段；

首尾段如果沿船深方向再进行水平划分，则三位数中的后两位数为分段序号，自下向上以 01，02，…编制，如

101——表示尾段中第一分段；

302——表示首段中第二分段。

上层建筑的分段号编法是百位数字为 6，后两位数字为分段的序号，从尾向首，自下而上排序，如

601——表示上层建筑第一分段，即上层建筑靠尾部的最下一层。

由此可见分段号不仅是分段的代号，它同时反映出分段的具体位置。

分段号写在直径为 8 mm 的细实线圆中，分段号通常直接标注在分段的投影轮廓线内，见图 9－1，也可用指引线引出标注。

（二）分段划分图的分段明细栏

分段划分图的标题栏上方接明细栏。明细栏中列出了全船各分段的序号、分段号、名称、重量和外形尺寸，其格式见图 9－1。

序号——表示全船分段的顺序号，通常的顺序是由尾向首，自下向上编排。从序号中可以知道全船分段的数量；

分段号——即分段代号，如"213"；

名称——分段名称及沿船长方向的位置，如"#5^{+150} ～ #23^{-150}底部分段"；

重量——表示该分段的理论重量，单位为 t（吨），（或标质量）；

外形尺寸——表示分段的长×宽或长×高和长×宽×高的外形轮廓尺寸，单位为 m（米）。

附注——其他必要的说明。

明细栏中的重量和外形尺寸可作为布置分段建造场地和考虑起重设备的依据。

序号	分段号	名　　称	质量(t)	外形尺寸(m)(长×宽×高)	附　　注
29	607	外烟囱立体分段	4	2.7×2.0×4.9	
28	606	首楼立体分段	16	10.0×8.9×3.0	
27	605	起货机平台及其下围壁分段	10	6.1×9.6×3.0	
26	604	罗经甲板及其下围壁分段	9	5.9×12.8×2.7	$\#18\sim\#27$
25	603	驾驶甲板及其下围壁分段	11	6.8×12.8×2.5	$\#17\sim\#27$
24	602	起居甲板及其下围壁分段	16	12.0×12.8×2.7	$\#8\sim\#27$
23	601	救生艇甲板及其下围壁分段	27	13.5×12.8×2.5	$\#5\sim\#27$
22	301	$\#95^{-150}\sim$首部立体分段	19	6.5×8.0×6.5	
21	242	$\#60$水密横舱壁分段	6	12.8×5.3	
20	241	$\#25$水密横舱壁及小平台分段	7	12.8×5.2	
19	235	$\#79^{-150}\sim\#97^{-150}$甲板分段	11	11.5×12.8	
18	234	$\#60^{-150}\sim\#79^{-150}$甲板分段	13	11.7×12.8	
17	233	$\#41^{+150}\sim\#60^{-150}$甲板分段	13	11.3×12.8	
16	232	$\#23^{-150}\sim\#41^{-150}$甲板分段	17	11.5×12.8	
15	231	$\#5^{+150}\sim\#23^{-150}$甲板分段	14	10.7×12.3	
14	225	$\#79^{-150}\sim\#97^{-150}$舷侧分段	7	11.7×5.0	
13	224	$\#60^{-150}\sim\#79^{-150}$舷侧分段	8	11.7×5.6	
12	223	$\#41^{+150}\sim\#60^{-150}$舷侧分段	7	11.3×5.0	
11	222	$\#23^{-150}\sim\#41^{-150}$舷侧分段	8	11.5×5.0	
10	221	$\#5^{+150}\sim\#23^{-150}$舷侧分段	9	10.7×5.6	
9	218	$\#79^{-150}\sim\#79^{-150}$底部分段	29	11.1×12.0×1.4	
8	217	$\#69^{+150}\sim\#79^{-150}$底部分段	22	5.8×12.5×1.4	
7	216	$\#60^{-150}\sim\#69^{+150}$底部分段	23	6.0×12.6×1.4	
6	215	$\#51^{-150}\sim\#60^{-150}$底部分段	23	5.6×12.6×1.4	
5	214	$\#41^{-150}\sim\#51^{-150}$底部分段	23	5.6×12.6×1.4	
4	213	$\#32^{-150}\sim\#41^{-150}$底部分段	22	6.0×12.4×1.4	
3	212	$\#23^{-150}\sim\#32^{-150}$底部分段	20	5.6×10.7×1.4	
2	211	$\#5^{+150}\sim\#23^{-150}$底部分段	25	10.7×8.0×1.4	
1	101	尾$\sim\#5^{+150}$尾部立体分段	22	6.1×10.2×7.2	

设绘					
校对				标记	重量	比例
标检			分段划分图			
审核						1:100
核定						

（三）分段划分图的特点

分段划分图在表达上有如下特点。

(1)分段划分图中的视图是具有示意性质的图形。由于分段划分图主要用来表示船体分段的划分情况和分段接缝的位置。所以视图中除与分段定位有关的结构（如甲板、平台、内底、舱壁、水密肋板等）外，其他结构均省略不画图，使图面尽量简要明了，重点突出。

(2)图线应用不同于其他图样。除纵、横剖面图外，其余视图的外形轮廓都用细实线画出。甲板、平台、内底、舱壁等结构不论其是否水密，凡不可见的均用粗虚线画出。分段接缝线只画细实线而不用斜栅线表示。

二、识读分段划分图

分段划分图视图简单，内容单一、易于识读。下面以图 9 - 1 为例，简单说明读图的步骤和要求。

1.了解全船的分段划分情况

以侧面图为主结合分段号，可知本船主船体的首尾段，各划分为一个立体分段，而中段则划分成八个底部分段，五个舷侧分段，五个甲板分段和二个舱壁分段。上层建筑部分，尾楼划分成五个立体分段（包括烟囱分段）。首楼为一个立体分段，中部起货机平台为一个立体分段，共计七个分段。这样对整个船体的分段划分有了一个全面的了解。

2.具体了解各分段的位置

将侧面图和相应的甲板或舱底图相对应，按分段号逐段了解分段的具体位置，即找出分段上板和骨架的接缝线。识读时，可从尾向首，自下而上逐个分段进行。如图中 101 尾段，船长方向是自尾端至 $^{\#}5$ 肋位（尾尖舱舱壁）向首 150 mm，记为尾 ~ $^{\#}5^{+150}$（距肋位向首为 + ，向尾为 - ），船深方向是自船底至外板顶线。又如 211 底部分段，船长方向是自 $^{\#}5^{+150}$ ~ $^{\#}23^{-150}$，船深方向分段边缝线在内底板上方。船宽方向对照舱底图可知自左舷至右舷没有再进行划分。通过这样的逐段分析，就明确了全船分段的具体位置。

3.了解各分段的重量和外形尺寸

从明细栏中可了解每个分段的重量和外形尺寸。从明细栏中可知，最重的为 218 分段，重 29 t；最轻的为 607 分段，重 4 t。601 段的外形尺寸最大，为 13.5 m × 13.0 m × 2.6 m。

第二节　余量布置图

全船余量布置图是工艺图样的一种，它主要作为分段装配和船台合拢过程中处理分段余量的依据。余量布置图由一组视图反映分段的具体划分以及全船各个分段余量的性质和留放的位置。

一、余量布置图的视图组成

全船各分段余量的留放情况有时直接标注在船体分段划分图中，作为图面组成内容的一部分。当单独绘制余量布置图时，其视图组成也和分段划分图相似。为了清晰、完整地反映出与分段装配，船台合拢相关的全部余量，视图数量相对较多，通常有以下几种。

(1)侧面图　从船舶右舷向 V 面投影所得到的视图。图中反映出分段首尾和上下接缝的余量,侧面图应视为余量布置图的主视图。

(2)甲板平面图　图中反映出分段首尾和左右接缝的余量。主船体的每层甲板和首楼甲板都需绘制平面图。平台则根据余量标注需要选绘。

(3)底部平面图　图中反映出分段首尾和左右接缝的余量。

(4)纵剖面图　图中反映出分段首尾和上下接缝的余量,通常在有纵舱壁的情况下绘制。

(5)横剖面图(肋位剖面图)　图中反映出分段上下和左右接缝的余量,通常在部分横舱壁肋位处绘制。

全船余量布置图的视图组成见图9-2(图册),该船为一大型成品油船。

二、余量布置图中的分段号

全船余量布置图也是按船体分段的具体划分绘制,图中必须标注每个分段的代号。由于船舶的大型化和分段数量的增加,同一类型分段(如舷侧分段)的数量常常超过10个,用一位数已无法表示。所以,分段号虽然仍用三位数字表示,其含义和上节分段划分图中所介绍的已有所不同。主要是取消了区域代号,以百位数直接表示分段的部位。具体规定如下:1代表底部,2代表下舷侧,3代表上舷侧。当舷侧分段在高度方向不作划分时,2即代表舷侧分段,3号空缺。4代表甲板。5代表横舱壁。6代表纵舱壁。7代表首楼。8代表尾楼(包括烟囱)。十位和个位两位数字表示同类分段的序号,从尾向首,自下向上依次为01,02,03,…。应当指出,在余量布置图中,为使底部、舷侧、甲板、纵舱壁等不同类型分段的序号在区段上(即船舶长度方向),互相对应,序号不一定从01开始,如图中的纵舱壁分段为605~617,前面的序号空缺。纵舱壁总共是13个分段而不是17个分段。

当分段横向再划分为左右两段或左中右三段时,在分段号数字的后面用P(左)、S(右)或P(左)、C(中)、S(右)区分。在图9-2(图册)中:

112S——表示底部右舷第12分段;

209P——表示下舷侧左舷第9分段;

119——表示底部第19分段(即图中的球鼻首分段)。

三、余量符号及含义

1.余量与补偿

余量布置图中所标注的,可分余量和补偿两类。余量和补偿都是构件的边缘(在这里是指分段接缝处板的边缘和骨架的端部)在放样下料时所放出的大于构件理论尺寸的部分。

余量和补偿的区别:构件上所留放的余量要在施工的一定阶段经过定位划线后进行切割。补偿一般不需切割,它是为弥补由构件偏离理论尺寸和焊接收缩产生的误差,以及满足反变形的需要而留放的。通常在船体结构装配焊接之后自行消失,补偿在图中用符号"▽"表示。

2.符号及其含义

余量和补偿在图中用规定的符号表示,它由一个三角形图形和数字组成。如图9-3所示。余量符号反映以下三方面的内容。

(1)余量(或补偿)留放的部位　三角形的一个顶角指向留放余量的分段的接缝,如图9-3(b),余量留在116S段上和216S段连接的接缝上。有的地区则规定为余量留在符号所在的线段上,此处即为留在 216S 段上。

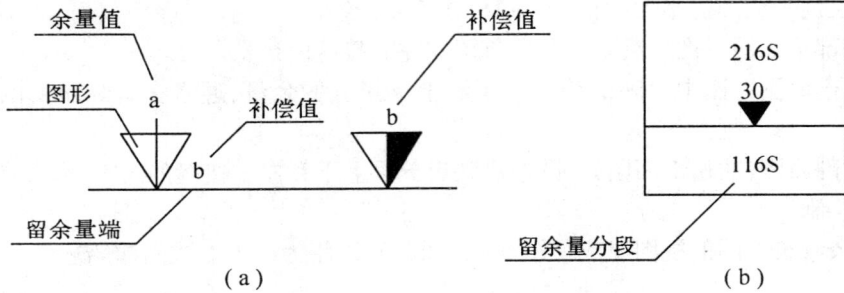

图 9-3 余量符号及其标注

(2)所留余量和补偿的数值 在图 9-3(a)中,a 为余量值,b 为补偿,单位为毫米。余量和补偿的数值都直接标注在图形中,大部分相同的数值图形中也可以不标注,而在图样的附注中加以说明。b 无值或为零时,表示余量切割后不留补偿。

(3)余量切割的工艺阶段

在全船余量布置图中,以不同的图形符号表示余量切割的工艺阶段。

▼——为船台大合拢余量,在船台合拢过程中分段经第一次定位后划线后切割。

▽——为分段船台无余量合拢调整切割余量。它表示在分段装焊结束吊下胎架前,根据相关的船台实测数据反馈,在分段上预先画出基准线,重新修正划线,将余量切割后吊上船台。

▼——为船台合拢补偿余量,表示分段在船台合拢后,相邻分段尚未合拢前划线切割。

全船余量布置图作为工艺图样,图中的符号及其标注方法目前尚无统一标准,教学中可根据实际情况介绍相关内容。

习　题

一、识读图 9-1,并填空回答下列问题

1.该船上层建筑共有_____个分段。驾驶甲板在_____段上。

2. 601 段的重量是 _____ t, 其外形尺寸是 _____ × _____ × _____。

3. 117 段的具体位置是从 #_____ ~ #_____,重量_____ t, 外形尺寸是 _____ × _____ × _____。

4.全船共有_____个横舱壁分段,其分段号分别为_____和_____。

5.舵机舱平台和尾尖舱舱壁在_____分段上,该段的重量_____ t, 外形尺寸是 _____ × _____ ×

_____。

二、识读图 9 - 2,并填空回答下列问题

1.该船共有 _____ 个底部分段(左右舷以 2 个分段计),其中有 _____ 个分段分左右段。

2.该船共有 _____ 个舷侧分段, _____ 个下舷侧分段和 _____ 个上舷侧分段。

3. 112S 段在长度方向自$^{\#}$ _____ ~ $^{\#}$ _____ ,208S 段自$^{\#}$ _____ ~ $^{\#}$ _____ 。

4.该船主甲板以下尾尖舱部分共划分为 _____ 个分段,分段号分别为 _____ 、_____ 。

5.首尖舱舱壁板分别划分在_____ 、_____ 、 和_____ 等四个分段上。

6.共有_____ 个(以一舷计)舷侧分段和底部分段的接缝在船台上是无余量船台合拢。

7.船台合拢时舷侧分段与上甲板分段间的接缝处,余量留放在_____ 分段上,其余量符号是_____ 。

8.205S 段是 206S 的接缝处,余量留放在 _____ 段上,该余量在分段 _____ 前切割。

9. 806 段和 807 段接缝处,补偿值留放在_____ 段上。在 FR44 肋位的舱壁上 404 段和 304 段之间的补偿留放在_____ 段上。

10.上平台在 101a 段和 101b 段之间的余量留放在_____ 段上,该余量在分段_____ 前切割。

第十章　分段结构图

第一节　分段结构图的类型和用途

分段结构图是按船体分段的划分,以基本图样为依据,用较大的比例,完整详细地表达分段的结构及相关工艺内容的施工图样,通常由生产设计部门绘制。为便于现场使用并避免图纸幅面过大,现在的分段结构图大多分多页装订册,和零件明细表配套使用。目前,作为施工图样的分段结构图也称分段组立图。

一、分段结构图的种类

分段结构图通常以其所表示的结构分类。一般有底部分段结构图、舷侧分段结构图、甲板分段结构图、舱壁结构图、首段结构图、尾段结构图和上层建筑分段结构图等。如果分段结构图表示的是包括船底、舷侧和甲板的船体某一环形段的结构,则称为总段结构图。建造大型船舶时,某些分段被进一步划分,如底部或甲板分段分为左右两段或左中右三段。舷侧分段分为上舷侧分段和下舷侧分段,立体分段则分为上下或上中下段等。在分段划分时还会形成多种不同形状的半立体或立体分段,常被形象地称为 C 型、D 型、F 型、P 型分段。这些分段常常不是将船底、舷侧、甲板和舱壁等部分截然分开,结构往往比较复杂。譬如带有纵舱壁和部分底板、甲板及横舱壁的舷侧立体分段。

对于同类分段,则以分段在船长方向的位置加以区分,通常以分段所在肋位号表示,由尾向首依次排序。如 $^{\#}6^{-350}$ ~ $^{\#}15^{+100}$ 甲板结构图、$^{\#}55$ 横舱壁结构图等。

分段结构图的数量决定于船舶的大小和分段的具体划分。大型船舶的分段总数常常超过百个。因此,在船体图样中,分段结构图的数量最多。分段结构图同时也是现场施工中使用最频繁的图样。

二、分段结构图(组立图)的用途

分段结构图在船体建造过程中的用途:

(1)作为船体建造中放样、加工、装配、焊接等工序的施工依据;

(2)作为考虑某些工艺工作(如胎架设计、工艺加强等)的依据;

(3)作为编制材料明细表、准备原材料以及分段构件配套进行托盘管理等工作的依据;

(4)是精确计算船体重量和重心位置的原始资料,并作为分段完工后起吊、翻身和运输时的参考;

(5)作为分段建造中质量检验的依据。

分段结构图也是学习《船体识图》的重点内容。

第二节　分段结构图的组成和表达的内容

随着造船模式的转变和船舶生产设计的不断深化,作为指导船体建造现场施工主要依据的分段结构图,其内容和过去绘制的分段结构图相比较已有了较大的变化。它除了详细表达分段的结构之外,图中还以符号和文字的形式增加了一些与分段制造工艺相关的内容。但这些内容在图中的表达形式目前各厂之间存在一定差异,本书在介绍时也已注意予以兼顾。但学习本课程的要求仍以看懂各类分段的结构为主。

分段结构图主要由一组视图和零件明细表两部分组成。其具体内容如下。

一、视图及其内容

1.视图组成

分段结构图的视图通常包括主视图、剖面图和节点详图。

(1)主视图

主视图是表示分段轮廓形状和结构基本组成的视图。通常它是以全船性结构图样为根据,用较大比例绘制而成。底部、甲板、平台和上层建筑等分段是以基本结构图中相应位置的舱底图、甲板图、平台图为依据。首尾段以基本结构图中的中纵剖面图为依据。舷侧分段则以外板展开图中相应部位的图形为依据,或以从舷侧有构架的一面进行投影所得到的视图作为主视图。横舱壁以它的肋位剖面图作为主视图。首尾柱结构以它的侧面投影作为主视图。总之,分段主视图大都是正对分段板面进行投影,使其能反映出分段的轮廓形状和骨架的布置情况。底部、舷侧、甲板、平台、舱壁、上层建筑等分段结构图主视图中的骨架都采用简化画法,其图线的含义与基本结构图或外板展开图是一致的。

主视图通常布置在图纸的左上方或左下方,并置于分段结构图册的首页。

(2)剖面图

由于分段结构图的主视图中只用简化画法表示出构架的布置,所以,分段中构件的形状、结构形式、尺寸和连接方式都要另画剖面图来表示。分段结构图中的剖面图数量较多,它要将需要表示的结构全部表示清楚,以满足施工的需要。分段结构图中的剖面图按剖切位置的不同可分为以下三类。

(a)一般位置剖面　常为纵向垂直剖面或水平剖面。主要表示船体纵向构件(纵舱壁、纵桁、纵骨等)的结构形状。一般位置剖面在图中需要标注剖面符号以表明剖切位置和投影方向。如"$\overset{A}{\wedge}\ \overset{A}{\wedge}$"。

(b)肋位剖面　用于表示分段中的横向构件(肋板、肋骨、横梁等)的结构形状。视图上方须标注肋位号,并用箭头表明视向,如"$\overset{\#45}{\blacktriangleright}$"、"$\overset{\#116}{\blacktriangleright}$"。

(c)局部剖面图　分段结构图中较多的是表示焊缝坡口形式的焊缝局部剖面图。局部剖面图在图中需要标注剖面符号,但有时可以不标注剖面符号而直接用箭头指向剖面图形。

(3)节点详图

节点详图是表示节点处结构的局部放大图。由于用较小比例绘制的主视图和剖面图往往难以把节点处的结构详细表达清楚。所以,在分段结构图中,对主视图和剖面图中图形较小,连接形式不同,表达不够完整清晰的节点,都要另行绘制节点放大图,并在图中完整地标注构件尺寸和焊缝代号。如果单个图形尚未能表达清楚,可将该放大图作为主视图,再画出其他视图,形成节点详图的两视图或三视图。当节点详图的比例较大,板和型材厚度在图中的投影大于2 mm时,就要画出剖面符号。

节点详图在分段结构图中应用较多,其标注方法:在主视图或剖面图中,把要绘制节点的部位用细实线圆圈出,圆的直径视节点图形的大小而定。各个节点用阿拉伯数字顺序编号。在画好的节点详图上方画一水平粗实线,线的上方用同样大小字体的数字标注相应的顺序号,线的下方注明节点详图的比例,见图10-1(a)。当节点详图数量较少时可以不编号,直接将其画在节点部位附近,用箭头指出、并标注比例,如图10-1(b)所示。

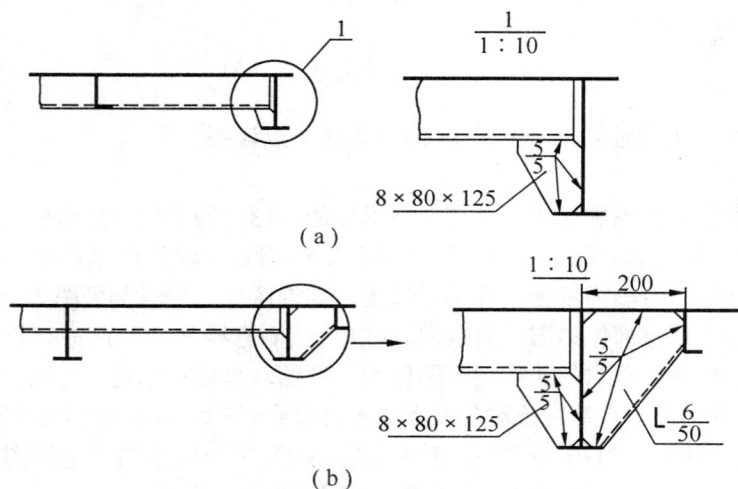

（a）

（b）

图 10-1 节点详图的标注方法

除主视图、剖面图和节点详图外,上层建筑结构图中,常用展开图和向视图表示围壁结构,首尾柱结构图中也常采用向视图和移出剖面来表示局部结构。

2.尺寸标注

作为施工图样,分段结构图应该提供构件完整而详细的尺寸。分段结构图中所标尺寸也分定形尺寸和定位尺寸两类。由于船体形状的特殊和结构的复杂,分段结构图中构件尺寸的标注方法和一般工程图有些不同。通常对于外板、甲板、舱壁等板材构件,只标注板的厚度,不标注其长度和宽度。对于肋骨、横梁等型材构件,只标注型材断面尺寸而不标注其长度。凡是和肋骨型线、梁拱曲线相关的构件尺寸,在图中都不予标注。这些尺寸由放样提供的数据、草图或样板确定。譬如在甲板分段图中,甲板边板的宽度以及横梁的长度都随甲板边线而变化,这些尺寸结构图中都不需标注。

分段结构图中的视图和尺寸标注情况,见图10-2(图册)。

3.零件序号

为便于了解分段构件的组成,避免下料、加工和配套时发生构件重复或遗漏,在分段结构图中,对分段内全部零件都要进行编号,见图9-2(图册)。目前编号的方法是将名称、尺寸和形状完全相同的零件编为同一个零件号,并在零件明细表中注明件数。零件的名称、尺寸(板材指厚度,型材指断面尺寸)和形状有一项不同的零件就分别编写零件号。图中零件的编号顺序一般是由大到小,先编板材构件,再编型材构件,后编肘板、筋板和补板等小零件。这和看图时看主视图、剖面图、节点图的顺序大体上也是一致的。在图中零件序号用细实线圆圈内的阿拉伯数字表示。有时在序号旁还标注零件的尺寸。

4.结构及工艺相关符号

生产设计提供的分段结构图,一方面要详细反映分段的结构,并尽可能将与分段制造相关的工艺要求和说明融合在图面上,使结构图成为指导现场施工的惟一依据,从而减少其他工艺文件的编写和工艺图样的绘制。另一方面又要保证图面简明清晰,便于绘制和识读。因此,分段结构图中应用了多种形式的图形符号或字符代号以表达相应的内容。部分图形和字符的含义可查相应的附录和典型节点图册。

(1)分段组装要领图

有的船厂绘制的分段结构图的首页上画有分段组装要领图,形式见图10-3。它反映出建造时分段所处的状态(正造或反造),并以01,02,…数字表示分段上主要零件、部件或组合件的安装顺序。分段组装要领图通常取横剖面图形式,各零、部件按自然位置分离画出。

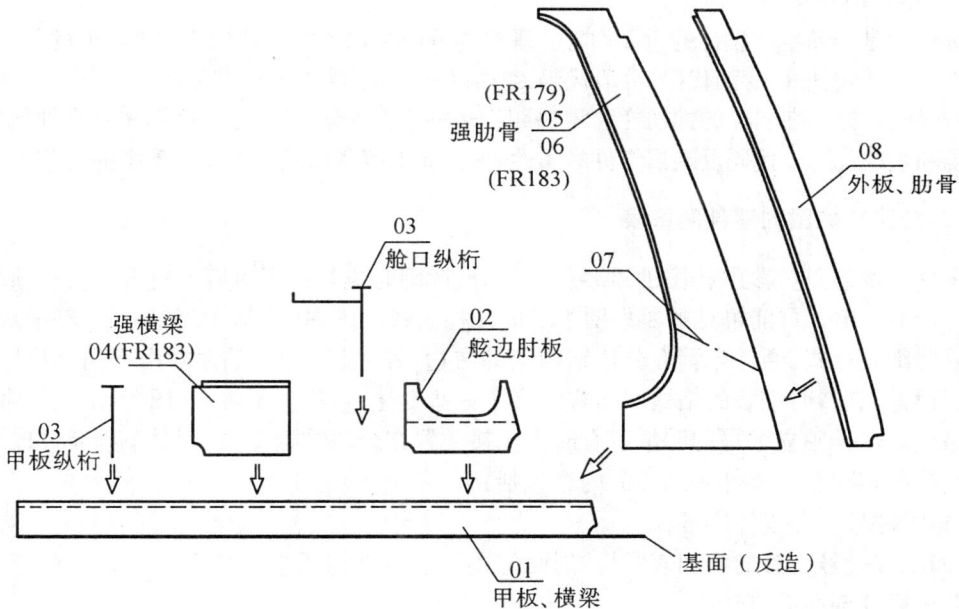

图 10-3　甲板分段组装要领图

1—甲板、横梁;2—舷边肘板;3—舱口纵桁;4—强横梁(FR183);5—强肋骨(FR179);
6—强肋骨(FR183);7—筋板;8—外板、肋骨

(2)结构细节的表达

这些结构细节包括:结构的装配间隙,型材端切削型式,型材贯穿孔及补板的形式,以及流水孔、通气孔、通焊孔等。这些细部结构在分段结构图中常常只标注相应的字符代号,不画详细图形和标注详细尺寸。

(3)焊缝代号

分段结构图中标注的焊缝代号,表示出船体构件连接处的焊缝形式,坡口形状、焊接尺寸和焊接方法。焊缝代号标注在能清晰表示焊缝的视图中,同类焊缝相对集中以便于识读。同一焊缝只标注一次,不遗漏,不重复。焊接形式、尺寸相同且相互邻近的焊缝,可用公共横线的形式标注。通常板与板的焊缝标注在主视图中,横向构件的焊缝标注在肋位剖面图中,纵向构件的焊缝标注在一般位置剖面图中,节点构件的焊缝标注在节点详图中,见图 10－1和图 10－2(图册)。

(4)构件理论线

GB5748－85《金属船体构件理论线》对确定构件理论线的原则虽作了明确的规定,由于结构和工艺方面的考虑,构件理论线往往出现和规定不符的情况。所以,目前绘制的分段结构图中仍用符号" Ⅲ— "表示构件理论线的位置,作为结构划线和构件安装的依据。

(5)余量符号

分段结构图中要标注补偿和余量的符号,参见习图 10－2(图册)、习图 10－3。符号反映出余量(或补偿)留放的部位,数值和余量切割的工艺阶段(时间)。分段构件上的余量切割的时间可分为:在分段装配过程中切割,分段装焊结束吊下胎架前切割和分段在船台合扰时切割三种。在分段结构图中标注较多的是构件补偿值,图中用符号" ▼ "表示。

(6)零件代码

编码化是船舶生产设计的重要内容。现在的分段结构图中要求标注每个零件的代码。代码分为五级,即船舶(工程)代码,分段代码,组合件代码,部件代码和零件代码。其中船舶代码和分段代码只标注在图样的标题栏和零件明细表的表头中。在视图中只标注组合件代码,部件代码和零件代码。代码反映出零件的属性、零件加工信息以及零件在装配中的工艺流程。

二、分段结构图的零件明细表

零件明细表是分段结构图的重要组成部分,读图时应与视图对照了解表中的各项内容。图 10－4 中列出了目前可见的零件明细表的几种格式。图中(a)为 CB*3243.3－85 中规定的传统的明细表格式,通常布置在分段结构图的右边,标题栏上方,零件号由下向上排序。推行生产设计以后,明细表的格式和内容已有了一些变化,各厂尚不统一,图中(b)为较常见的两种格式。这种独立编写的明细表有时不直接放置在分段结构图中,而是单独装订成册,和分段结构图相配套。零件明细表的内容包括:

(1)零件号　即零件序号;

(2)零件代号　有的明细表中为"剖面位置",它与结构图中的各个视图基本对应,填写结构名称或其剖面的符号;

(3)零件编码　零件的五级编码,前面已作介绍;

(4)构件名称及材料规格;

(5)零件的数量　有的按左、中、右分别填写;

(6)材料牌号;

(7)重量(或质量)　分单件和共计两项;

(8)加工编码　表示构件加工类型或方法;

(9)初始工序;

(10)零件工艺流程　零件在部件、组合件、分段、船台等装配过程中的流动情况;

(11)备注。

自下向上填写

(1) 序号	(2) 代号	(3) 名称	(4) 数量	(5) 材料	(6) 单件	总计	(7) 附注
					重量(kg)		

(a)传统明细表(CB* 3243.3 – 85)

××分段零件明细表

剖面位置	零件号	名称及规格	数量			材料 (钢级)	重量	初始 工序	加工 编码	流向 编码	备注
			左	中	右						

自上向下填写

船 名		××段零件明细表				DNS516 – GA01 – 01MX			
						共 页		第 页	
零件编号	代 号	名称规格	数量	材质	流程	质量(kg)		备注	
						一个	共计		

自上向下填写

(b)生产设计图中明细表

图 10 – 4　零件明细表的格式

在独立的零件明细表中,零件序号自上向下填写,并按部件、组合件的划分情况分块集中,这和剖面位置或识读剖面图的顺序基本一致。有的明细表中还在不同部件、组合件之间空行以突出部件、组合件的划分情况。

分段结构图中虽然包含了部分工艺内容,但图中未能说明的问题,还需编绘少量工艺文件和工艺图样以满足施工的要求,如分段制造工艺程序,焊接工艺施工要领,吊环加强工艺设计图、全船余量布置图、胎架设计图和分段完工测量工艺设计图等。

甲板分段零件明细表(和图 **10-2** 对应)

剖面位置	零件号	名称及规格	数量			材料(钢级)	重量	初始工序	加工编码	流向编码	备注
			左	中	右						
甲板平面图	1	甲板板 9			1	A					
	2	甲板板	1		1	A					
	3	甲板板	1		1	A					
	4	甲板板	1		1	A					
	5	甲板板	1		1	A					
	6	甲板板	1		1	A					
	7	甲板板	1		1	A					
	8	甲板板	1		1	A					
	9	甲板板	1		1	A					
	10	甲板板	1		1	A					
	11	甲板板	1		1	A					
	12	舱口角隅板	1		1	A					
$A-A$ 剖面	13	甲板中纵桁 $\perp \frac{8}{12\times120}$		1		A					
	14	甲板中纵桁 $\perp \frac{8\times300}{12\times120}$		1		A					
	14A	甲板中纵桁 $\perp \frac{8\times300}{12\times120}$		1		A					
	15	甲板中纵桁肘板 $\perp \frac{8}{12\times120}$		1		A					
$B-B$ 剖面	16	甲板边纵桁 $\perp \frac{8\times400}{12\times120}$	1		1	A					
	17	甲板边纵桁 $\perp \frac{8\times400}{12\times120}$	1		1	A					
	18	甲板边纵桁 $\perp \frac{8}{12\times120}$	1		1	A					
$B-1$ 剖面	19	纵桁防倾肘板 8×200	6		6	A					
$C-C$ 剖面	20	舱口纵桁 $\perp \frac{8}{12\times120}$	1		1	A					
	21	舱口纵桁 $\perp \frac{8}{12\times120}$	1		1	A					
	22	舱口纵桁腹板 14×720	1		1	A					
C 向视图	23	舱口纵桁圆纲 ∅80	1		1	A					
	24	舱口纵桁面板 30×450	1		1	A					
	25	甲板边纵桁面板 12	1		1	A					

(续)

剖面位置	零件号	名称及规格	数量 左	数量 中	数量 右	材料(钢级)	重量	初始工序	加工编码	流向编码	备注
$D-D$ 剖面	26	舱口肘板 $\llcorner \dfrac{8}{12\times120}$	2		2	A					
$^\#26$ 肋位	27	半普通横梁 $\llcorner\ 125\times80\times8$	1		1	A					
	28	半普通横梁 $\llcorner\ 125\times80\times8$	1		1	A					
	29	半普通横梁 $\llcorner\ 125\times80\times8$	1		1	A					
	30	半普通横梁 $\llcorner\ 125\times80\times8$	1		1	A					
	31	半普通横梁 $\llcorner\ 125\times80\times8$	1		1	A					
	32	半普通横梁 $\llcorner\ 125\times80\times8$	1		1	A					
	33	梁肘板 $\llcorner\ \dfrac{9\times250\times250}{65}$	1		1	A					
	34	梁肘板 $\llcorner\ \dfrac{9\times250\times250}{65}$	1		1	A					
	35	梁肘板 $\llcorner\ \dfrac{9\times250\times250}{65}$	1		1	A					
	36	梁肘板 $\llcorner\ \dfrac{9\times250\times250}{65}$	1		1	A					
	37	梁肘板 $\llcorner\ \dfrac{9\times250\times250}{65}$	1		1	A					
	38	梁肘板 $\llcorner\ \dfrac{9\times250\times250}{65}$	1		1	A					
	39	梁肘板 $\llcorner\ \dfrac{9\times250\times250}{65}$	1		1	A					
	40	梁肘板 $\llcorner\ \dfrac{9\times250\times250}{65}$	1		1	A					
	41	梁肘板 $\llcorner\ \dfrac{9\times250\times250}{65}$	1		1	A					
$^\#29$ 肋位	42	强半横梁 $\llcorner\dfrac{8}{12\times100}$	1		1	A					
	43	强半横梁 $\llcorner\dfrac{8}{12\times100}$	1		1	A					
$^\#33$ 肋位	44	强横梁腹板 $\underline{8}$	1		1	A					
	45	强横梁腹板 8×400	1			A					
	46	强横梁腹板 8×400			1	A					
	47	强横梁面板 12×1200	1			A					
	48	强横梁面板 12×1200			1	A					
E 向视向	49	舱口菱形板 $\underline{12}$	1		1	A					
$^\#36$ 肋位	50	普通横梁 $\llcorner\ 160\times100\times10$		1		A					

剖面位置	零件号	名称及规格	数量 左	数量 中	数量 右	材料（钢级）	重量	初始工序	加工编码	流向编码	备注
	51	普通横梁 $\llcorner$ $160 \times 100 \times 10$		1		A					
	52	普通横梁 $\llcorner$ $160 \times 100 \times 10$		1		A					
	53	纵桁肘板 8×150	4	4	4	A					
#38肋位	54	普通横梁 $\llcorner$ $140 \times 90 \times 8$		1		A					
	55	梁肘板 $\llcorner$ $\dfrac{8 \times 250 \times 250}{50}$			1	A					
	56	梁肘板 $\llcorner$ $\dfrac{8 \times 250 \times 250}{50}$	1		1	A					
	57	梁肘板 $\llcorner$ $\dfrac{8 \times 250 \times 250}{50}$	1		1	A					
#39肋位	58	舱口端梁			1	A					
	59	舱口端梁	1			A					
	60	圆钢 $\varnothing 80$		1		A					
	61	半普通横梁 $\llcorner$ $140 \times 90 \times 8$	1		1	A					
	62	舱口纵桁肘板 $\llcorner$ $\dfrac{14}{75}$	1			A					
#40肋位	63	半普通横梁 $\llcorner$ $140 \times 90 \times 8$	1		1	A					
	64	舱口纵桁肘板 $\llcorner$ $\dfrac{14}{75}$	1			A					
#41肋位	65	强半横梁腹板10	1		1	A					
	66	强半横梁腹板10	1		1	A					
	67	强半横梁腹板10	1		1	A					
	68	强半横梁面板 12×120	1		1	A					
	69	强半横梁面板 12×120	1		1	A					
	70	肘板 $\llcorner$ $\dfrac{14 \times 300}{75}$	2		2	A					

第三节　识读分段结构图

　　分段结构图的基本表达方法与全船性的结构图样是一致的,识读方法两者也基本相似。但船体分段结构图同时又是施工图样,是分段构件加工、配套、装配、焊接的施工依据。识读时,除了了解分段结构形式、构件的形状、大小及其连接方式外,还要了解结构细节内容,如装配间隙、切角、型钢端剖切斜、型钢贯穿孔、流水孔、透气孔、通焊孔以及焊缝坡口的形式等。此外,识读分段结构图时还要求了解图样上的图形、符号或文字表达的工艺信息,了解有关分段上的理论线、余量、焊接和装配工艺流程等方面的内容。

现以图 10 – 2(图册)的甲板分段结构图为例说明识读分段结构图的方法和步骤。

1.了解分段基本情况

(1)根据标题栏和明细表了解船舶名称,分段类型及其所在部位(肋位号),分段重量及组成分段的构件数量。

(2)分析该分段结构图的视图组成。确定主视图,了解剖面图和节点详图的数量、剖切位置和投影方向及节点位置。了解各视图所表达的具体对象。

(3)根据主视图中各图线的含义,确定分段的边界和分段中骨架的布置概况。

通过初步识读,可以对分段的基本结构情况、复杂程度和图样的视图组成有了一个概括的了解。如从图 10 – 2(图册)的甲板分段结构图中可以知道,这是 $^\#25^{-350}$ ~ $^\#41^{+450}$ 肋位间的上甲板分段。甲板平面图为主视图。图中共有 4 个一般位置剖面图、8 个肋位剖面图、2 个节点详图、2 个分剖面图和 2 个向视图。对照主视图即可明确各视图之间的投影关系。主视图反映出分段上骨架的组成和布置概况。

2.详细识读分段结构图

(1)首先识读主视图,由主视图了解底部、舷侧、甲板、平台、舱壁、上层建筑等分段中的外板、内底板、甲板板、平台板、舱壁板和围壁板的排列,板的厚度以及板的对接焊缝的型式。了解板上各种开孔的位置和大小。

主视图中,板的排列由板缝线确定,其中斜栅线代表分段线,是分段的边界。焊接要求由标注在焊缝线上的焊缝代号表示。板厚直接标注在的投影图中。在图 10 – 2 中,由甲板平面图可知,分段的范围是从 $^\#25$ 肋位向尾350 mm至 $^\#41$ 肋位向首450 mm。甲板板的组成是:零件 1 为 1 块,从零件 2 至零件 11 为左右对称,共23块。除零件 12 为货舱口角隅板,板厚20 mm外,其余各张甲板板的厚度均为9 mm。甲板板之间的接缝采用Ⅰ型双面对接焊缝。分段接缝为 V 型坡口对接焊缝,封底焊在甲板上表面。甲板上开口如机舱口自 $^\#33$ 肋位向尾,宽度为5 600 mm。货舱口自 $^\#39$ 肋位向首,宽度7 000 mm。舱口四周的甲板板伸出纵、横构件10 mm。舱口角隅的形状见节点详图①。甲板上骨架的布置情况是 $^\#37$ 肋位的轨道线表示水密横舱壁。 $^\#25$、 $^\#29$、 $^\#35$、 $^\#39$ 和 $^\#41$ 肋位用粗双点划线表示强半横梁和舱口端梁。纵向的粗双点划线表示甲板纵桁。在 $^\#38$ 至 $^\#39$ 肋位之间的粗虚线表示设置在舱口端的 4 块肘板。图中细虚线表示普通横梁和半横梁。

(2)由各剖面图和节点详图了解分段中骨架以及上层建筑分段中围壁的结构形式、构件大小和连接方式。通常是先看表示纵向构件的一般剖面图,再看表示横向构件的肋位剖面图。节点详图按所在位置穿插识读。看图时要和主视图互相对应。在图 10 – 2(图册)中,A – A 剖面图表示了设于 $^\#33$ ~ $^\#39$ 肋位间的甲板中纵桁的结构,从尺寸标注可知,甲板纵桁是 T 型材,由 3 个构件组成,件号为⑬、⑭和⑭A。零件⑬腹板的高度由300 mm过渡到400 mm,⑭和⑭A的高度都是300 mm,面板尺寸为 12 × 120(mm)。件号⑮为 T 型肘板,与 $^\#39$ 肋位处的舱口端梁连接。纵桁腹板上开口让普通横梁穿过。纵桁与甲板板以及纵桁腹板与面板的连接用交错间断焊,图中的焊接符号为 $\underset{6}{\overset{6}{\rightthreetimes}}\; \underset{75}{\overset{75}{\rhd}}\; \underset{(125)}{\overset{(125)}{\diagdown}}$ 。

B – B 剖面图表示了甲板边纵桁的结构,图中所示为焊接 T 型材,由 $^\#33$ 肋位处的间断符号和图中的零件号可知纵桁共分三段,图中标注了各构件的尺寸和焊接要求。B – 1 分剖面图表示了半横梁的端部和连接时板的尺寸。普通横梁穿过甲板纵桁腹板的开口尺寸见详图②，按 CB* 3182 – 83 标准中 CW – 3 型开切口。

    C – C 剖面图表示了 #35～#42 肋位间的甲板边纵桁和舱口纵桁的结构。舱口纵桁由腹板㉒、圆钢㉓和面板㉔组成。在 #40 肋位处设防倾肘板，用细虚线表示。由图中所标尺寸可知，甲板板的长度至 #41 肋位向首450 mm，舱口纵桁面板的长度至 #42 肋位向首100 mm。圆钢的长度至 #42 向首200 mm，构件相互错开，以便于与相邻分段的对接。在 *C – C* 剖面图中，以 *C* 向视图(实为仰视图)表示舱口纵桁面板的结构比例为 1:25，㉕为过渡面板，厚度为12 mm，尺寸通过放样确定。图中 #39、#40 肋位的两条短细虚线表示防倾肘板，#41 肋位处的粗虚线为强横梁两侧的折边肘板。

    D – D 剖面图表示了舱口端肘板的尺寸和焊接要求。

    通过识读一般位置剖面图及相关节点详图，对分段的纵向构件就有了一个全面的了解。接着可识读各个肋位剖面图，见图 10 – 2。

    #26 肋位剖面图的箭头向右，表示向船首投影，图中所绘为左舷部分，右舷对称。对照主视图可知为舱口两侧的普通半横梁，角钢短边画细虚线、表示朝向船首。#27、#28、#30、#31和#32 肋位相似，但长度不同，零件号分别为㉗～㉜。横梁尺寸为 ∟ 125×80×6，共 12件。梁肘板的尺寸为 ∟ $\frac{9 \times 250 \times 250}{65}$，由于各肋位处的外板和甲板的夹角不同，肘板的形状不同，其零件号分别为㉝～㊶。横梁的长度，梁肘板的形状均需放样确定。在甲板边纵桁处有防倾肘板与半横梁连接。横梁与甲板板的连接采用交错间断角焊缝，见符号

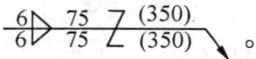

$$\frac{6}{6} \triangleright \frac{75}{75} \diagdown \frac{(350)}{(350)} \diagdown \text{。}$$

    #29 肋位剖面图表示的舱口两侧的强半横梁结构，#36、#38 肋位剖面图表示的普通横梁结构、读者可自行分析。

    #33 肋位剖面图表示的是强横梁结构，向船首投影，甲板中纵桁为不可见，图中画粗虚线。强横梁在甲板边纵桁处连续。强横梁腹板共 4 块，件号为㊸～㊻，其中㊸为 2 件，即左右各 1 件，㊺、㊻各 1 件，可见腹板上的板缝线，尺寸见图。强横梁 T 型材的面板为 2 块，件号为㊼、㊽，面板尺寸为 12×120。零件㊸的形状由放样确定。*E* 向视图表示了和舱口角隅处甲板纵桁和强横梁下面的菱形面板的形状和尺寸，件号为㊾，板厚为12 mm，角隅处的曲线形状参见节点详图①。

    #39 肋位剖面图为舱口端梁结构。#41 肋位剖面图及 41 – 1 分剖面图表示的是货舱口强半横梁的结构，其结构形式、构件形状和尺寸、焊接要求读者可自行看图分析。

    3. 了解分段结构图中的其他相关内容

    在对分段结构有了全面了解以后，还应从图样中的各种符号、代码和文字说明，进一步了解与分段有关的其他内容。主要弄清楚分段建造的方式(正造或反造)，分段组装要领，构件理论线位置、分段余量、构件焊接形式等。在图 10 – 2(图册)中，除焊缝代号外，其他方面均未有表示。

    4. 了解分段零件明细表

    在图 10 – 2 和甲板分段零件明细表中的零件号是按剖面位置分块填写的，其顺序是先编甲板平面图中的甲板板，再编一般剖面图中的纵向构件，后编肋位剖面图中横向构件。这和识读分段结构图的步骤基本相同。明细表中的内容在识读各视图时已作了初步对照。此时可对分段中各构件的名称，材料规格和数量等再作一综合了解。该表中某些栏目如重量、

初始工序、加工编码和流向编码等未予填写。

习　题

一、填空题

1.分段结构图是由_____和_____两部分组成的。

2.船舶的典型分段有_____、_____、_____、_____、首尾分段和上层建筑分段。

3.同类分段是以其在_____方向的位置,按_____号区分的。

4.底部、甲板、平台等分段结构图中的主视图以_____结构图中的相应位置的_____图为依据,用较大比例绘制。

5.舷侧分段结构图的主视图以_____图中相应位置的图形为依据,用较大比例绘制。

6.分段结构图中的剖面图有_____剖面、_____剖面图和局部剖面图三种。

7.在节点详图中应完整而详细地标注构件的_____和_____。

8.分段结构图中,板材构件通常只标注_____,型材构件则标注_____。

9.编写零件号时,是将_____、_____和形状完全相同的零件编为同一个零件号。

10.焊缝代号标注的视图通常是板与板标注在_____图中,纵向构件标注_____图中,横向构件标注在_____图中。

11.分段结构图中的结构细节一般指装配间隙、_____、_____和流水孔、通焊孔等。

12.分段结构图中用符号“⊓—”表示构件_____线,符号“⊲ 5/30”代表_____。

13.识读分段结构图时,应首先了解分段结构的_____和分段结构的视图_____。

14.识读分段结构图中各视图的顺序一般是先看_____图,再看_____面。

15.零件明细表单独装订成册时,零件号自_____向_____编号,零件按_____位置划分。

二、识读习图 10 - 1(图册),并填空回答下列问题

1.横舱壁主视图的视向是向船_____方向,其上垂直和水平扶强材安装在横壁壁朝向_____的一面。

2.横舱壁结构图共有_____个视图,除主视图外,有 2 个_____图和 4 个_____图。

3.舱壁共由_____张钢板组成,其零件号由_____ ~ _____,板的最大厚度为_____ mm,最小厚度为_____ mm。

4.板与板之间的对接缝的符号分别是_____和_____,封底焊在舱壁朝向_____的一面。

5.舱壁板与甲板、外板的连接是_____角焊,习图 10 - 1(图册)中标注的焊缝符号是

_____。

6.主视图中用_____线表示外板、甲板、纵桁等构件的切断面,前后平台分别用_____线和_____线表示。

7.垂直扶强材的间距反映在_____图中,间距分别为_____mm 和_____mm。

8.在_____图中表示了水平扶强材的尺寸为_____,它和舱壁板的焊缝符号是_____。

9.#6-1剖面图主要表示位于中心线上的_____的结构,其件号分别为_____和_____。

10.图中的细双点划线表示不在_____上而与其相连接的构件。

11.舱壁板上圆形开孔的直径是_____mm,其中心距基线_____mm。

12.#6-2剖面图中件号18的零件是连接_____和_____的肘板。

三、识读习题10-2(图册),并填空回答下列问题

注:该图为30万吨原油船的边底分段,图中只给出部分有代表性的视图。

1.该边底分段的分段号是_____(从图中了解),分段在长度方向为_____~_____,在宽度方向为距中线_____~_____。

2.组成边底分段的主要构件有外板、_____、_____、_____骨和肋板等。

3._____图是边底分段结构图的主视图,表示外板结构的是_____图,两个视图的比例都是_____。

4.反映底纵桁结构的是_____剖面图,反映内底纵骨和底纵骨结构的是_____剖面图。

5.反映横向构件的是_____剖面图,分别是 FR190、_____、和_____,向船_____方向投影。

6.底部分段共有_____张外板,板厚均为_____mm,板与板的连接采用_____型坡口,封底焊在外板的_____表面。外板的编号是_____(任举一例)。

7.外板展开图中的粗虚线代表_____、_____和肘板,细虚线代表_____。

8.由图中标注可知外板纵骨为焊接 T 型材,尺寸为_____,材料牌号为_____。

9.肋板和肘板的理论线为向船_____一面,纵桁和纵骨的理论线为_____中线的一面。

10.在符号 $\underleftarrow{\frac{12}{30}}$ 中,30 为_____值,12 为_____值,余量在_____时切割。

11.该分段内底板共有_____张板,板厚均为_____mm,内底纵骨的尺寸为_____。

12.内底纵骨的理论线为_____中线的一面。其上工艺孔的尺寸为_____。

13.L 23边纵桁由_____张板组成,厚度为_____mm,材料牌号为_____。

14.L 23边纵桁上的流水孔代号为_____,透气孔代号为_____,对接焊缝通焊

孔代号为_____。流水孔间距为_____ mm。

15. └ 23 边桁材上共有_____道水平加强筋,其尺寸为_____,图中用_____线表示。符号"S"表示_____。

16. └ 13 纵骨剖面图中,内底纵骨的编码是_____,底纵骨的编码是_____,各由_____个零件组成。

17. └ 13 纵骨剖面图中,#202 肋位处的肘板的尺寸为_____,#190 肋位处的加强筋与纵骨面板的焊接尺寸分别为_____和_____。

18. 在 FR187 肋位剖面图中,└ 12(图中未注)处用粗实线表示的底纵桁,在内底平面图中用_____线表示,该纵桁不在_____分段上。

19. FR187 肋位剖面图中,分段两侧用细双点划线表示的肘板属于_____分段上的构件。

20. FR202 肋位剖面图所表示的构件是_____板,厚度为_____ mm。肋板与内底板、外板、纵桁的焊接是_____焊缝。

21. FR202 肋板上纵骨贯穿孔是有_____板的_____水密开孔,开孔处的短粗实线及符号 B 表示该处有_____板。

22. FR190 肋位剖面图中的大肘板用来连接_____板和_____舱壁。它共由_____张组成,厚度为_____ mm 和_____ mm。

23. 大肘板上的加强筋有_____钢和_____钢,其尺寸分别为_____和_____。

24. 图中型材端部的符号"W"表示_____,"S"表示_____。

25. 详图 1 表示的是_____板端部形状,"A"向视图表示的是_____板端部形状。$A-1$ 剖面图表示的是_____板的形状和尺寸。

四、识读习图 10-3(图册),并填空回答下列问题

注:该图为 6.8 万吨油船尾中立体分段,图中只给出部分有代表性的视图和零件明细表的摘录。

1. 尾中立体的分段代码是_____,其主视图是_____图,它以基本结构图中的_____图为依据,用较大比例画出。

2. 该分段在长度方向由尾~FR_____。在高度方向由距基线 9 300 mm 平台上方~距基线_____ mm 平台上方。(见外板展开图)

3. 给出的视图中有中纵剖面图、_____展开图,1 个平台平面图,1 个_____剖面图和 3 个_____剖面图。

4. 该尾中立体分段由外板、三层_____、尾尖舱_____及其他纵、横构件组成。

5. 在中纵剖面图中,可见中纵隔板由_____张板组成,厚度分别为_____、_____和_____ mm,其板缝焊接符号为_____、_____。

6. 中纵剖面图中符号"$\longleftarrow\!\!\!\mid\!\!\!\longrightarrow$"表示纵向隔板在该处_____。隔板与平台、横舱壁及外板的焊接符号分别为_____、_____、_____和_____等。

7. 中纵隔板上共有_____个腰圆形开孔,尺寸为_____。14 100 平台上#9 肋位的强横梁贯穿孔的代号为_____,普通横梁贯穿孔的代号为_____。

8. 由外板展开图可见,该分段共有_____张外板(含左右舷),最大厚度为_____

mm,最小厚度为_____ mm。平板龙骨的代号是_____。

9.说明外板展开图中,下列符号和图线的含义: ⇥ – _____ 、▶ 、– _____ 粗虚线 – _____ 、细虚线 – _____ 。

10.除舵焊中心线处外,肋骨等横向构件的理论线都朝向_____一面。平台的理论线靠近_____。

11.图中符号 ◁₅₀⁰ 表示_____为50 mm,_____为零,在分段_____结束后切割。"全"表示板和骨架余量相同。

12.距基线11 700 mm平台共由_____张板组成,最大厚度为_____ mm,大部分板厚为_____ mm。

13.图中的轨道线表示平台下为_____板材构件。粗虚线表示不可见的_____材。

14.平台上共有_____个带栅条的开孔,为典型开孔,其代号为_____。

15.平台与外板的焊缝符号_____,平台与舱壁的焊缝符号为_____。

16.在 L_1(右舷)剖面图中,共有_____张纵向隔板,除注明外,板的厚度为_____ mm,其上开孔的尺寸有_____和_____两种。

17.分段尾封板的零件编码为_____和_____,板厚分别为_____ mm 和_____ mm,其焊缝符号为_____。

18.尾封板与外板通过_____连接,见_____剖面图,该图比例为_____。

19.在 FR – 6 肋位剖面图中,肋板由_____张板组成,板厚分别为_____ mm 和_____ mm,其上腰圆孔尺寸为_____。

20.在 FR7 肋位剖面图中,可见板厚为_____ mm,共_____块,其上加强筋的尺寸为_____。图中所示为_____舷部分。

21.在11 700平台上方,编码为〈A01 – bB – 1001〉的肘板的尺寸是_____其上加强筋的尺寸是_____。

22.从零件明细表(摘录)中可见,该船工程代码为_____,分段代码为_____,本明细表共有_____页。

23.在零件明细表中,是按平台(平面图)、_____剖面、纵剖面、_____剖面图到外板展开图的顺序排序的。

24.零件编号"LB – P – 1001"中"LB"是_____件代码,"P"是_____件代码,"1001"是_____件代码。

25.该零件明细表中的"代号"栏和分段结构图中的_____名称相同。

26.表中的"流程"栏表示零件在_____过程中所经的工序。

附录一 船体图样中的一般符号(GB4476－84摘录)

附表1－1 船体图样中一般符号的画法

序号	名 称	符 号	示 例
1	吃水符号	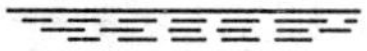	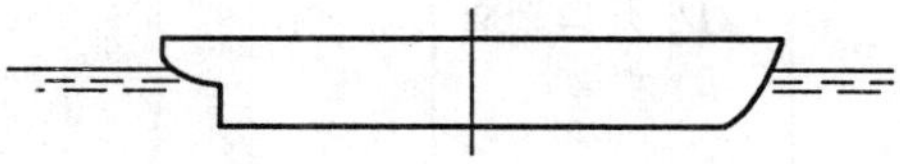
2	船中符号 (中站面)		
3	轴系剖面符号		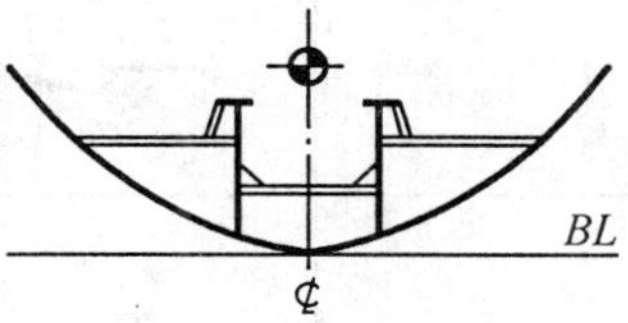
4	端接缝和边接缝符号	 一般接缝	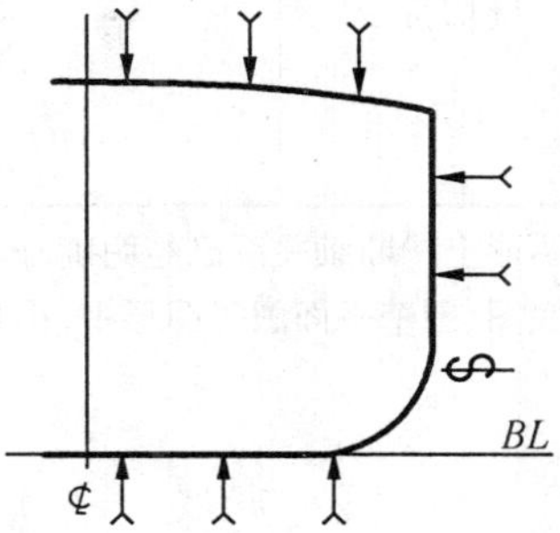
		 分段接缝	
5	连续符号	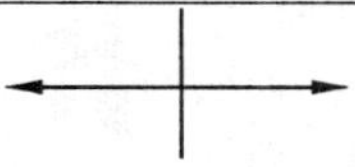	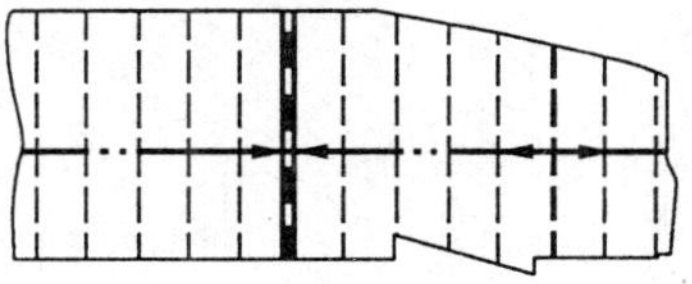
6	间断符号 (1)	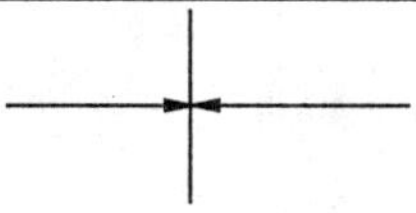	
7	视向符号	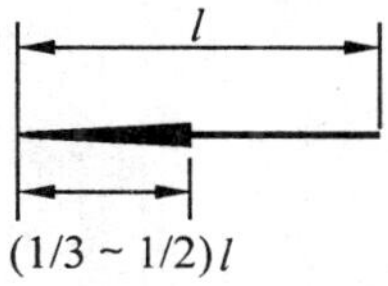 l $(1/3 \sim 1/2)l$	A
8	肋位符号及 投影方向	#	 #54　　#126

附表 1－1(续)

序号	名　称	符　号	示　例
9	(2)小开口剖面符号	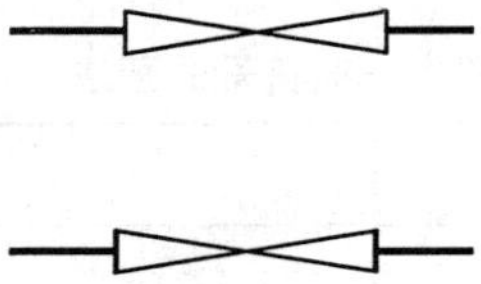	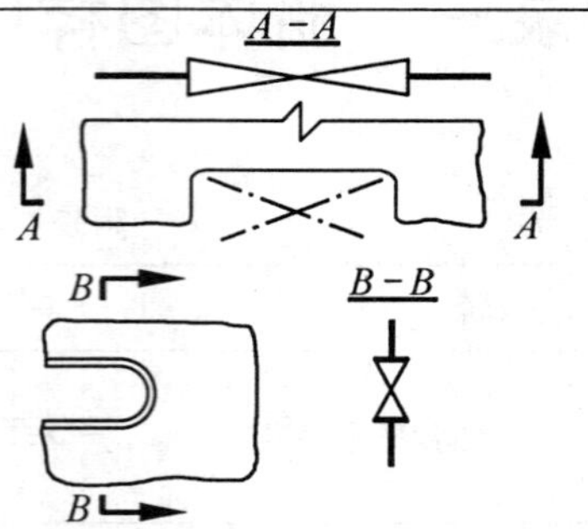
10	剖切符号	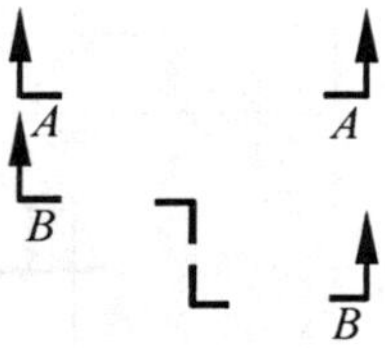	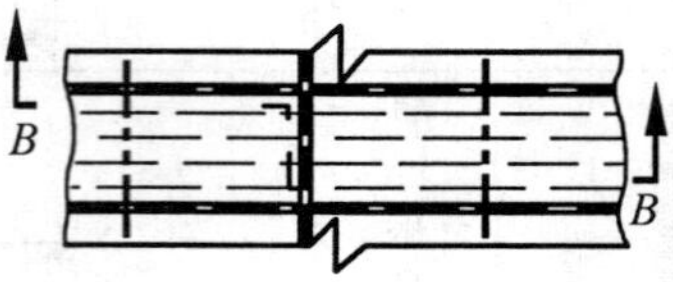

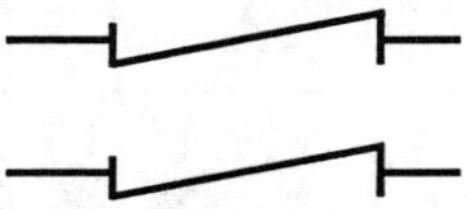

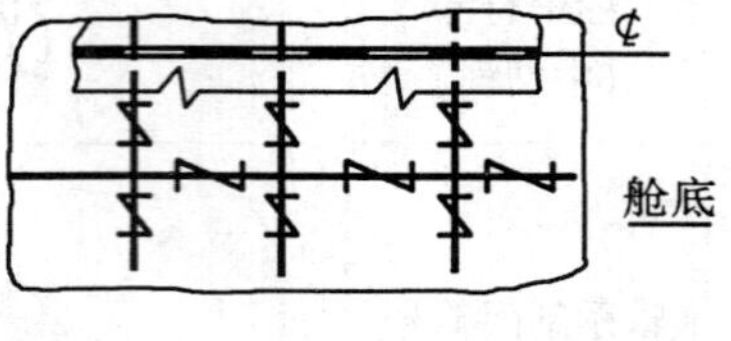

注:(1)若图形上的断续关系已经明确,该符号可以省略。

　　(2)舱底图、围壁平面图等图形中,小开口虽未被剖切,仍可使用该符号。

附录二 金属船体构件理论线（CB*253-77摘录）

附表2-1 金属船体构件理论线的规定

序号	构件名称	理论线位置	图例
1	外壳板、甲板、平台、内底板、舭龙骨	1. 外壳板以其板的内缘为理论线； 2. 甲板、平台、内底板以靠近BL一边为理论线； 3. 舭龙骨以靠近℄一边为理论线。	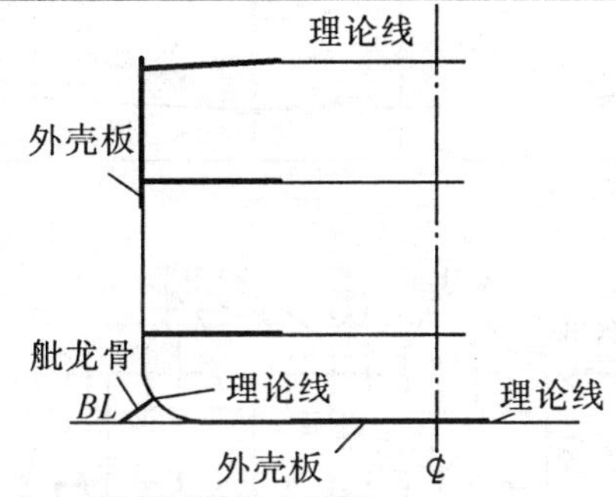 （外壳板、甲板、平台、舭龙骨理论线图）
2	舱壁	1. 横舱壁—包括槽形舱壁、压筋围壁和平面舱壁均以靠近℄一边为理论线； 2. 纵舱壁、纵围壁、压筋舱壁和平面舱壁以靠近℄一边为理论线； 3. 中纵槽壁—包括平面横舱壁以两端连接处的板厚中心线作为理论线；	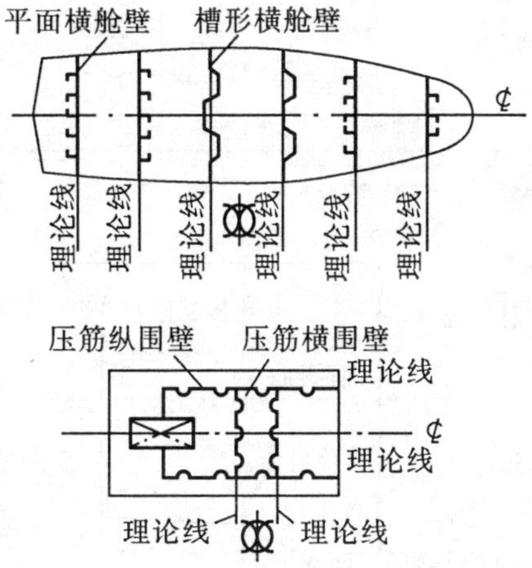 （槽形横舱壁、平面横舱壁、压筋纵围壁、压筋横围壁理论线图）
		4. 边水舱纵舱壁以背℄一边为理论线。	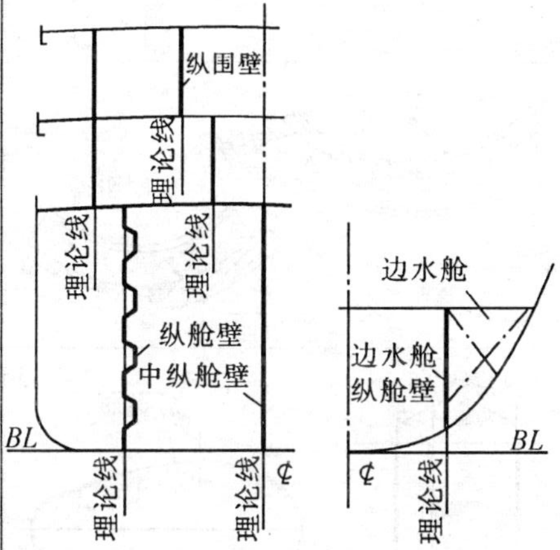 （边水舱纵舱壁理论线图）
3	纵向构件	1. 纵向构件如为T型材或板材等对称结构，则以靠近℄（甲板等）或BL（舷侧纵桁等）一边为理论线； 2. 纵向构件如为角钢、球扁钢、组合球扁钢、折边钢等非对称结构，则以其背缘为理论线；	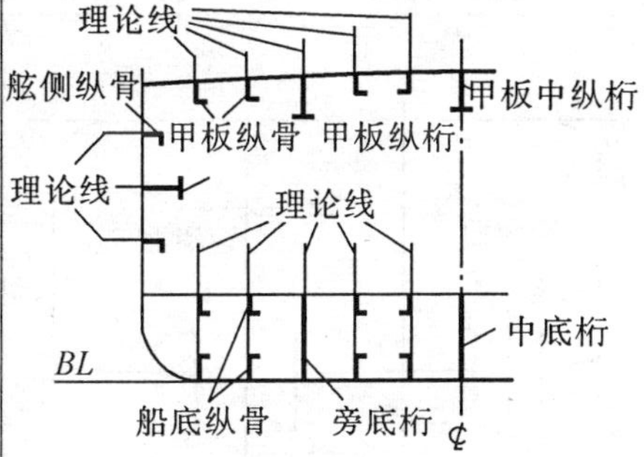 （甲板中纵桁、甲板纵桁、甲板纵骨、舷侧纵骨、船底纵骨、中底桁、旁底桁理论线图）

附表 2－1（续）

序号	构件名称	理论线位置	图例
3		3.位于中线面上的纵向构件（中底桁、中内龙骨、甲板中纵桁或甲板纵桁等）如是T型材或板材等对称结构，则以其对称中心线为理论线，如是角钢、球扁钢、折边扁钢等非对称结构，则以其非背缘为理论线。	理论线、甲板中纵桁、甲板纵桁、中内龙骨、旁内龙骨、舷侧纵桁、℄、BL
4	横向构件	1.横向构件（肋板、肋骨、横梁、强肋骨、强横梁等）如为T型材或板材等对称结构，则以靠近℄一边为理论线；2.横向构件如是角钢、球扁钢、折边扁钢等非对称结构，则以其非背缘为理论线。	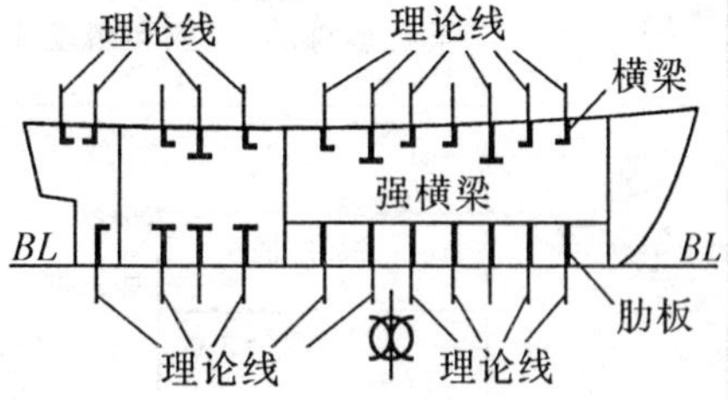 横梁、肋板、理论线、强横梁、BL
5	主机座	以靠近主机座中心线一边为理论线，若与℄重合，则以靠近℄一边为理论线。	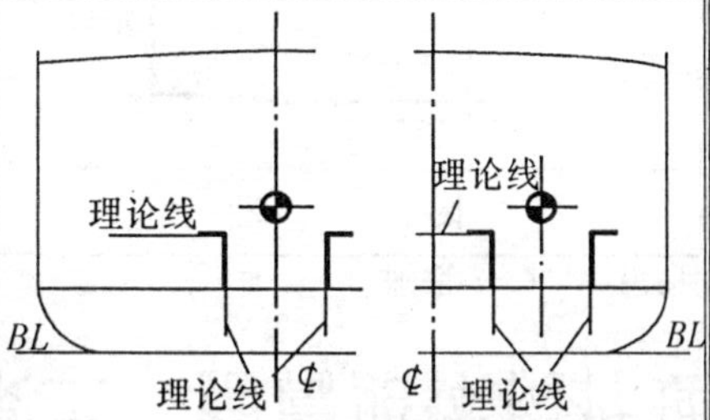 理论线、℄、BL
6	舱口围板	以靠近舱口中心线一边为理论线，若℄重合，则以靠近℄一边为理论线。	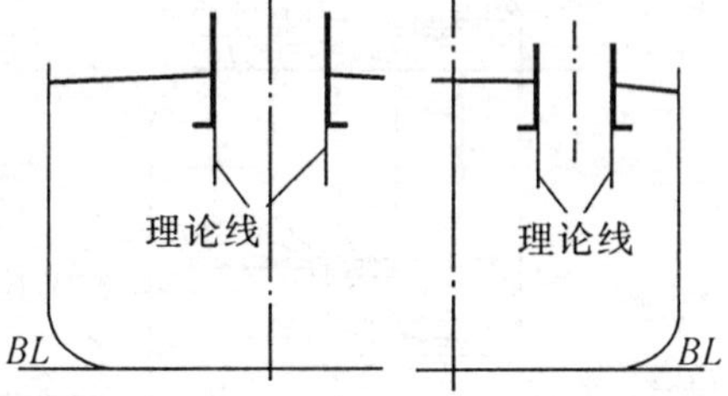 理论线、BL
7	烟囱和轴隧	烟囱板和轴隧板均以板内缘为理论线。	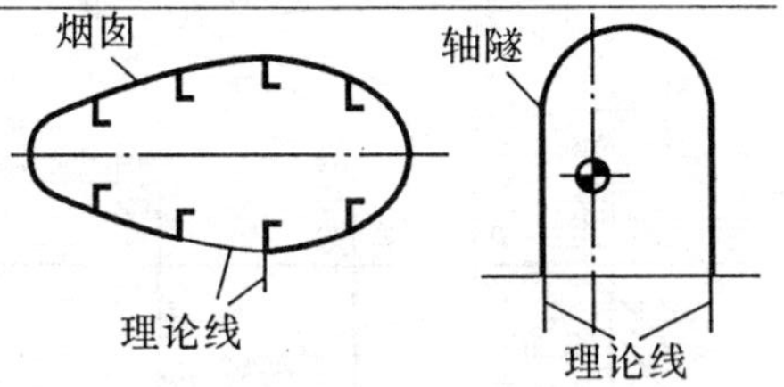 轴隧、烟囱、理论线
8	潜艇壳板	1.当构件在壳板内缘时，以板内缘为理论线；2.当构件在壳板外缘时，以薄板内缘为理论线。	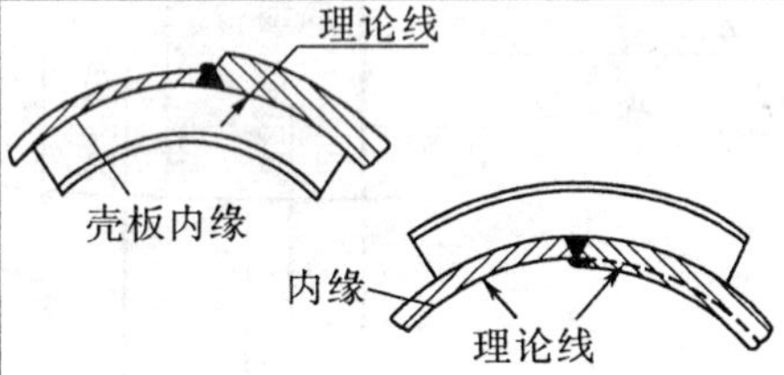 理论线、内缘、壳板内缘
9	潜艇在有厚薄板的舱壁时	以靠近℄一边为理论线。	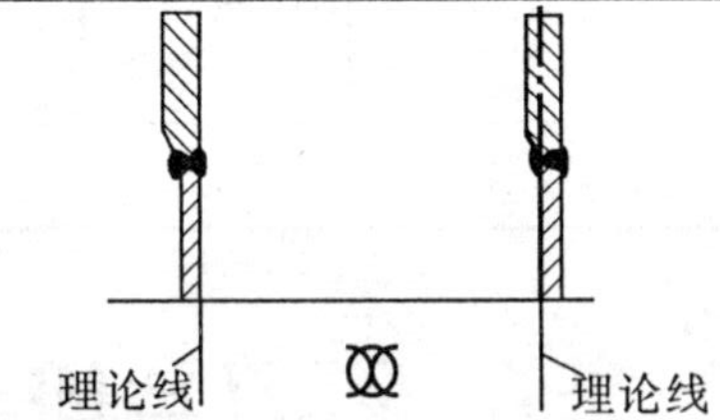 理论线、℄

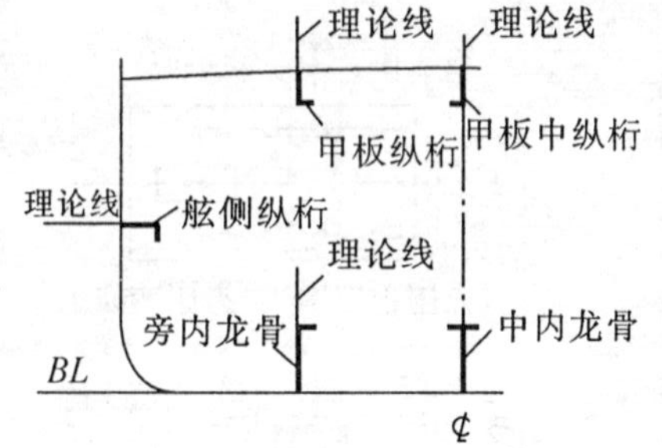

附录三　船舶焊缝代号的标注方法(CB*860-79摘录)

附表 3-1　对接接头焊缝的标注方法

序号	型　式	标注方法	序号	型　式	标注方法
1		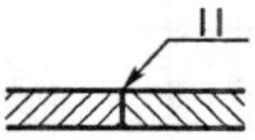	9		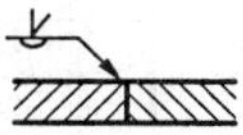
2		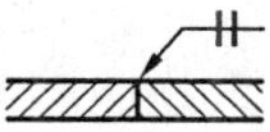	10		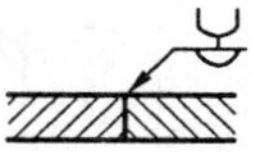
3		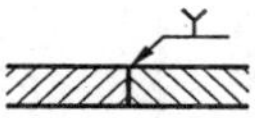	11		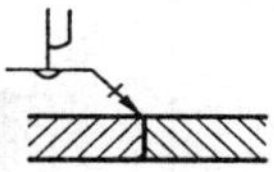
4			12		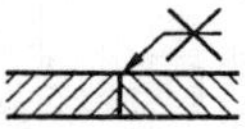
5		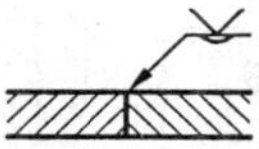	13		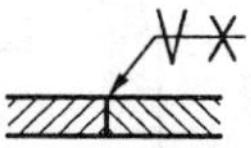
6		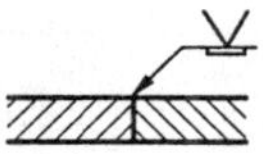	14		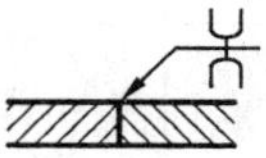
7		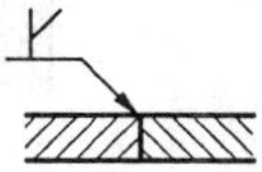	15		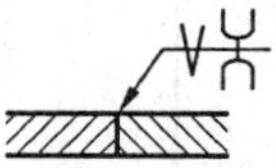
8		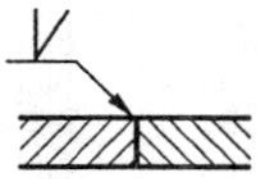	16		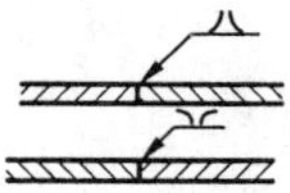

附表 3－2　角接接头焊缝的标注方法

序号	型　式	标注方法	序号	型　式	标注方法
1	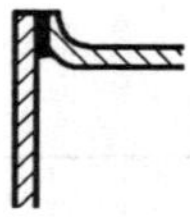	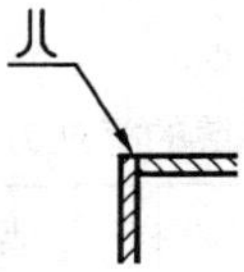	6	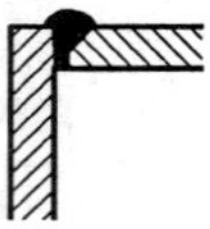	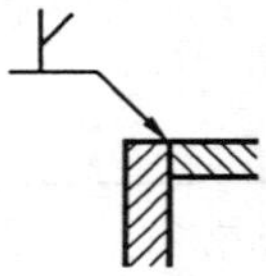
2	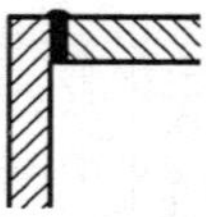	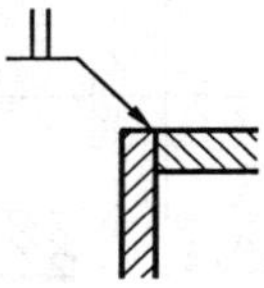	7	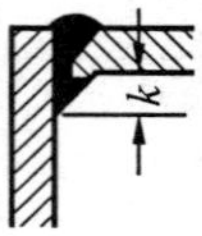	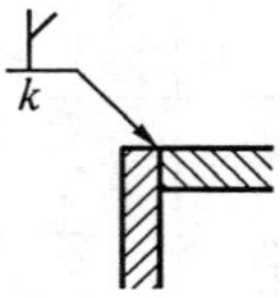
3	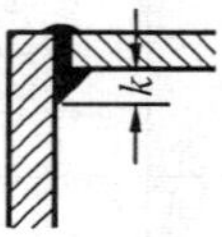	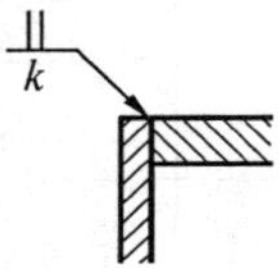	8	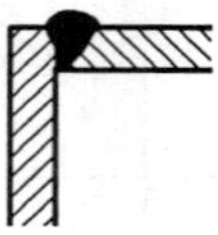	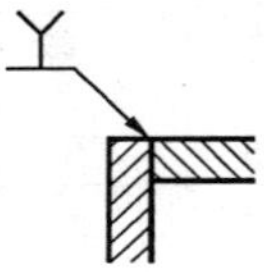
4	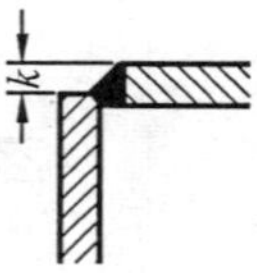	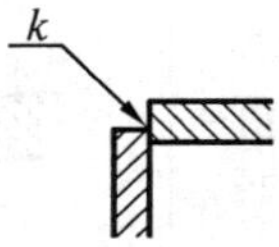	9	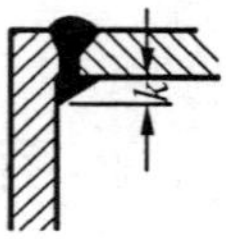	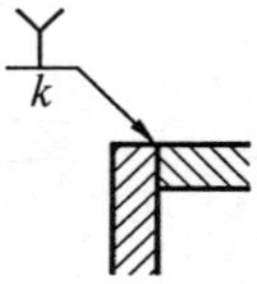
5	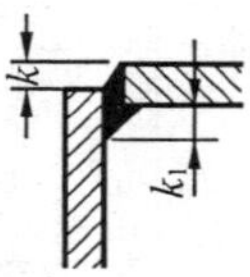	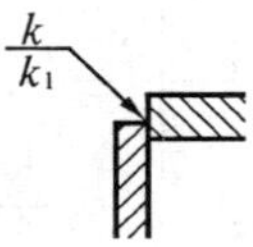	10		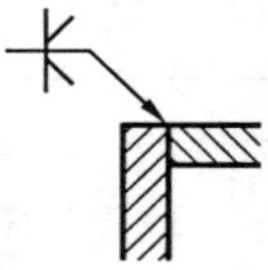

附表 3－3　断续焊缝的标注方法

序号	焊缝名称	焊缝型式	标注方法
1	断续角焊缝	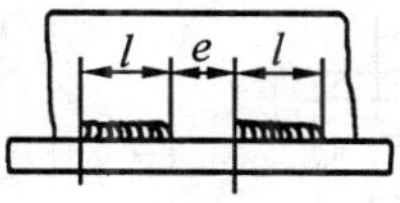	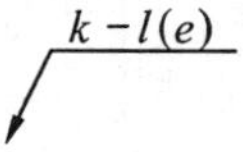 $k - l(e)$
2	交错断续角焊缝	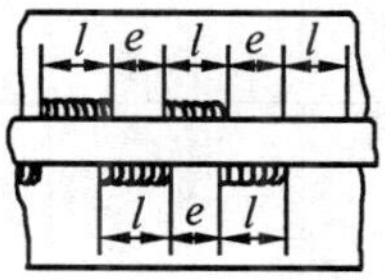	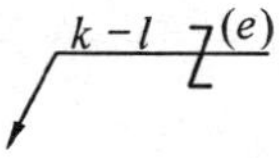 $k - l \quad (e)$
3	塞焊缝	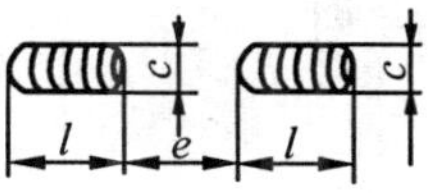	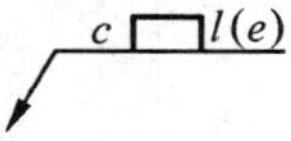 $c \quad l(e)$
4	缝焊缝	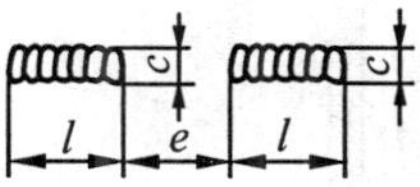	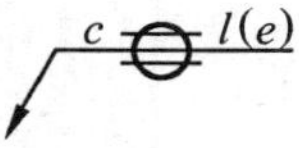 $c \quad l(e)$
5	点焊缝	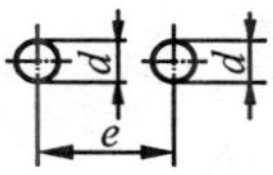	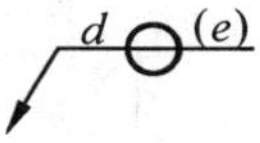 $d \quad (e)$

附表 3－4　搭接接头焊缝的标注方法

序号	型　式	标注方法
1	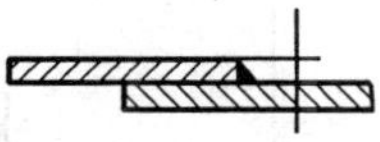	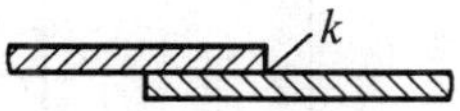 k
2	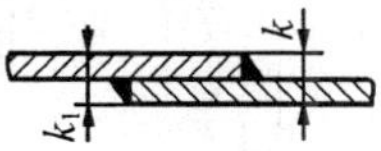	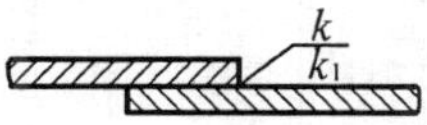 $\dfrac{k}{k_1}$
3	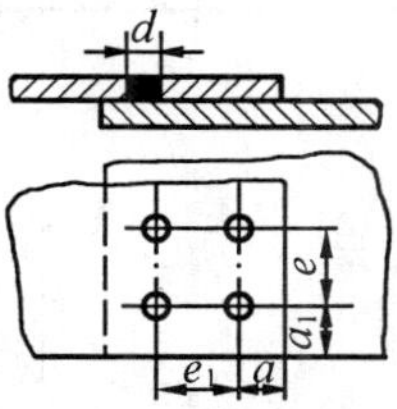	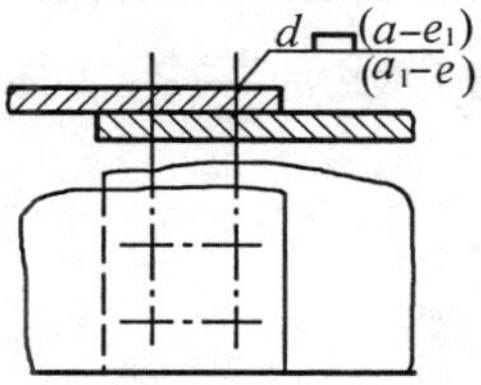 $d \quad \dfrac{(a-e_1)}{(a_1-e)}$

序号	型　式	标注方法
4	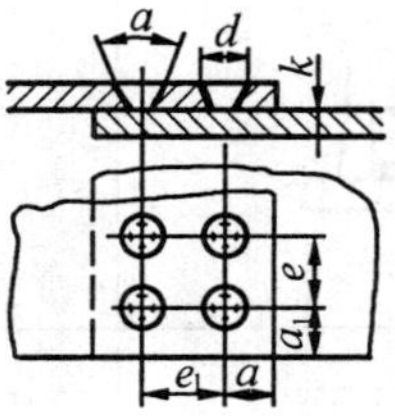	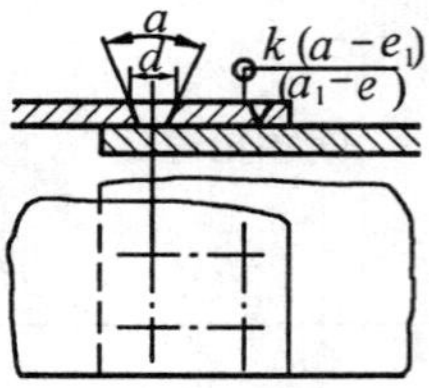
5	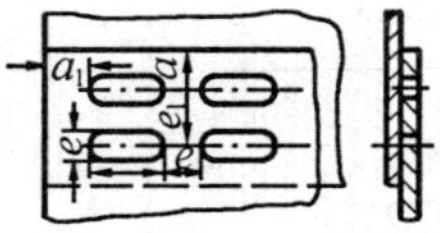	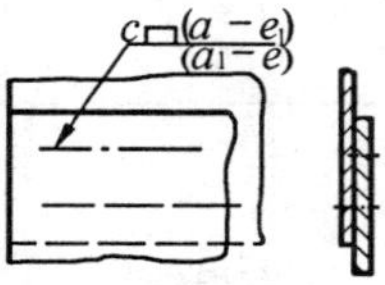
6	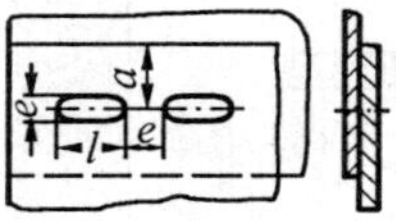	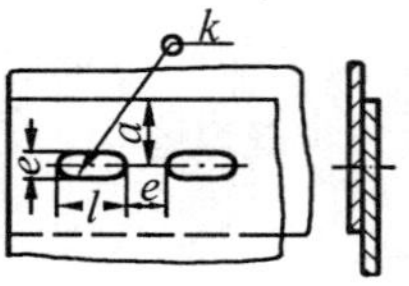
7	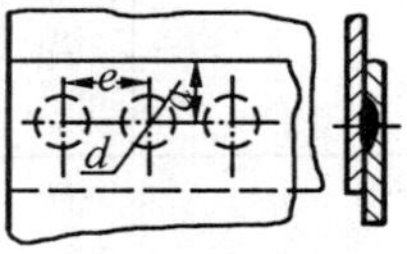	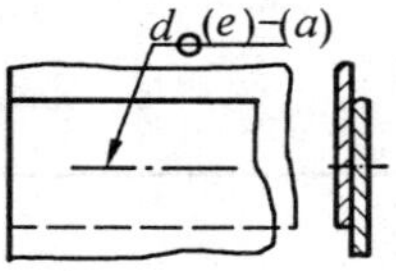
8	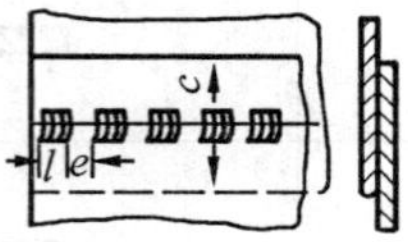	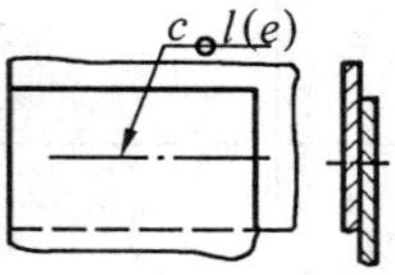

注:指引线中的 $\dfrac{a-e_1}{a_1-e}$ 可以不写,而标注在图形里。

附表 3－5　T 型接头焊缝的标注方法

序号	型　　式	标注方法
1	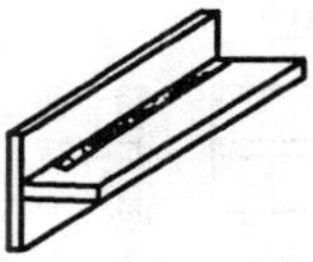	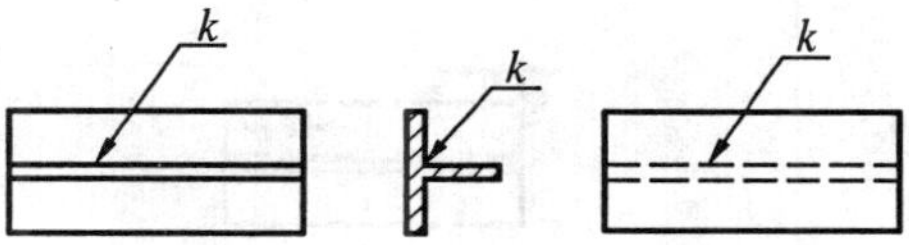
2	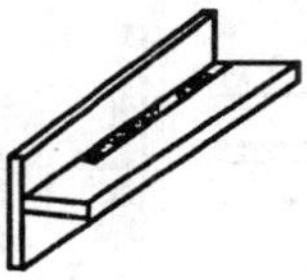	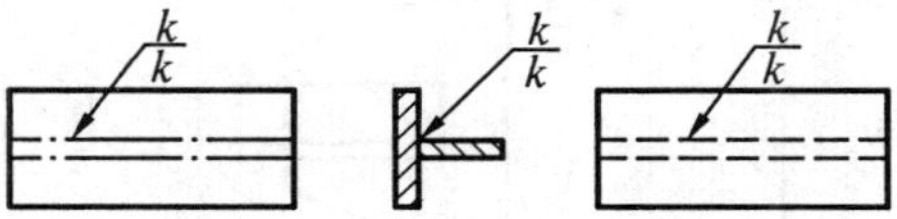
3	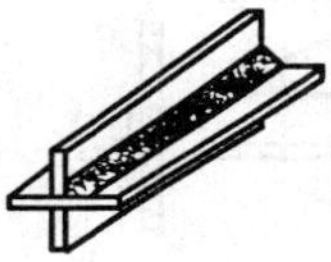	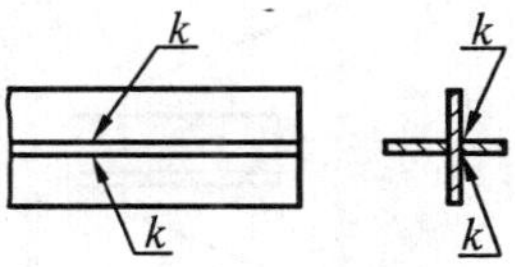
4	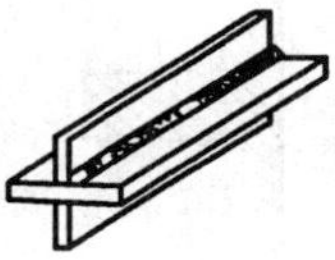	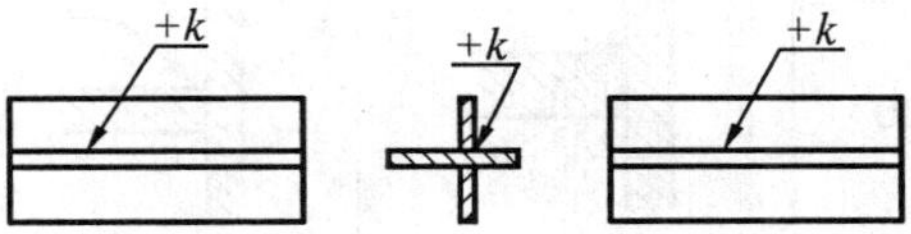
5	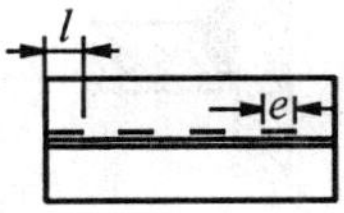	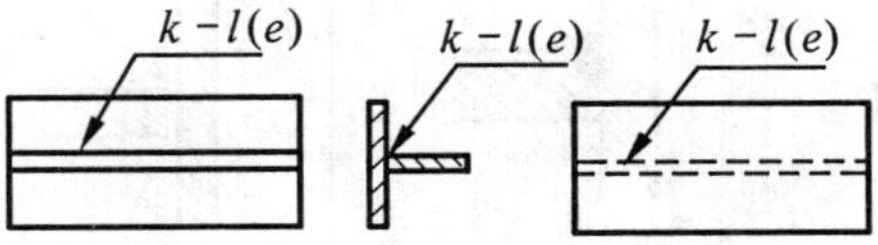
6	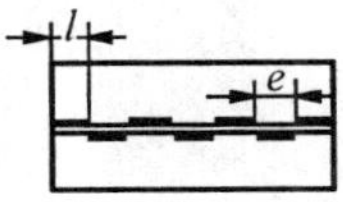	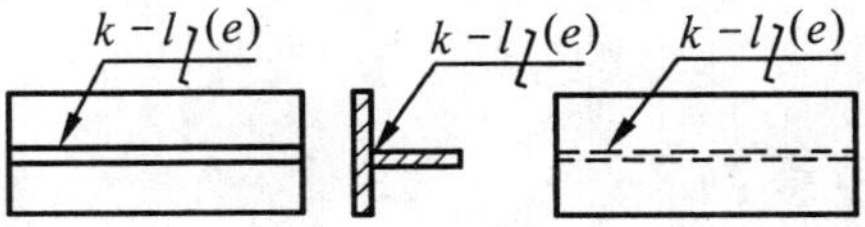

附表 3-5(续)

序号	型　　式	标注方法
7		
8		
9		
10		
11		
12		
13		

附录四　船舶布置图图形符号(GB3894－83摘录)

附表4－1　舱壁、门、窗、舱壁孔、舱口及舱口盖图形符号的画法

(一)

一般符号

序号	名　　称	图形符号
1	甲级阻燃分隔	A－60,A－30,A－15,A－0
2	乙级阻燃分隔	B－15,B－0
3	丙级阻燃分隔	C
4	绝缘	
5	油密	○○○

(二)

舱壁和隔板

序号	名　　称	图形符号
1	金属舱壁或围壁	
2	木质或其他非金属舱壁或围壁	
3	预制隔板(如:多孔板、金属格栅、金属网)	
4	帘、幕	
5	有非金属衬板的金属舱壁	
6	有金属衬板的金属舱壁	
7	升温时限为零的耐燃金属舱壁	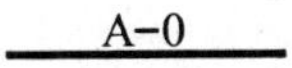 A－0
8	有绝缘的金属舱壁	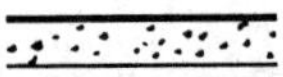
9	有绝缘的 A－30 级耐燃舱壁	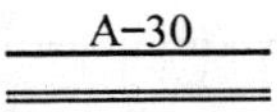 A－30

门

序号	名　称	图形符号
1	金属门	
2	非金属门	
3	金属双节门	
4	非金属双节门	
5	金属自闭门	
6	非金属自闭门	
7	金属水平移门	
8	非金属水平移门	
9	金属垂直移门	
10	非金属垂直移门	
11	弹簧门	
12	温升时限为 15 分钟的耐燃金属水平移门	A - 15
13	有木质衬板的金属舱壁板无衬板木门	

附表 4－1(三)(续)

门

序号	名　称	图形符号
14	木壁上的网眼门	
15	有绝缘舱壁上的隔热金属门	
16	双扇弹簧门	
17	金属带窗门	
18	非金属带窗门	
19	金属双扇水平移门	
20	非金属双扇水平移门	

(四)

窗、舷窗及舱壁开孔

序号	名　称	图形符号
1	固定方窗	
2	侧开方窗(外开)	
3	侧开方窗(内开)	
4	上开或下开方窗	
5	水平移窗	
6	垂直移窗	

窗、舷窗及舱壁开孔

序号	名　　称	图形符号
7	有金属衬板的金属舱壁上的上开窗	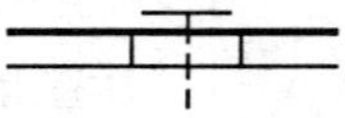
8	有金属衬板的舱壁上的双开方窗	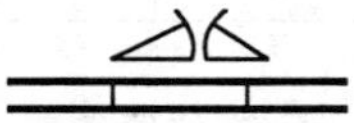
9	带雨雪扫除器的固定方窗	
10	固定舷窗	
11	上开或下开舷窗	
12	侧开舷窗	
13	有衬板舱壁上的侧开舷窗	
14	(金属)舱壁上的净开孔	

(五)

舱口和舱口盖

序号	名　　称	图形符号
1	带盖甲板孔	
2	带盖人孔	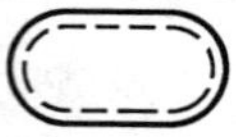
3	带盖手孔	
4	带盖检修舱口	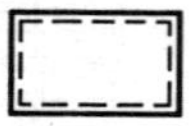
5	无盖舱口	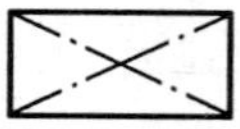

附表4－1(五)(续)

舱口和舱口盖		
序号	名　　称	图形符号
6	金属舱口盖	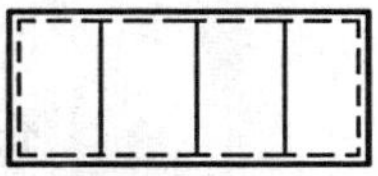
7	木质舱口盖	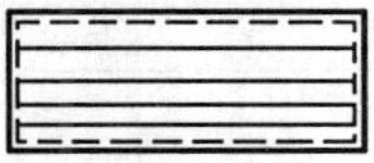
8	带滑动盖的舱口	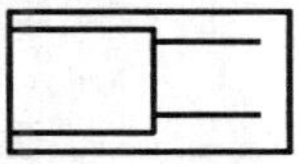
9	天窗	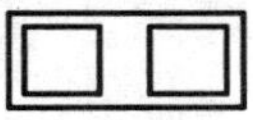
10	出入舱盖	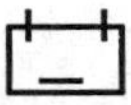
11	端部有门及滑动盖的升高舱口	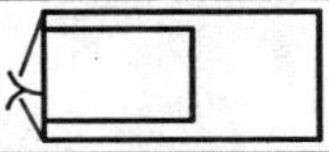

附表4－2　梯及舷墙图形符

(一)

梯		
序号	名　　称	图形符号
1	向上梯	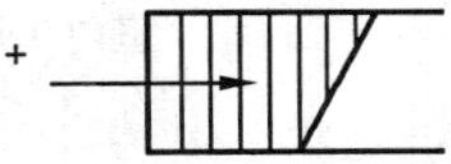
2	独立的向上梯	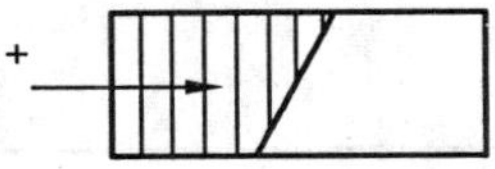
3	下面有房间的向上梯	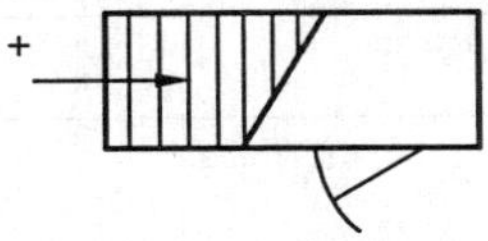
4	从下层甲板上来的梯	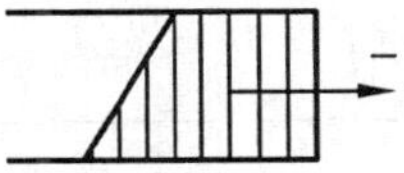
5	表示了甲板开口的从下层甲板上来的梯	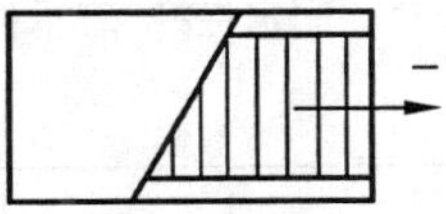

附表 4－2(一)(续)

梯

序号	名　　称	图形符号
6	叠加梯	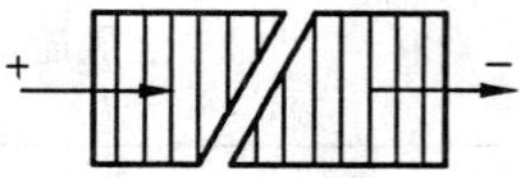
7	自动梯	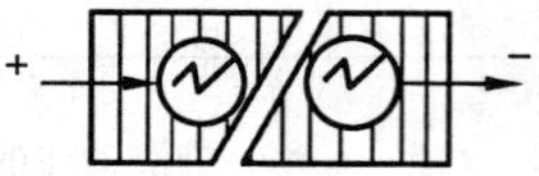
8	电梯	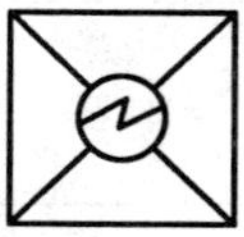
9	直梯	
10	平行的扶梯	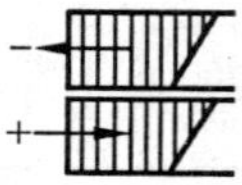
11	室内 T 形扶梯	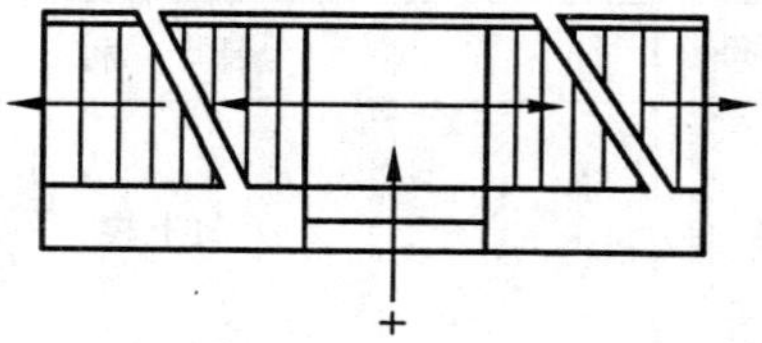

(二)

舷墙

序号	名　　称	图形符号
1	格栅	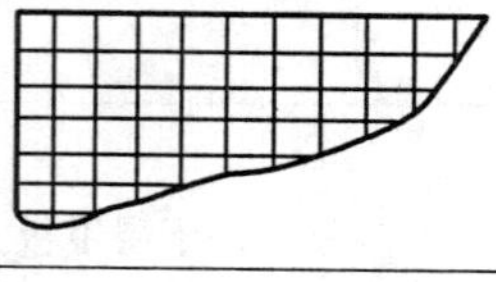
2	固定栏杆,表示栏杆数目的符号	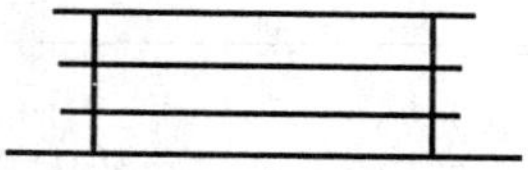

附表4－2(二)(续)

序号	名　　称	图形符号
3	链条栏杆,表示栏杆数目的符号	
4	木舷墙	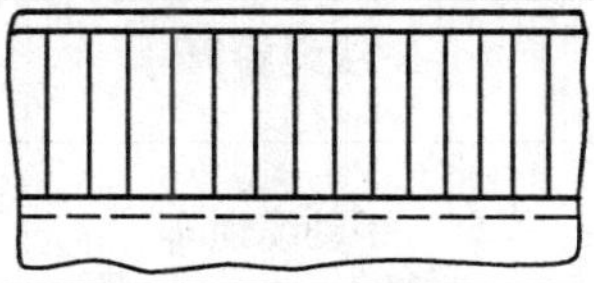
5	有出水口的舷墙	

附表4－3　系泊设备图形符号

系泊设备

序号	名　　称	俯视图	侧视图
1	双柱带缆桩		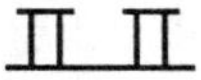
2	单十字带缆桩		
3	双十字带缆桩	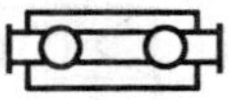	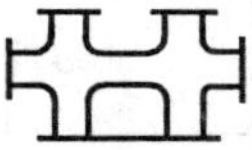
4	导缆钳		
5	导缆孔		
6	闭式导缆器		
7	独立竖式滚轮		
8	单滚轮导缆钳		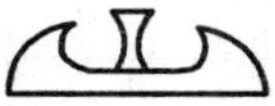
9	多滚轮导缆器		
10	系泊羊角	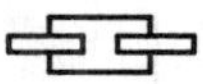	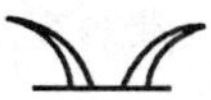

附表 4－3(续)

系泊设备			
序号	名　称	俯视图	侧视图
11	羊角滚轮导缆器	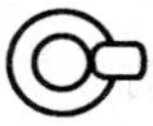	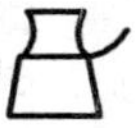
12	缆绳卷筒	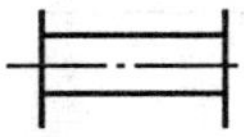	
13	手动缆绳车	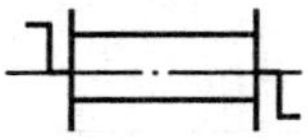	
14	顶牵索绞车	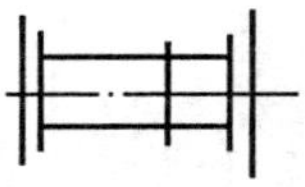	
15	绞车控制器	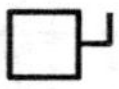	
16	九滚柱导缆器	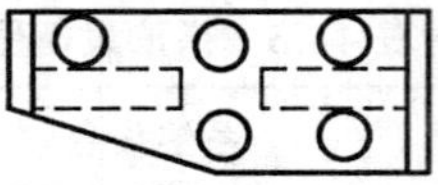	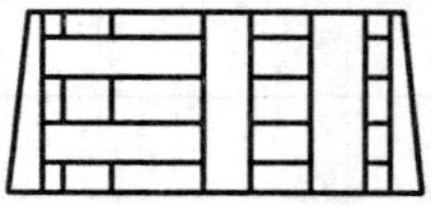
17	手动起艇绞车	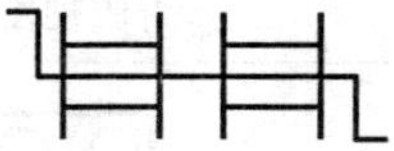	
18	机动起艇绞车	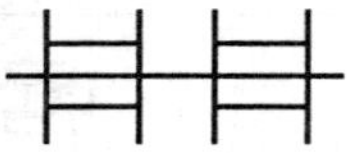	
19	多滚轮导缆钳	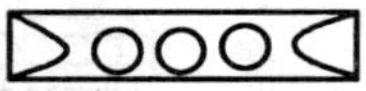	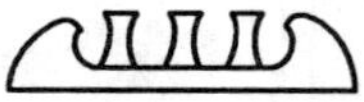

附表 4－4　救生设备图形符号

救　生　设　备		
序号	名　　称	图形符号
1	救生圈	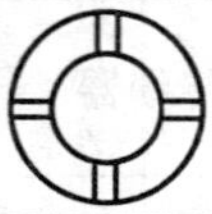
2	带救生浮索救生圈	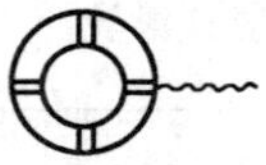
3	带自亮浮灯救生圈	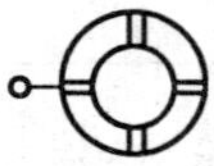
4	带自亮浮灯及烟雾信号救生圈	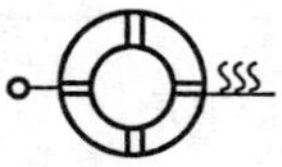

救 生 设 备

序号	名　　称	图形符号	
5	救生浮		
6	救生衣		
7	气胀救生筏		
8	可吊救生筏		
9	刚性救生筏		
10	划桨救生艇	UL	
11	机动救生艇	ML	
12	全封闭救生艇	EL	
13	自备空气系统救生艇	AL	
14	耐火救生艇	FL	
15	工作艇*		
16	救助艇	RE	
17	宜昌舢板		
18	抛绳器具		

　*工作兼救生艇的图形符号与工作艇相同。

附表 4-5 甲板机械图形符号示例*

甲板机械简化图形示例

序号	名　称	图形符号（俯视图）
1	锚机	
2	起货绞车	
3	起艇机	
4	舵机	
6	绞盘	

* 按形象简化画出机座、滚筒、链轮等，外形尺寸按图样比例。

附表 4-6 航行设备及灯具
（一）

航　行　设　备

序号	名　称	图形符号
1	操舵仪	
2	磁罗经	
3	主电罗经	
4	分电罗经（从动装置）	

附表 4-6(一)(续)

航　行　设　备		
序号	名　　称	图形符号
5	电动传令钟	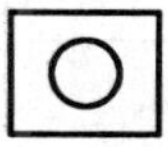
6	传话管	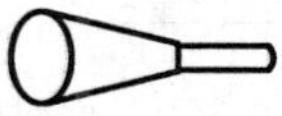
7	雷达显示器	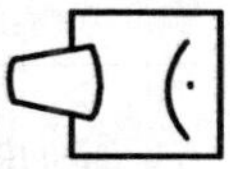
8	雷达收发两用器	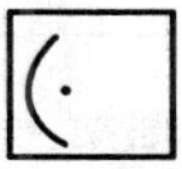
9	雷达扫描器	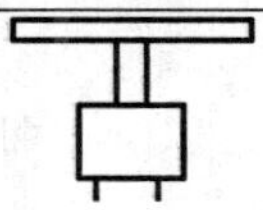
10	电视摄像机	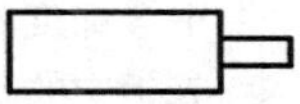

(二)

灯　　具*			
序号	名　　称	图形符号	
		俯视图	侧视图
1	桅灯	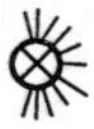	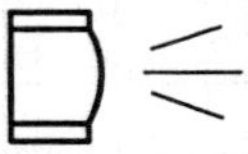
2	尾灯	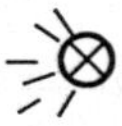	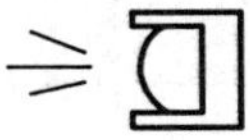
3	左舷灯	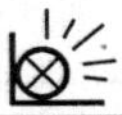	
4	右舷灯	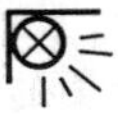	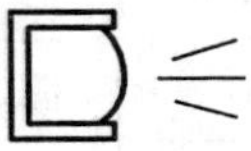
5	通信灯、应急灯、锚灯 及其他环照灯	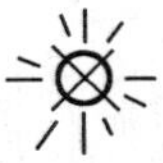	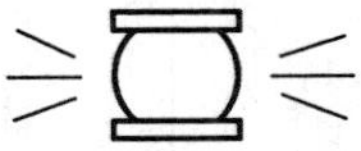
6	探照灯	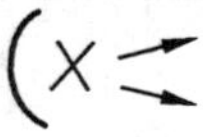	

* 上列符号均为船首在图纸上向右时的表示方法。

附表 4-7　舱室家具图形符号
（一）

基 本 元 件		
序号	名　称	图形符号
1	架子	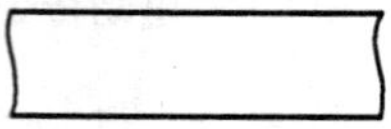
2	多层架子	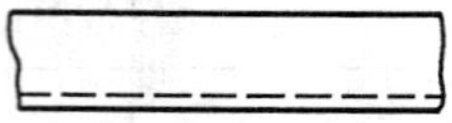
3	拉出架子	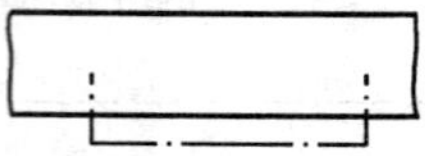
4	铰链架、铰链座或铰链桌	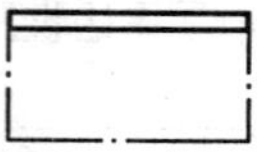
5	上翻盖板	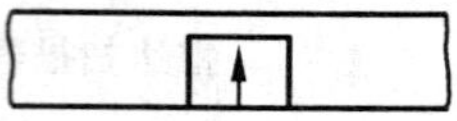
6	中等高度的碗柜或衣柜中的垂直隔板	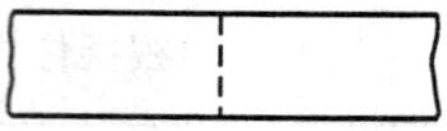
7	由地板通到天花板的高衣柜中的垂直隔板	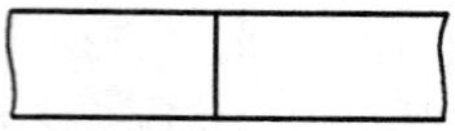
8	抽屉	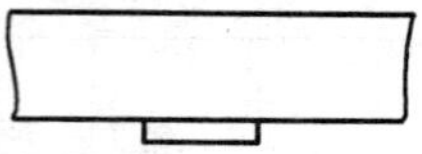
9	双层抽屉或多层抽屉	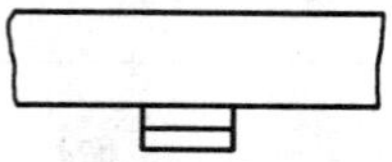
10	铰链柜门	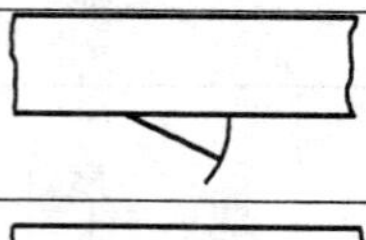
11	移动柜门	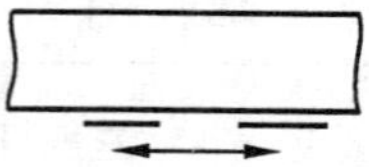
12	文件架	
13	固定在舱壁、碗柜等上面的镜子	
14	单门柜	
15	双门柜	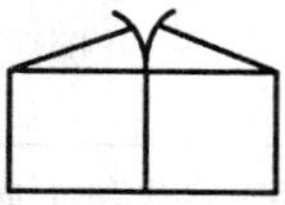

（二）

	床 铺	

序号	名　称	图形符号
1	单人床、小孩床	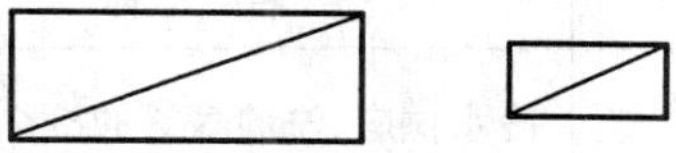
2	双层床、上铺可拆双层床	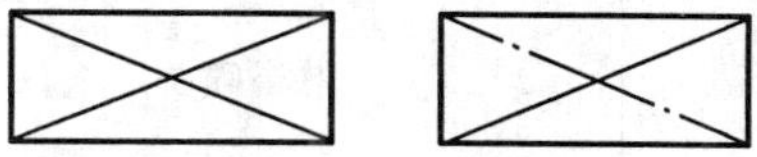
3	双人床	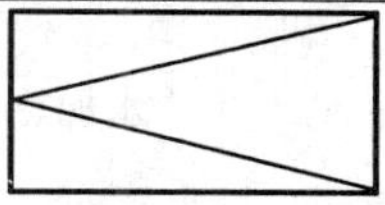
4	折叠床	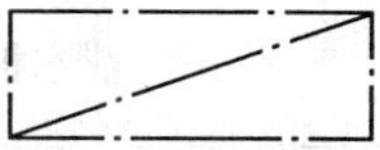

（三）

	桌、椅、凳	

序号	名　称	图形符号
1	方桌、长方桌	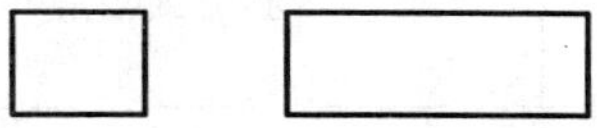
2	圆桌	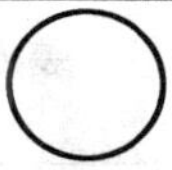
3	长凳或普通座位	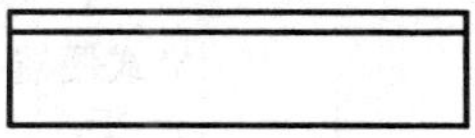
4	有垫座位或沙发	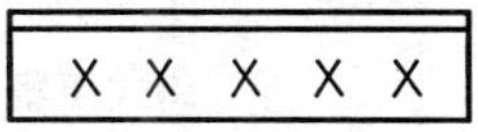 X X X X X
5	方凳、圆凳	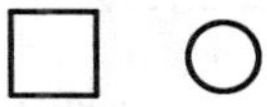
6	普通座椅	
7	带扶手的有垫座椅	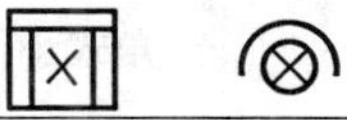
8	转椅、圆转凳	
9	靠壁活络坐板	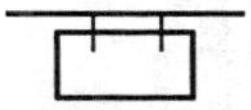
10	木条椅、木条凳	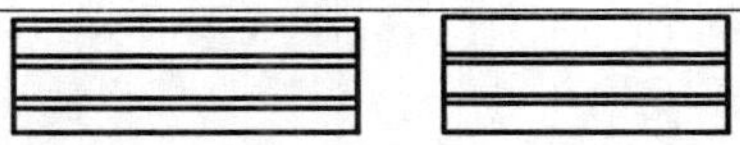

卫 生 设 备

序号	名　　称	图形符号
1	冷水供应、洗脸盆等的冷热水供应	
2	淋浴喷头	
3	水加热器	
4	泄水板	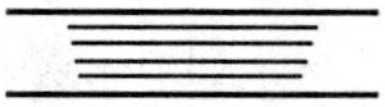
5	盥洗盆	
6	洗涤池、水槽、水缸	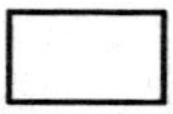
7	独立式浴缸	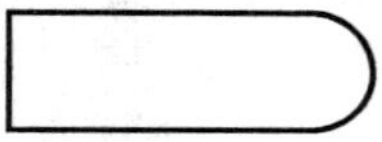
8	装入式浴缸	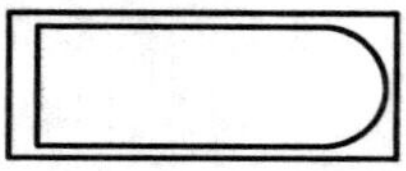
9	坐式便器	
10	蹲式便器	
11	平背式小便器	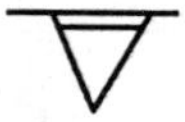
12	角式小便器	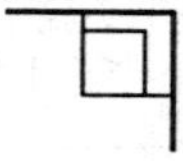

（二）

厨 房 用 具

序号	名　　称	图形符号
1	燃煤炉灶	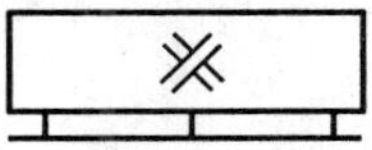
2	燃油炉灶	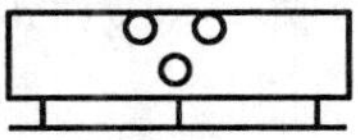
3	电灶	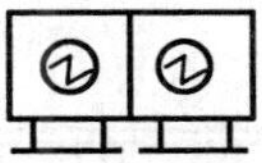
4	煤箱	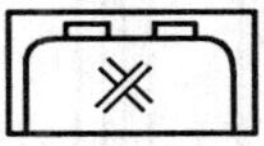
5	砧板	
6	揉面槽	
7	和面机	
8	面包炉	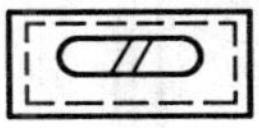
9	冰箱(必要时将门表示出来)	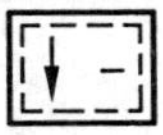
10	厨房多用机	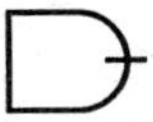
11	蒸汽饭锅	
12	沸水器	

附录五　船体结构相贯切口与补板
（CB＊3182－83 摘录）

1.直通型切口形式、代号和尺寸

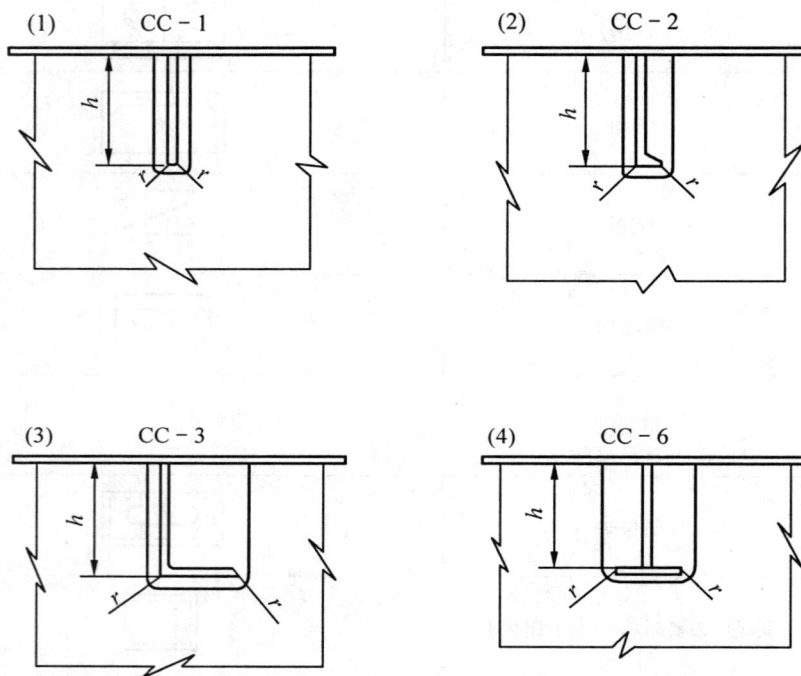

表1　　　　　　　　　　　　　　　　　　　　　　　　　　　　　　　　（mm）

h	r
< 100	15
> 100	25

注：未列入的 CC－4 为折边板，CC－5 为不对称 T 型钢，以下与此类似。

2.腹板焊接切口形式、代号和尺寸

(1) CW－1

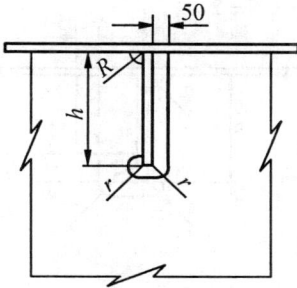

(2) CW－2

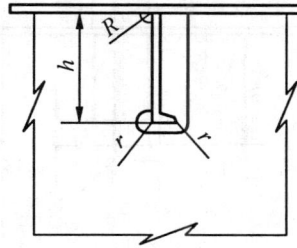

(3) CW－3

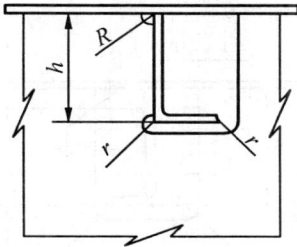

(4) CW－6

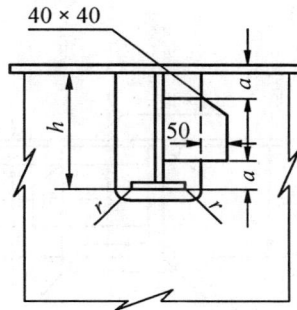

表2 （mm）

h	R	r
< 100	—	15
100 ≤ h < 150	25	25
150 ≤ h < 250	35	25
≥ 250	50	25

注：h < 100时，R 用 CB* 3184 – 83 中的通焊孔 WC 代替。

3.非水密补板型切口、补板形式及代号

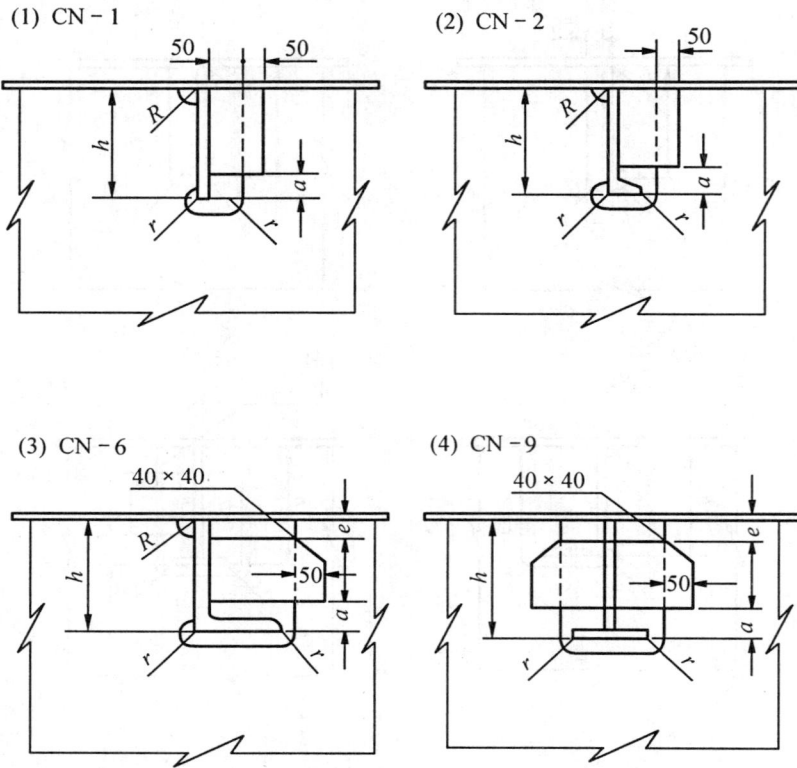

(1) CN-1

(2) CN-2

(3) CN-6

(4) CN-9

表 3 （mm）

h	R	r	a	e
< 100	—	15	0.2h	—
100 ≤ h < 150	25	25	0.2h	R
150 ≤ h < 250	35	25	0.2h	R
≥ 250	50	25	0.2h	R

注：h < 100 时，R 用 CB* 3184-83 中的通焊孔 WC 代替。

4.水密补板型切口、补板形式及代号

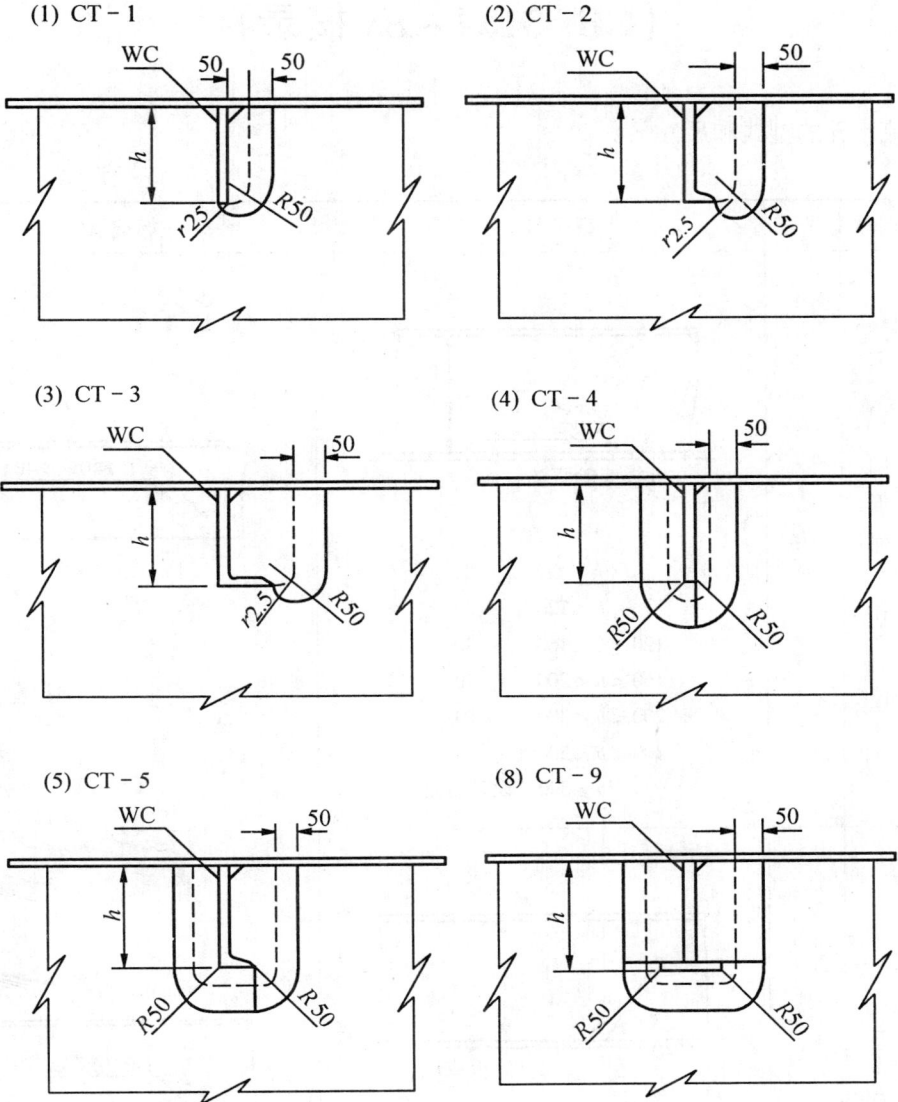

(1) CT－1

WC

50 50

h

r25 R50

(2) CT－2

WC

50

h

r2.5 R50

(3) CT－3

WC

50

h

r2.5 R50

(4) CT－4

WC

50

h

R50 R50

(5) CT－5

WC

50

h

R50 R50

(8) CT－9

WC

50

h

R50 R50

注:WC 为 CB* 3184－83 中的通焊孔标准代号。

附录六 船体结构流水孔、透气孔、通焊孔

（CB*3184－83摘录）

1.流水孔的型式和尺寸

序号	名称	代号	型式和尺寸	标记示例
1	圆形流水孔	Dφ	外板或舱底 h　$φ$ $h<120$　25 $120\leqslant h<160$　30 $160\leqslant h<200$　40 $200\leqslant h<300$　50 $300\leqslant h<500$　75 $h\geqslant500$　设计者定	Dφ40或φ40
2	半圆形流水孔	(DR)	外板或舱底 h　R $120\leqslant h<160$　30 $160\leqslant h<200$　40 $200\leqslant h<300$　50 $300\leqslant h<500$　70 $h\geqslant500$　设计者定	DR40或R40

序号	名称	代号	型式和尺寸	标记示例
3	腰圆形流水孔	DE	h $\qquad$ $d \times l$ $h < 120$ $\qquad$ 25×50 $120 \leqslant h < 160$ $\qquad$ 30×60 $160 \leqslant h < 200$ $\qquad$ 40×80 $200 \leqslant h < 300$ $\qquad$ 50×100 $300 \leqslant h < 500$ $\qquad$ 75×150 $h \geqslant 500$ $\qquad$ 设计者定	DE100或 E 100
4	半腰圆形流水孔	(DL)	h $\qquad$ $b \times l \times r$ $120 \leqslant h < 160$ $\qquad$ $30 \times 60 \times 25$ $160 \leqslant h < 200$ $\qquad$ $40 \times 80 \times 25$ $200 \leqslant h < 300$ $\qquad$ $50 \times 100 \times 25$ $300 \leqslant h < 500$ $\qquad$ $75 \times 150 \times 50$ $h \geqslant 500$ $\qquad$ 设计者定	DL 100或 L 100

注:括号中的型式尽量不用。

2.透气孔的型式和尺寸

序号	名称	代号	型式和尺寸	标记示例
1	圆形透气孔	$A\phi$	 平台或甲板 h ϕ h φ h < 120 15 ~ 25 120 ≤ h < 160 30 160 ≤ h < 250 40 h ≥ 250 50	$A\phi 40$或$\phi 40$
2	半圆形透气孔	AR	 甲板或平台 R h R 120 ≤ h < 160 30 160 ≤ h < 250 40 h ≥ 250 50	$AR40$或$R40$

3.通焊孔的型式和尺寸

序号	名称	代号	型式和尺寸	标记示例
1	水油密半圆形对接焊缝通焊孔	WR		
2	水油密半腰圆形对接焊缝通焊孔	WL		

序号	名称	代号	型式和尺寸	标记示例
3	水油密角焊缝通焊孔	WC	 注:焊缝通过后切角处用电焊填满。	 注:图面狭小处切角线可不画。
4	非密半圆形对接焊缝通焊孔	RN	 h R $h < 150$ 25 $150 \leqslant h < 250$ 35 $h \geqslant 250$ 50	
5	非密半腰圆形对接焊缝通焊孔	LN	 h $R \times l$ $h < 150$ 25×70 $150 \leqslant h < 250$ 35×100 $h \geqslant 250$ 50×130	

序号	名称	代号	型式和尺寸	标记示例
6	非密半圆形角焊缝通焊孔（兼流水孔）	RC	 h　　　　R $100 \leqslant h < 150$　　25 $150 \leqslant h < 250$　　35 $250 \leqslant h < 350$　　50 $350 \leqslant h < 1000$　75 $h \geqslant 1000$　　　100	 $R\,35$

附录七 船体结构型材端部形状
（CB*3183-83摘录）

1.型材端部腹板和面板都切斜的型式和尺寸

序号	名称	代号	型式和尺寸	标注示例
1	角钢和折边材	SS		
2	对称和不对称T型材	SS		

2.型材端部腹板切斜的型式和尺寸

序号	名称	代号	型式和尺寸	标记示例
1	扁钢	S		
2	球扁钢、角钢、折边材	S		
3	对称和不对称T型材	S		

3. 型材端部面板切斜的型式和尺寸

序号	名称	代号	型式和尺寸	标记示例
1	角钢、折边材	F		
2	对称和不对称T型材	F		
3	对称和不对称T型材	FS		

序号1：

h	$h < 100$	$100 \leqslant h < 150$	$150 \leqslant h < 250$	$h \geqslant 250$
R	WC	25	35	50

注：当焊缝需连续通过而不开 R 时，在产品图纸中注 WC。

序号2：

h	$h < 100$	$100 \leqslant h < 150$	$150 \leqslant h < 250$	$h \geqslant 250$
R	WC	25	35	50

注：当焊缝需连续通过而不开 R 时，在产品图纸中注 WC。

序号3：

h	$h < 100$	$100 \leqslant h < 150$	$150 \leqslant h < 250$	$h \geqslant 250$
R	WC	25	35	50

注：当焊缝需连续通过而不开 R 时，在产品图纸中注 WC。

4.型材端部不切斜的型式和尺寸

序号	名称	代号	型式和尺寸				标记示例
1	扁钢	W					
			h	$h < 100$	$100 \leqslant h < 150$	$150 \leqslant h < 250$	$h \geqslant 250$
			R	WC	25	35	50
			注:当焊缝需连续通过而不开 R 时,在产品图纸中注 WC。				
2	球扁钢、角钢、折边材	W					
			h	$h < 100$	$100 \leqslant h < 150$	$150 \leqslant h < 250$	$h \geqslant 250$
			R	WC	25	35	50
			注:当焊缝需连续通过而不开 R 时,在产品图纸中注 WC。				
3	对称和不对称T型材	W					
			h	$h < 100$	$100 \leqslant h < 150$	$150 \leqslant h < 250$	$h \geqslant 250$
			R	WC	25	35	50
			注:当焊缝需连续通过而不开 R 时,在产品图纸中注 WC。				